pixhawk 4

Pixhawk는 고정익, 헬기, 드론 등의 비행 컨트롤러(FC) 역할을 지원함은 물론 다양한 RC카, 보트 및 기타 로봇 플랫폼에 적합한 고성능 자동조  오픈소스이기 때문에 많은 개발자들 이 만들어져 있기 때문에 제한없이 원하는 플랫폼에 적용할 수 있다.

■ 픽스호크4 커넥터 배치도

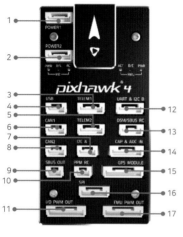

1. Power module 1
2. Power module 2
3. Telemetry 1(radio telemetry)
4. USB
5. Telemetry 2(companion computer)
6. CAN1(controller area network) bus
7. I²C(for I²C splitter to use additional sensors)
8. CAN2(controller area network) bus
9. S.BUS out for S.BUS servos
10. Radio Control Receiver Input(PPM)
11. Main outputs(I/O PWM out)
12. UART and I2C(for additional GPS)
13. Radio Control Receiver Input(DSM/SBUS)
14. Input Capture and ADC IN
15. GPS module
16. SPI(serial peripheral interface) bus
17. AUX outputs(FMU PMU out)

1. Micro-USB Port
2. IO Reset button
3. SD card
4. FMU Reset button

정면

1. Power Management Board를 6핀 케이블로 Power Module에 연결해서 FC에 전원을 공급한다.
2. TELEM포트에 텔레메트리를 연결한다. 텔레메트리는 Ground Control Station에서 데이터를 수신하고 비행 중 FC와 통신한다.
5. Raspberry Pi 등의 Companion computer을 연결 (Companion computer는 와이파이로도 연결 가능)
7. RGB UI(User Interface) LED(비행 상태 표시) 연결 가능
10, 13. 직접 또는 보조 비행 모드를 무선 조정기를 통해서 FC에 보내기 위해서 PPM, DSM 또는 SBUS 무선 조종 수신기를 연결한다.
11. 모터에 PWM 신호를 보내기 위해서 10핀 케이블로 Power Management Board의 PWM-IN 포트를 연결한다.
15. 비행 중 FC의 현재 위치를 파악하기 위해서 GPS모듈을 연결한다.

아랫면

1. USB케이블로 컴퓨터와 FC를 연결한다.
3. 필요시 SD카드를 장착(최대 32GB 지원).

뒷면

4. FMU를 삭제하고 싶을 때 버튼을 누르면 설치된 FMU만 삭제, 그 외 설정 사항은 유지.
※ DSM/SBUS RC와 PPM RC포트는 RC 수신기 전용으로만 사용하며 절대 서보, 파워 서플라이 또는 배터리(또는 연결된 다른 수신기에)를 연결해서는 안된다.

출처 https://docs.px4.io/v1.9.0

■ 픽스호크에 서보를 연결하는 방법

- Copter를 사용할 경우 서보를 AUX OUT 1~4에 연결한다. MAIN OUT 1~8은 400hz로 업데이트 되므로 피해야 한다.
- Plane 이나 로버를 사용할 경우, 모든 핀은 50hz로 갱신되므로, MAIN OUT 또는 AUX OUT에서 사용되지 않는 것은 어떤 것이든 사용할 수 있다.
- AUX OUT 5와 6은 릴레이로 설정되어 있기 때문에 기본적으로 사용할 수 없다. BRD_PWM_COUNT 변수를 6으로 설정하고, RELAY_PIN 과 RELAY_PIN2 를 -1로 설정하여 서보 출력으로 변경할 수 있다.
- 픽스호크 자동조종장치는 서보에 전원을 공급할 수 없으므로, 반드시 외부 BEC 또는 5V를 공급하는 ESC를 사용하여야 한다.

BEC/ESC

Pixhawk 4 Mini

Pixhawk 4 미니 자동조종장치는 Pixhawk 4의 성능을 활용하려고 하지만 작은 드론과 함께 작업하는 엔지니어 및 애호가를 위해 설계되었다. Pixhawk 4 Mini는 일반적으로 사용되지 않는 인터페이스를 제거하면서 Pixhawk 4 에서 FMU 프로세서 및 메모리 리소스를 가져온다. 이를 통해 250mm 레이서 드론에 들어갈 수 있을 정도로 작다. Pixhawk 4 Mini는 Holybro 및 Auterion과 공동으로 설계 및 개발되었다. Pixhawk FMUv5 설계 표준을 기반으로 하며 PX4 비행 제어 소프트웨어를 실행하도록 최적화되어 있다.

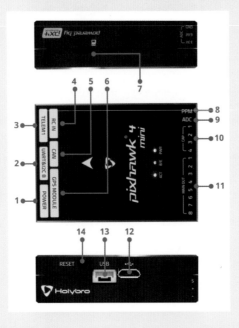

1. Power Module
2. UART and I2C(for additional GPS)
3. Telemetry
4. Radio Control Receiver Input(DSM/SBUS)
5. CAN(controller area network) Bus
6. GPS Module
7. SD Card
8. Radio Control Receiver Input(PPM)
9. ADC IN
10. PWM Input Capture
11. Main PWM Outputs
12. Micro-USB Port
13. USB
14. Reset Button

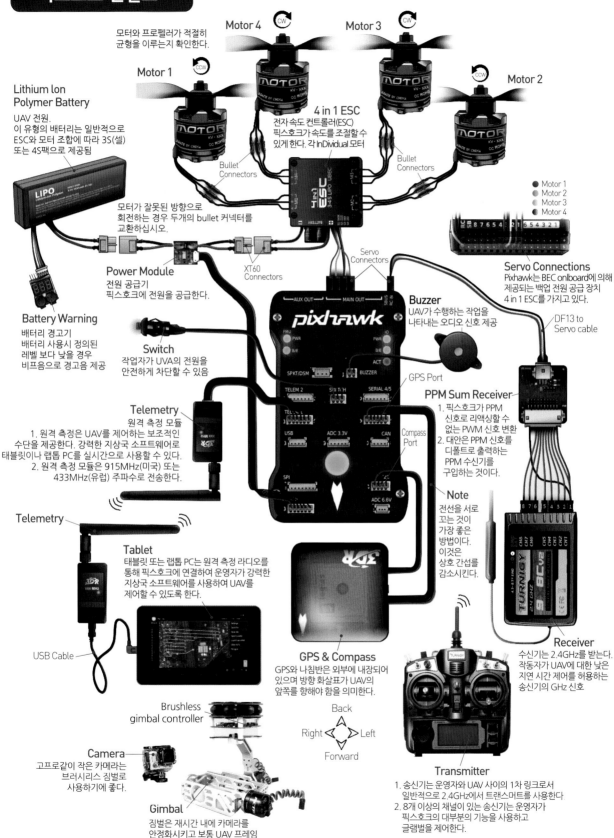

모터와 프로펠러가 적절히 균형을 이루는지 확인한다.

Motor 4 CW   Motor 3 CW

Motor 1 CCW   Motor 2 CCW

Lithium Ion Polymer Battery

UAV 전원.
이 유형의 배터리는 일반적으로 ESC와 모터 조합에 따라 3S(셀) 또는 4S팩으로 제공됨

4 in 1 ESC

전자속도 컨트롤러(ESC) 픽스호크가 속도를 조절할 수 있게 한다. 각 Individual 모터

Bullet Connectors

Bullet Connectors

● Motor 1
● Motor 2
● Motor 3
● Motor 4

모터가 잘못된 방향으로 회전하는 경우 두개의 bullet 커넥터를 교환하십시오.

Power Module
전원 공급기 픽스호크에 전원을 공급한다.

XT60 Connectors

Servo Connections
Pixhawk는 BEC onlboard에 의해 제공되는 백업 전원 공급 장치 4 in 1 ESC를 가지고 있다.

Servo Connectors

DF13 to Servo cable

Battery Warning
배터리 경고기 배터리 사용시 정의된 레벨 보다 낮을 경우 비프음으로 경고음 제공

Switch
작업자가 UVA의 전원을 안전하게 차단할 수 있음

Buzzer
UAV가 수행하는 작업을 나타내는 오디오 신호 제공

pixhawk

GPS Port

PPM Sum Receiver
1. 픽스호크가 PPM 신호로 리액싱할 수 없는 PWM 신호 변환
2. 대안은 PPM 신호를 디폴트로 출력하는 PPM 수신기를 구입하는 것이다.

Telemetry
원격 측정 모듈
1. 원격 측정은 UAV를 제어하는 보조적인 수단을 제공한다. 강력한 지상국 소프트웨어로 태블릿이나 랩톱 PC를 실시간으로 사용할 수 있다.
2. 원격 측정 모듈은 915MHz(미국) 또는 433MHz(유럽) 주파수로 전송한다.

Compass Port

Note
전선을 서로 꼬는 것이 가장 좋은 방법이다. 이것은 상호 간섭을 감소시킨다.

Telemetry

Tablet
태블릿 또는 랩톱 PC는 원격 측정 라디오를 통해 픽스호크에 연결하여 운영자가 강력한 지상국 소프트웨어를 사용하여 UAV를 제어할 수 있도록 한다.

USB Cable

GPS & Compass
GPS와 나침반은 외부에 내장되어 있으며 방향 화살표가 UAV의 앞쪽을 향해야 함을 의미한다.

Back
Right ◁▷ Left
Forward

Receiver
수신기는 2.4GHz를 받는다. 작동자가 UAV에 대한 낮은 지연 시간 제어를 허용하는 송신기의 GHz 신호

TURNIGY 9 8Cv2

Brushless gimbal controller

Camera
고프로같이 작은 카메라는 브러시리스 짐벌로 사용하기에 좋다.

Gimbal
짐벌은 재시간 내에 카메라를 안정화시키고 보통 UAV 프레임 아래에 장착되어 있다.

Transmitter
1. 송신기는 운영자와 UAV 사이의 1차 링크로서 일반적으로 2.4GHz에서 트랜스머터를 사용한다
2. 8개 이상의 채널이 있는 송신기는 운영자가 픽스호크의 대부분의 기능을 사용하고 글램벌을 제어한다.

■ 픽스호크4 자율비행 개발 키트 구성

PX4 Vision Autonomy DevKit는 자율주행비행에서 컴퓨터 비전 개발을 가능하게 한 키트이다.
키트에는 픽스호크 4 비행 제어기, UP 코어 컴패니언 컴퓨터, Occipital사 스트럭쳐 센서가 탑재된 탄소섬유의
쿼드콥터가 포함되어 있다. 이 차량에는 PX4 장애물 회피 및 충돌 방지를 위한 소프트웨어가 함께 제공되며
"상자 밖으로"가 가능하다. 개발자는 키트를 사용하여 PX4 회피 프로젝트에서 제공하는 다른 기능을 시도하거나
기존 코드를 수정하거나 완전히 새로운 컴퓨터 비전 기반 기능을 실험할 수 있다.

■ 구성도

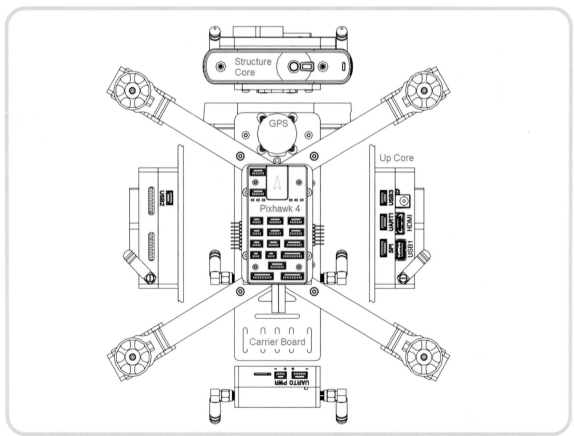

Advanced Robotic Vehicles Programming

픽스호크 4
아두파일럿 매뉴얼

알기 쉬운
운행제어
프로그래밍

저자 Mendoza / Villela / Cervantes / Martinez / Azuela

감수 (가)한국드론교육중앙회 회장 박장환

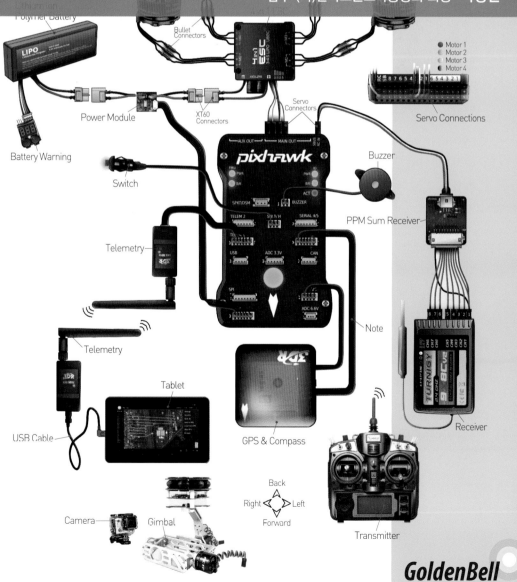

Lithium-ion
Polymer Battery

Bullet
Connectors

Power Module

XT60
Connectors

Servo
Connectors

● Motor 1
● Motor 2
● Motor 3
● Motor 4

Servo Connections

Battery Warning

Switch

pixhawk

Buzzer

PPM Sum Receiver

Telemetry

Telemetry

USB Cable

Tablet

GPS & Compass

Note

Receiver

Camera

Gimbal

Back
Right　Left
Forward

Transmitter

GoldenBell
www.gbbook.co.kr

감수자의 말

2000년대 중반 DJI가 급성장을 시작한 이유 중 중요한 한 가지는 국제규제의 혜택이다. 그 중에서 중국이 MTCR체계 미가입으로 전략물자인 자동비행시스템과 무인항공기를 제약없이 판매될 수 있었던 것이 주요했다.

당시만 해도 자동비행시스템은 개발하기 어렵고 확보가 곤란하여 수천만 원에서 수억 원을 들여야 하는 중요한 핵심 기술/구성품이었다.

하지만 2010년대 오픈소스들이 활성화되면서 양상이 바뀌었다. 그 대표적인 것이 픽스호크 하드웨어 기반 아두파일럿이고, 이를 응용하여 자체 제품개발이 활성화되었다. 따라서 중국 등 여러 나라에서 우수한 성능을 발휘하는 멀티콥터들이 수없이 등장하고, 시스템 가격도 대폭 낮아져서 드론 시장이 크게 확대되기 시작했다.

한마디로 이제는 비행제어시스템도 손쉽게 구매해서 사용할 수 있는 부품의 하나가 되었다. 그럼에도 불구하고 보안성과 확장성 때문에 자체 제어시스템 개발 확보는 드론 업체의 중요한 숙제이다.

하지만 아직 우리나라에서는 이러한 비행제어시스템 개발이 아직도 어렵게 느껴지고 있는데 이는 픽스호크와 아두파일럿을 제대로 설명하는 매뉴얼의 부재가 하나의 원인이었다.

이번에 이 책을 번역 감수하면서 비행제어 문외한에 가까웠던 감수자도 비행제어시스템에 대해 쉽게 접근할 수 있다는 자신감을 갖는 계기가 되었다.

대단한 특징은 **각 섹션마다 주제의 심화자료인 관련된 온라인 사이트 주소**를 밝혀 놓은 것이다. 이 교재야말로 드론 개발자 및 엔지니어가 되고자 하는 모든 층의 학습자들에게 필독서로서 좋은 참고서가 될 것이라 믿어 의심치 않는다.

우리나라 드론 산업 발전에 한 획을 긋는 일에 동참하게 된 것을 큰 기쁨으로 생각한다.

금정동 연구실에서
2020년 5월에 **박장환**

2

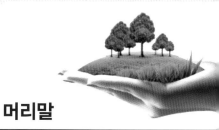

머리말

이 책의 발행 목적은 쿼드콥터 일반 멀티 로터multi-rotor가 예시된 픽스호크 Pixhawk 자동 조종 장치와 함께 아두파일럿ArduPilot 라이브러리의 기능을 나름 친절하게 설명했다.

그리고 라이브러리와 호환되는 다른 자동 조종 장치뿐만 아니라 육상 또는 수중 운행시스템처럼 다른 유형의 맞춤형 설계 항공기의 지식을 확장하기 위한 지침도 제공했다.(전 방향성에 대한 부록 참조)

이 책은 오토파일럿과 라이브러리의 특징을 제시하는 **소개 섹션**, 아두파일 럿 라이브러리의 가장 중요한 부분에서 코드의 각 주요 구성요소를 설명하는 교육적 이해에 초점을 맞춘 순차 **프로그래밍 섹션**으로 이루어졌다. 그리고 습득한 지식을 바탕으로 실시간 애플리케이션으로 확장되는 비교적 수준 있는 **최종 섹션**으로 구성하였다.

각 섹션에는 **코드와 그 구성요소, 적용 및 상호작용**에 대한 상세한 설명이 되어 있고 알려진 주제를 심화시킨 **직결된 URL**을 밝히고 있다.

아두파일럿 라이브러리의 사용은 픽스호크 오토파일럿에만 국한되지 않고 다종다양한 플랫폼으로 확장될 수 있다는 점에 유념할 필요가 있다. 그러나 이 조합은 라이브러리의 성능 용량뿐만 아니라 사용자의 선호에 따라 선택 된다.

이 책을 읽는 것은 이러한 라이브러리로 훈련을 제공하고 최종 사용자가 광범위한 오토파일럿과 시험 플랫폼에 그들의 작업을 조정할 수 있다는 것을 암시한다.

교육의 대상

이 책은 내용의 개념 파악에 우선해야 하므로 적어도 졸업을 앞둔 고등학생이나 기술 학사학위와 동등한 수준의 교육을 이수한 사람들 대상으로 편성하였다.

사전 지식의 필요조건

- **프로그래밍** 필요한 기본 지식은 아두이노 사용법을 알아야 한다.

- **금융 지식** 자율주행차가 등장하면 다양한 부품 구매 시 중간 비용에서 높은 비용을 나타내는 양상을 띨 것이다. 사용자는 자신의 차량과 해당 예비 부품의 구매 또는 조립에 대한 책임을 지고 해결해야 한다.

- **영어** 특정한 관심사들을 해소하기 위해서는 포럼, 상점, 비디오에 자주 접촉할 필요가 있다. 여기서 다루는 내용들을 고려했을 때, 현지 언어로는 광범위한 정보가 부족하므로 적당한 수준의 영어 구사 능력이 필요하다.

- **수학** 당신은 벡터와 행렬의 기본적인 지식과 연산법을 숙지하고 있으면 쉽게 접근할 수 있다.

- **물리학과 제어** 감쇠 고주파 발진기 및 PD 제어의 개념, 힘 및 토크의 개념, 좌표계 사용 및 운동, 힘의 구성요소까지 이해한다면 고기능 인력으로 초대받을수 있을 것이다.

학습 효과

- ETH에 의해 만들어지고 자율주행 차량의 연구 개발 분야에서 널리 사용되는 오픈 오토파일럿 픽스호크Open AutoPilot Pixhawk의 발전된 방식으로 프로그래밍하는 방법

- 자율주행 차량 연구 개발을 위한 소프트웨어 개발 인터페이스 중 하나인 아두파일럿 ArduPilot 라이브러리 사용하기

- 지상, 수중, 공중의 자율주행이나 쿼드콥터로 매우 구체적인 방식으로 기본 반자동 제어 모델링을 구현하기

- 자율주행 개발에 대한 이론과 실행 연계

- 자율주행의 설계 과정에서 하드웨어 및 소프트웨어 구성요소를 선택하기

- 이 책의 내용과 호환되는 다른 하드웨어 및 소프트웨어 개발 패키지 사용하기

- 해당 분야에서 가장 많이 사용된 과학 및 기술 명칭

- 해당 분야에서 가장 관련된 기사와 책에 익숙하기

- 전 방향 차량의 기본 이론("**모든 방향**"으로 "**임의**" 위치를 달성할 수 있는)을 통해 쿼드콥터로 적용된 지식을 3차원 차량으로 확장

- 자체 자동조종장치를 구축하려는 경우(마이크로컨트롤러, DSP, FPGA, 내장형 카드 또는 선호하는 기타 방법을 통해) 자율주행 차량 작동에 가장 관련된 복잡성 및 프로세스 식별

주의사항

- 특정 지역 및 국가에서 항공기와 일반적인 모든 종류의 차량사용은 세금, 법규 및 장비, 건물, 생명체와 사람이 손상될 수 있으므로 법에 따라 제한된다.

- 사용자가 자신의 차량을 운전할 수 있는 모든 법적 권한을 가지고 있다고 하더라도 이 책은 프로토타입을 개발하는 것을 목적으로 하고 있다.

- 사용자가 테스트할 때 안전한 공간에서 공공장소나 제한구역은 피해야 한다.
  특히, LIPO 모바일 배터리는 의외로 방화 및 폭발성이 있을 수 있다.

- 사용자의 요구 조건과 디자인이 부족하다면, 항공기와 그 구성품의 가격은 비싸질 수 있다.

책임 소재

1. 출판사, 저자, 아두파일럿ArduPilot 또는 픽스호크Pixhawk 프로젝트의 개발 공동체 모두는 독자가 어떤 차량과 로봇을 설계할 때 프로그래밍 운용방식에는 사용자의 책임이다.

   ❶ 이 책의 내용을 충분히 읽고 이해하기
   ❷ 개인의 프로젝트에 대한 적절한 사용 권한 확보 및 보안 대책 수립
   ❸ 프로젝트에 적절한 재료와 장비 사용

2. 아무리 중요하거나 급하더라도, 독자의 개인적인 프로젝트와 관련된 질문에는 답하지 않을 것이다.

   이 책에는 충분한 자료가 수록되어 있으며, 매우 구체적이고 온라인 포럼이 존재한다.

   • http://discuss.px4.io/
   • https://discuss.ardupilot.org/
   • http://ardupilot.org/dev/docs/apmcopter-programming-libraries.html at Community section

3. 설치 과정 또는 설치 후에 독자가 컴퓨터 장비나 임베디드 시스템에 끼칠 수 있는 손상에 대해 책임지지 않는다. 제공된 지침을 따르는 것은 사용자의 책임이다.

4. 코드와 구문의 변형을 책임지지 않는다. 이는 소프트웨어와 하드웨어가 항상 진화하기 때문에 이 책의 내용으로만 숙지하는 것으로 판단해야 한다.

Part I
Introduction

3
CHAPTER

개념과 정의
• 53

Part II
순차 작동 모드

4 CHAPTER
기본 입출력 작업
• 94

5 CHAPTER
고급 기능
• 143

Part Ⅱ
순차 작동 모드

5
CHAPTER

고급 기능

6
CHAPTER

원활한 비행 모드를 통한 쿼드콥터 제어
• 229

Part Ⅲ
실시간 모드

Part Ⅳ
APPENDIX

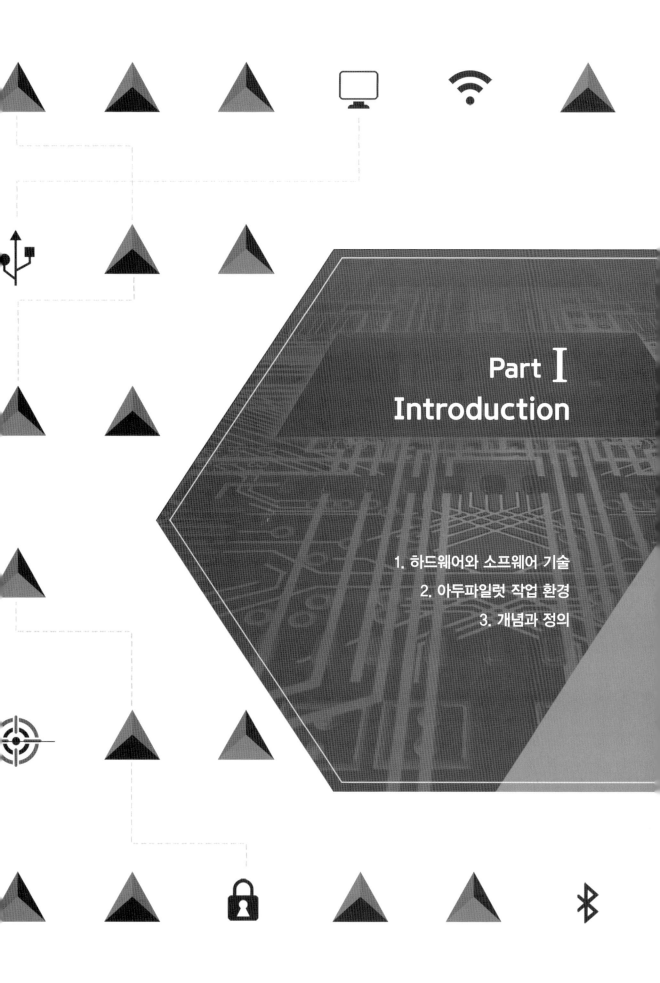

Part I
Introduction

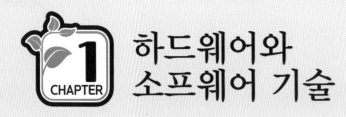

하드웨어와 소프웨어 기술

이 챕터에서는 오토파일럿AutoPilot이 무엇인지 설명한다. 또한, 이 책 전체에서 사용되는 하드웨어 및 소프트웨어의 특징과 역사(아두파일럿ArduPilot) 라이브러리 및 픽스호크 오토파일럿AutoPilot Pixhawk을 소개한다. GUI와 SDK의 차이점 그리고, 오토파일럿 프로그래밍을 위한 SDK 유형이 몇 가지인지 배운다. 또한, 다른 호환 가능한 프로젝트에 대해 논의하고 복제본과 원본 버전을 구별하는 방법을 배운다.

1 오토파일럿Autopilot

오토파일럿은 항공기 비행, 자율 주행 차량, 잠수함 로봇 수중훈련 또는 기타 유형의 모바일 로봇과 같은 운송수단의 무인 작업 중에 온 보드 작업을 수행하도록 설계된 내장 카드이다.

개발 카드와 달리 오토파일럿은 일반적으로 처리 및 데이터 전송 용량이 더 크다. 이유는 다음과 같다.

❶ 방향 및 위치 센서를 판독한다.

❷ 원격제어에서 신호를 판독한다.

❸ 시스템에 연결된 다른 센서는 아날로그 포트나 디지털 포트 또는 직렬 전송 프로토콜을 통해 판독한다.

❹ 비행 데이터는 추후 통계 또는 그래픽 사용을 위해 저장된다.

❺ 오토파일럿은 무선 네트워크를 사용하여 이동체 또는 비행체 또는 지상의 기지와 통신한다.

❻ 배터리가 측정된다.

❼ 시각 및 음향경고가 전송된다.

❽ 제어가 처리된다.

❾ 획득한 데이터는 필터링 된다.

❿ 모터들은 제어장치로부터 동작 된다.

⓫ 선택된 프로세스는 모듈에서 실시간 실행된다.

⓬ 큰 차원 행렬의 곱셈, 궤적 계산, 속도 및 가속도의 추정과 같이 까다로운 수학적 연산은 매우 짧은 시간에 수행된다.

자원에 대한 수요와 함께 개발 보드가 작동되지 않거나 단순히 성과를 달성할 수 없는 경향이 있다. 예를 들어, 아두이노는 개발 위원회의 메가 모델에서 490Hz의 브러시스 모터 이상을 작동할 수 없다. 왜냐하면 원칙적으로 단일 모터로 300Hz를 거의 작동시키지 않기 때문에 나머지 포트와 시스템의 작동을 저해한다.

현재, 다른 유형의 개발 카드 또는 Raspberry Pi 또는 FPGA와 같은 보다 정교하고 전문화된 프로세서와 비교하면 오토파일럿에는 필요한 최소 장비만 포함되어 있으며 차량의 원격 작동에만 최적화되어 있다. 즉, 적절한 보조 모터의 수 (예: 4~12개의 보조모터, 서보모터), 위치 및 방향 데이터 판독, 원격 사용자의 데이터 피드백 및 제어, 비행 데이터의 저장, 그리고 온 보드 장비(거리 센서, GPS 이중화 모듈 등)의 추가 판독. 따라서, 공간, 중량 및 전력 소비는 차량 운전 업무에 최적화되어 있다.

가장 잘 알려진 오토파일럿으로는 픽스호크Pixhawk, 나자the Naza, 아두파일럿 ArduPilot, 크레이지플리the Crazyflie, CC3D 등이 있다.

2 오토파일럿AutoPilot의 종류: SDK vs. GUI

[그림 1–1]과 같이 두 가지 유형의 오토파일럿AutoPilot이 있다.

GUI|Graphical User Interface

SDK|Software Development Kit

[그림 1–1] GUI vs. SDK interfaces

(1) 폐쇄형closed 또는 반폐쇄형semi-closed 아키텍처 프로그래밍

이 경우 일반적으로 GUI(그래픽 사용자 인터페이스)를 사용할 수 있다. 특정 프로그래밍 언어를 알지 못하는 사용자가 고도의 시각적인 대화형 인터페이스를 통해 미리 정의된 기능의 매개변수를 수정할 수 있는 기능만 있으므로, 반폐쇄semi-closed 프로그래밍이라고 한다. 예를 들어 드론으로 비행할 경로를 구성할 수 있다. 그러나 사용자가 설계한 컨트롤러(조정기)로 각 모터를 독립적으로 프로그래밍할 수는 없다.

GUI의 예로는 Mission Planner가 있는데, 이 책 전체에서 그래픽 시각화, 원격 측정 통신기의 매칭, 설계된 프로그램을 오토파일럿AutoPilot에 로드하고 비행 기억 데이터를 추출하는 방법으로만 사용된다.

(2) 개방형open 아키텍처 프로그래밍

이 경우 SDK(소프트웨어 개발 키트)를 사용한다. 여기서 프로그래밍은 사용자가 비행 매개변수를 수정할 수 있고 또한 비행 실행의 전체 알고리즘을 개발자 스스로 수행할 수 있도록 개방되어 있다. 이는 센서의 판독과 필터링, 자체 센서의 통합, 저장할 데이터의 선택에서부터 각 엔진의 개별적 프로그램 작성에 이르기까지 다양하다. 이 방법에는 특정 프로그래밍 언어에 대한 지식이 필요하다.

3 SDK의 종류

차량과 특히 드론의 경우 세 가지 유형의 SDK가 있다.

(1) yaw 회전을 통한 데카르트 명령 모드

이 경우 차량은 X, Y 및 Z 방향으로 이동하는 질량으로만 **"제어"**할 수 있으며 수직축을 돌릴 수 있다. 이 경우 SDK는 위치 및 회전 참조만 허용하며, 각 구성 요소를 낮은 레벨(모터, 센서, 메인 컨트롤 등)로 명령하려면 예시로, 드론킷dronekit에 대한 부록을 참조하기 바란다.

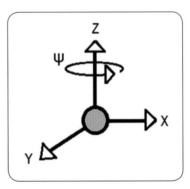

[그림 1-2-❶] yaw 회전이 있는 직교 명령 모드

(2) 고도高度 명령 모드 및 태도

여기서 차량은 Z 방향으로 움직이는 질량으로만 명령할 수 있으며 3개의 이동축에서 회전할 수 있다. 이 타입의 SDK는 차량의 제어, 로봇 공학 및 인공 시력(다른 영역 중)의 전문가에게 필요한 것에 더 가까운 명령을 받을 수 있게 해주지만, 여전히 가장 기본적인 수준의 제어와 설계, 즉 모터 레벨 제어는 허용하지 않기 때문에 적당히 강력한 개발 인터페이스다. 이것은 Ardrone 멀티콥터의 최신 SDK 버전에 해당한다.

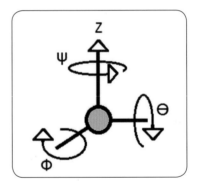

[그림 1-2-❷] 고도 명령 모드 및 자세

(3) 각 모터의 명령 모드

이 SDK는 각 모터를 제어할 수 있게
해준다. 장치의 비행은 설계자의 책임
이다. 이것은 픽스호크Pixhawk 및 아두파
일럿ArduPilot 라이브러리의 경우이며, 광
범위한 매뉴얼이나 이 책을 읽지 않으면
위험하지만, 설계자에게 항공기나 차량
의 모든 구성 요소와 행동에 대한 더 큰
통제력을 제공한다("**위대한 힘을 가진 것
은 큰 책임이 있다**"는 것을 기억하라).

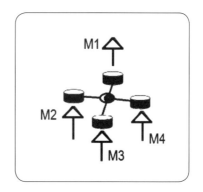

[그림 1-2-❸] 각 모터의 명령 모드

또한, 표준 차량을 제어할 수 있을 뿐만 아니라 자신만의 방식으로 설계하거
나 존재하지 않는 차량을 만들 수 있으므로 매우 강력한 양식 체계다(전 방향성
소개가 있는 부록 참조).

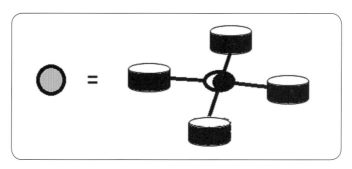

[그림 1-2-❹] 쿼드 콥터 점 질량 표현

4 픽스호크 오토파일럿 하드웨어

픽스호크Pixhawk 역사는 2008년으로 거슬러 올라간다. 처음에는 Lorenz Meier가 스위스 취리히연방공과대학교ETH에서 학생 프로젝트로 개발했으며, 2012년 중반에 3DR 회사에 의해 시판되었다. 본문을 통해 ETH가 드론 설계 역사의 중요한 부분임을 알 수 있을 것이다.

픽스호크는 FMUv2 버전(본문에 사용될 것)에 다음과 같은 기능이 있다.(제조업체와 복제본 간의 약간 변경된 점에 유의)

(1) 프로세서

- 32 비트 STM32F427
- 168MHz RAM 256Kb
- 2MB 플래시 메모리

(2) 통합 센서

- 16비트 해상도 ST Micro L3GD20을 가진 3축 자이로
- 3축 자력계와 14비트의 해상도 ST Micro LSM303D를 가진 가속도계
- 3축 자이로스코프를 사용한 가속도계 6000
- 기압계 MS5611
- 어떤 버전은 GPS를 가지고 있다.

(3) 무게와 치수

- 모델 및 제조업체에 따른 33-40g
- 약 80x45x15mm

(4) 전력 소비량

- 7.5V ~ 37V (2 ~ 10 셀(cells))

(5) 통신 포트

- I2C

- 아날로그 입력 3.3V 및 6V

- SPI

- 마이크로 USB

- Futaba 및 Spektrum 무선 포트

- 전원 포트

- CAN

- 5 UART

- PPM 포트

- microSD

본문 전반에 걸쳐 픽스호크^{Pixhawk} 버전 1 또는 그 복제본 2.4.8 또는 2.4.6 을 사용할 것이다(오토파일럿^{AutoPilot}의 실제 버전 2는 2017년부터 시작되므로 명명일 뿐이라는 점에 유의). 그러나 라이브러리의 사용은 픽스호크 제품군의 다른 오토파일럿 및 다른 오토파일럿 드론 제품군까지 확장 가능하다. 호환성 차트는 http://ardupilot.org/dev/docs/building-the-code.html 에서 볼 수 있다.

언급한 바와 같이, 버전 1 또는 해당 복제본에 더 많은 포트가 포함되어 있지 만 이 책 전체에서 가장 많이 사용되는 것은 다음과 같다.

❶ **직렬 통신 포트(유선)** 이 포트를 사용하면 외부 데이터 처리 및 단순화된 정보만 수신할 목적으로 아두이노^{Arduino} 또는 기타 개발 카드를 연결할 수 있다. 예를 들어, 라즈베리파이^{Raspberry Pi}를 사용한 이미지 처리로서, 물체 의 위치를 식별하고 이 위치를 표준 직렬 프로토콜이 픽스호크로 전송한 다. [그림 1-3]의 전면 ❸ 참조.

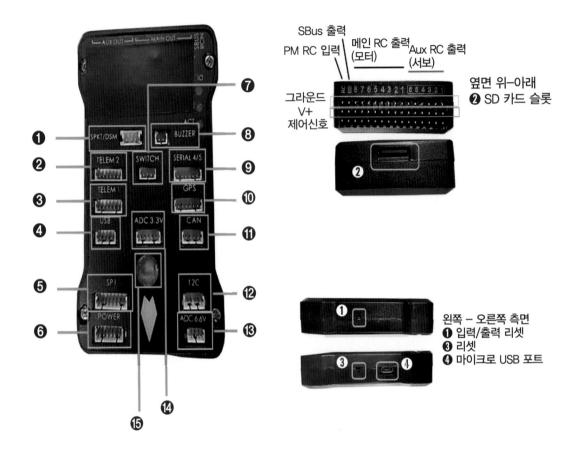

[그림 1-3] 픽스호크 포트

❷ **직렬 통신 포트(무선)** 이 포트를 사용하면 오토파일럿(고도, 각도, 작동 순서) 사이에 데이터를 무선으로 전송하기 위해 인터폰을 연결할 수 있다. 무선 제어 포트와 혼동하면 안 된다. 이 인터페이스는 유럽 및 유럽 표준을 가진 국가를 제외하고 915Hz에서 작동한다. [그림 1-3]의 **전면 ❷** 참조.

❸ **아날로그 인터페이스 포트** 이 포트를 사용하면 전위차계, 초음파 위치 센서, 온도 센서 또는 압력 센서와 같은 아날로그 센서를 연결할 수 있다. 픽스호크에는 3개의 아날로그 포트가 있다. 하나는 6.6V에서, 두 개는 3.3V에서 공유된다. [그림 1-3]의 **전면 ⓭** 및 **전면 ⓮** 참조.

❹ **디지털 인터페이스 포트** 이 포트를 GPIO 포트(일반 디지털 입력 및 출력 포트)로 사용할 수 있다. 이들을 통해 푸시 버튼, LED, 또는 이진 논리(온/오프)로 작동하는 다른 장치를 사용할 수 있다. 이 포트는 Auxiliary PWM 포트와 공유된다. [그림 1-3]의 AUXILIARY SLOTS PWM을 참조.

❺ **브러시리스**brushless **모터용 고속 PWM 포트** 이들 포트는 시스템의 메인 모터를 연결하는 데 사용되며 419Hz에서 작동한다. [그림 1-3]의 MAIN SLOTS PWM을 참조.

❻ **느린 쓰기 또는 보조 포트의 PWM 포트** 이 포트는 시스템의 2차 작동(핀, 로봇 지지대, 카메라 고정장치 등)을 목표로 하는 서보 및 모터용이다.

❼ **무선 인터페이스 포트** 가장 일반적으로 사용되는 PPM 포트이며 무선 통신의 직렬 포트와 혼동하지 않아야 한다. 사용자가 차량을 수동으로 제어할 수 있는 방식으로 작동한다. 이 포트는 비상 정지 또는 반 자동적인 방식으로 일련의 작동(이륙, 궤적 추종, 회전 및 고정, 하강)을 활성화하는 역할을 할 수 있다.

❽ **LED 신호** 시각적 경고를 나타내기 위해 통합된 Toshiba 장치이다. [그림 1-3]의 전면 ⓯ 참조.

❾ **SD 메모리 포트** 나중에 통계나 그래픽에 사용할 비행 데이터를 저장한다. [그림 1-3]의 측면 ❷ 참조.

❿ **비상 또는 보조 버저** 다양한 음향 경고를 활성화하기 위해 사용된다. [그림 1-3]의 전면 ❽ 참조.

⓫ **보안 스위치** 활성화되어 있지 않으면 모터가 회전하지 않는다. 보안 스위치는 원치 않는 행동으로 인해 프로펠러나 모터로 사람이 베이거나 다치는 것을 방지하기 위한 버튼이다. [그림 1-3]의 전면 ❼ 참조.

5 복제품 vs 원본

복제품과 관련하여 원본 버전 픽스호크의 장점은 주로 센서의 성능과 모터 응답으로 확인된다. 그러나 프로토타이핑 목적으로 복제본 버전과 원본 버전을 모두 사용할 수 있다.

1. **복제품의 장점** 가격, 시장에서의 현존(버전 1에서 원래의 픽스호크^{Pixhawk}를 얻는 것은 다소 어렵다) 원본 버전과의 중간 수준에서 높은 수준의 호환성이다.

2. **복제품의 단점** 일부 배치에 결함이 있으며, 유닛의 일부는 마감 상태가 좋지 않아 포트를 사용할 수 있도록 개조(절단 및 천공)할 필요가 있다.

복제품에는 번호 2.4.8, 2.4.6 등으로 레이블이 지정되어 있지만 이는 브랜드 이름일 뿐이며 숫자는 공식적으로 FMUv2라는 픽스호크의 원래 버전에 해당한다.

현재 FMUv3에 해당하는 픽스호크의 원본 버전 2.0이 있어서 혼동할 수 있다. 원본 또는 복제된 버전을 처리할 때는 현재 가지고 있는 FMU 하드웨어 버전을 알면 충분하다(흥미롭게도 현재 상용명칭이 Pixhawk4인 상용 FMUv5가 있다). FMU 명칭은 비행 관리 장치를 의미한다. FMUv1 버전은 현재 존재하지 않는 PX4라는 기본 하드웨어 프로젝트에 해당한다.

사용할 프로그래밍 라이브러리의 코드 편성은 그에 따라 다르므로 어떤 FMU 버전이 복제된 카드인지 또는 원본 카드를 가졌는지 아는 것이 매우 중요하다.

> • https://docs.px4.io/v1.9.0/en/flight_controller/pixhawk_series.html도 읽을 것을 권장한다.

6 상용 오토파일럿autopilot vs. 자신만의 설계

언급했듯이, 픽스호크Pixhawk는 ETH 프로토타입을 위한 하드웨어 개발의 결과로 시작되어 시간이 지남에 따라 비교적 표준화된 상업 옵션이 되었다. 안정된 오토파일럿autopilot을 설계하는 데는 몇 달에서 몇 년이 걸리며, 이미 강조했듯이 개발 카드를 사용하는 방법을 아는 것만으로는 충분하지 않다. 이는 저수준 소프트웨어 개발과 마이크로 컨트롤러, FPGAField Programmable Gate Array, DSPDigital Signal Processor, 마이크로프로세서 등 프로그램 가능한 장치에 대한 깊은 지식뿐만 아니라 인터럽트 실행, PWM 신호 생성, 실시간 프로세스 생성, 무선 송신기 개발, 기타 바람직한 특징 중 통신 버스에서 데이터 전송 프로토콜의 관리와 개발에 필요한 어셈블리 언어 또는 기타 기계 언어를 포함한다.

이러한 지식을 아는 사용자는 자신의 집에서 오토파일럿 개발이 가능하다. 또한, 시간이 걸리기 때문에 픽스호크는 하드웨어와 소프트웨어뿐만 아니라 거의 10년 동안의 광범위한 문서와 수천 명의 전 세계 사용자들에게 있어 빠르고 전문적이며 경제적인 구현을 위한 간단하고 기능적인 대안이다.

또 다른 방법으로, 애드엑스edx 플랫폼의 MIT 교수인 Anant Agarwal의 집중 추상화 개념을 사용하여 다음과 같이 말할 수 있다. 픽스호크와 다른 오토파일럿은 프로그래밍 라이브러리와 함께 고급 수준의 작업을 코딩하는 것에 있어 사용자가 오토파일럿을 설계하는 방법을 스스로 알 필요가 없는 수준에 도달했지만, 단지 중간 수준의 프로그래밍 언어를 사용하는 방법을 알도록 요구하는 수준에 도달했다.

이를 통해 개발자는 고도의 프로그래밍(C^{++}, 자바, 파이썬 등)과 제어 이론에 집중할 수 있다.

단, 이러한 플랫폼의 개발에 관심이 있는 독자의 경우, 본 섹션의 참고 문헌을 살펴보는 것이 좋다.

7 아두파일럿 라이브러리(소프트웨어Software)

픽스호크Pixhawk는 GUI, Mission Planer와 호환되지만, 아두파일럿ArduPilot과 PX4라는 SDK도 지원한다. 이 책은 상대적으로 사용하기 쉽고 빠른 구현 및 아두이노Arduino 코딩과의 호환성을 고려한 첫 번째 SDK를 다룰 것이다. 실제로 아두파일럿 라이브러리는 ARDUPILOT MEGA라는 프로젝트에 명명돼있다.

흥미롭게도, 아두파일럿 라이브러리의 명칭 [그림 1-4]는 3DR사가 개발한 아두파일럿 내비게이션 카드라는 픽스호크와 유사한 하드웨어 프로젝트를 기반으로 한다. 개발자들이 Arduino 기반 하드웨어의 한계와 소프트웨어의 장점을 깨달은 후 소프트웨어를 보존하기로 결정하고 대략 2012년 전반에 걸쳐 픽스호크기반 오토파일럿autopilot으로 마이그레이션 하였다.

마지막으로, 이러한 라이브러리를 사용하는 방법을 알고 있어도 다른 프로젝트(navIO, ErleBrain 등)와 함께 사용할 수 있으므로 오토파일럿을 제한하지 않는다.

[그림 1-4] 아두파일럿 로고

## CHAPTER 1

8 호환성과 동류 프로젝트

픽스호크 아두파일럿Pixhawk autopilot은 ArduPilot, PX4, Dronekit, Mavros 라이브러리 및 Parrot Bebop 드론과 하드웨어 호환이 된다. 반면 아두파일럿 ArduPilot 라이브러리는 픽스호크 아두파일럿, APM, Snapdragon, ErleBrain NAVio 및 Parrot Bebop 드론과 호환된다. 현재 지원되지 않는 버전과 호환성 전체 목록은 해당 웹 페이지에서 찾아볼 수 있다.

- 동류 SDK 프로젝트는 다음과 같다.

  - PX4
  - Paparazzi
  - Crazyflie
  - Dronekit

9 하드웨어와 소프트웨어의 혼동?

언급했듯이 소프트웨어와 하드웨어는 이름을 공유해서 약간 혼동된다. 이런 이유로, [표 1-1]을 참조해야 한다.

[표 1-1] ArduPilot 및 Pixhawk 프로젝트의 명명법

프로젝트 이름	PX4(픽스호크)	아두파일럿
호환 가능한 하드웨어(오토 파일럿 및 내장형 카드)	픽스호크 제품군, Snapdragon, 등	픽스호크 제품군, 아두파일럿 보드, erlebrains, pxBerry, 등
소프트웨어	PX4 라이브러리	아두파일럿 라이브러리

🔟 챕터 요약

이 챕터에서는 다음과 같은 것을 배웠다.

- 오토파일럿AutoPilot의 정의와 설계 정보
- 픽스호크Pixhawk 및 아두파일럿ArduPilot 프로젝트에 대한 역사와 일반 정보
- 차량 제어 수준에 따른 SDK와 GUI의 차이점 및 사용 가능한 SDK 종류
- 관련 프로젝트 및 호환성
- 복제품과 원본 오토파일럿autopilot을 구별하는 방법 및 해당 장단점

다음 챕터에서는 아두파일럿ArduPilot 라이브러리의 작업 환경에 관한 일반 사항과 이 책에 포함된 라이브러리의 버전을 사용하기로 한 사용자를 위한 중요하고 분명한 특징에 대해 배우게 될 것이다.

아두파일럿 작업 환경

이 챕터에서는 일반적으로 아두파일럿ArduPilot 라이브러리에 사용되는 파일 유형 및 일부 특정 유형의 변수에 대해 학습한다. 프로젝트 개발에 권장되는 프로그래밍 흐름을 배울 것이다. 또한, 이 책에 포함된 라이브러리 버전이 사전 로드된 이클립스Eclipse 인터페이스 개발 환경IDE의 예시를 사용하여 프로젝트를 만들고 오류를 식별하는 방법을 확인할 것이다. 마지막으로 개발 보드와 함께 아두파일럿ArduPilot 라이브러리 사용을 살펴볼 것이다.

1 아두파일럿ArduPilot 라이브러리 관련 파일 유형

기본적으로 두 가지 중요한 파일 확장자가 있다.

- ***.pde** 이름이 매우 낯설게 보이지만, C / C++의 소스 코드와 관련된 확장명일 뿐이다. 실제로 해당 부분에서 볼 수 있듯이 에디터와 컴파일러가 확장자를 이 유형의 파일로 인식하도록 조정해야 한다. 소스 코드 편집 파일은 C++ 언어로 되어있다는 점에 유의하여야 한다.

- ***.px4** 이 경우는 *.pde 파일이 컴파일될 때 생성된 실행 파일이다. 이 파일은 해당 오토파일럿(이 경우 픽스호크)에 로드해야 하며, 이전에 내비게이션 보드에 인코딩된 기능을 활성화할 목적이 있다. 보는 바와 같이 픽스호크 프로세서에 관한 실행 파일이다.

2 구체적인 데이터 유형

픽스호크Pixhawk는 차량을 반자율 방식으로 조종하기 위한 내장형 장치이므로 작동 시간에 따라 메모리가 제한되므로 사용되는 데이터 유형에 특별한 주의를 기울여야 한다. 이 경우, 변수 INT, FLOAT, CHAR 등을 단순히 선언하는 것만으로는 충분하지 않다는 것을 의미한다. 예를 들어 비행시간을 저장하고자 하는 경우 표준 변수 int_16t를 사용할 수 있다.

이 경우 두 가지 오류를 범하게 된다. 첫 번째는 int_16 변수가 64,000까지의 부호 있는 숫자만 저장할 수 있다는 것이다. 또한, 변수 int는 −32,000에서 32,000까지의 데이터를 저장하고 음수 시간을 측정하지 않으므로(항상 0에서 시작되기 때문에) 음수 32,000까지의 숫자를 사용할 수 없으므로 절반을 낭비하게 된다.

두 번째 오류는 밀리초 단위로 시간을 절약하려면 32,000밀리초만 저장할 수 있는데, 비행시간이 32초라는 것이다.

그렇다면 이 범위를 어떻게 확장할 수 있는가? 답은 하위 유형을 사용하는 것이다. 예를 들어 uint_32t는 0 ~ 4300,000,000,000의 범위에서 양의 정수(u는 부호가 없으므로 양수만 존재)만 저장하며 이는 71,600분의 비행에 해당한다!

이번에는 모터에 대한 예를 하나 더 살펴보자. 모터는 **"작동 백분율"**만 허용한다. 이 백분율은 **"totally off"**를 나타내는 0에서 최대 속도 값 또는 **"totally on"**을 나타내는 양수까지 이어진다. 표준 모터는 1,000에서 2,000까지 다양하므로 uint_16t를 사용하기에 충분하며, 따라서 최대 65,536까지 사용할 수 있다. u_int8t 변수는 0에서 255 사이의 값만 포함함을 유의하여야 한다.

3 실행 팁: PPM, PWM, 1000, 또는 2000?

간단히 말하자면, PWM^{Pulse Width Modulation}과 PPM^{Pulse Phase Modulation}은 인코딩 및 전송을 위해 신호를 디지털화하는 방법이다. 이를 통해 숫자를 이해하기 쉬운 언어로 재해석하고 기계 통신(2진법에선 0 과 1, 논리법에선 참^{true} 과 거짓^{false}, 회로법에선 켬^{on} 과 끔^{off}으로 표기 하는 등)을 하는 데 보낼 수 있다.

이 책 전체에 걸쳐, 그리고 오토파일럿 설명서의 연장으로 PWM이라는 용어를 사용한다. 단, 픽스호크는 액추에이터의 작동 비율(듀티 사이클)에 근거한 기계 작동에 대한 일반 PWM을 사용하지 않고, 타이밍에 근거한 PWM을 사용한다는 점에 유의해야 하며, 이는 서보 모터, 무선^{radio} 제어 장치, 브러시리스^{brushless} 모터에서 매우 일반적이다. 실제로 서보 조종장치의 신호도 PWM으로 알려져 있다. 이런 식으로 1,000에서 2,000까지의 숫자는 마이크로 초 단위로 측정된 **"정시"**의 길이를 나타낸다. 1,000은 최소값이고 2000은 최대값이다. 1,000 마이크로로초는 1밀리 초와 같다. 다양한 출처에 따르면 이 표준은 구식 무선 제어 항공에서 비롯된 것이다.

나중에 이 PWM을 서보 모터 또는 ESC^{Electronic Speed Controller}와 다른 장비(즉, DC 모터로 직접)와 함께 사용하려면 듀티 사이클 모드로 다시 변환해야 한다. 한편 PPM이라는 용어도 가끔 발견하게 될 것이며, 또 다른 유형의 변조임에도 불구하고 기본적으로 PWM 신호의 캡슐화 및 다중화에 사용된다. 이는 두 개 이상의 신호가 조합되어 단일 채널로 전송되는 것을 의미하며, 무선을 통신하는 데 필요한 물리적 케이블의 수를 감소시킨다. 예를 들어, 오토파일럿 아두파일럿에는 PPM 수신기가 없으므로 많은 수의 케이블을 사용하여 원격제어 장치와 통신해야 했다.

픽스호크는 서보 타입 PWM 신호를 사용하여 무선 제어 데이터를 수신하고 브러시리스^{brushless} 모터 또는 보조 서보 모터로 데이터를 전송한다. 수신의 경우 결합 된 캡슐화 방법은 PPM을 사용한다.

☁ 자세한 내용은 다음 웹 사이트를 참조하시오.

- https://discuss.ardupilot.org/t/understanding-ppm-vs-pwm/819
- https://oscarliang.com/pwm-ppm-difference-conversion/

4 사용된 프로그램에 대한 기술 및 흐름

아두파일럿ArduPilot 라이브러리를 통한 코드의 설계 및 구현은 [그림 2-1]에 표시된 부분으로 구성된다.

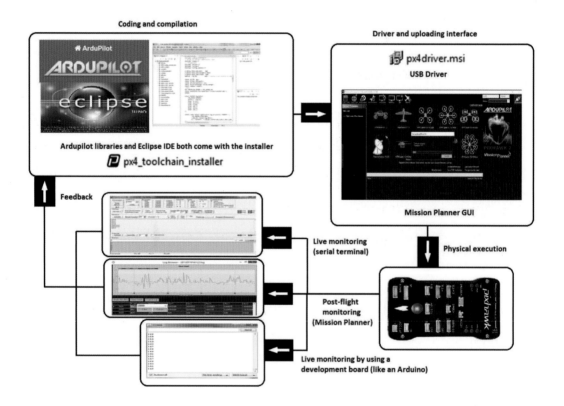

[그림 2-1] 프로그램 흐름

5 코딩과 컴파일링

이 경우 필요한 소프트웨어는 두 가지 요소로 나뉜다. 첫 번째는 개발 내에서 필요한 명령을 프로그래밍 할 수 있는 아두파일럿ArduPilot 라이브러리 세트이고 두 번째는 컴파일 인터페이스로, 이 책의 목적상 px4_toolchain_installer라는 설치 프로그램을 사용하여 아두파일럿 라이브러리와 함께 사전 설치된 이클립스Eclipse 버전이다(해당 부록 참조).

6 연결과 로딩 인터페이스

인터페이스도 두 개의 구성 요소로 나뉜다.

첫 번째는 컴퓨터의 USB 포트를 연결하여 픽스호크 오토파일럿Pixhawk autopilot과 함께 사용할 수 있도록 해주는 드라이버다.

두 번째는 Mission Planner라는 사용자 지정 파일을 로드하기 위한 GUI 이다.

7 물리적 실행

물리적 실행은 프로그래머가 암호화한 소프트웨어를 적절히 탑재한 기본적인 픽스호크 오토파일럿이다.

8 디스플레이

프로그램 비행 데이터 분석 또는 직접 운행 실행을 감독하는 세 가지 방법

(1) 실시간 유선 표시

이 유선 모드는 비행 중에는 사용하지 않는 것이 좋다. 일반 직렬 터미널 소프트웨어를 통해 수행된다.

(2) 비행 후 표시

다시 한번 Mission Planner GUI를 사용하여 차량의 비행 데이터를 텍스트 파일로 다운로드한 다음 플로터(Excel, Ssilab, Python 등)로 다운로드하거나 SD 카드에서 추출한 데이터를 그래프로 표시한다.

(3) 실시간 무선 표시

아두이노Arduino, 라즈베리파이Raspberry Pi, 비글 본Beagle Bone 등과 같은 보조 개발 카드 (예: Arduino 및 직렬 모니터 사용)에 기록하여 실시간 비행 데이터를 볼 수 있다.

9 피드백

데이터 모니터링 또는 오토파일럿에 의해 수행된 동작에 기초하여, 다시 개발된 코드화 및 컴파일 단계는 프로그램을 수정하는 사용자에 의해 피드백되고 다시 획득된다.

🔟 오토파일럿에 사용자 지정 코드 업로딩

이 섹션은 이 책의 나머지 부분에 포함된 코드를 올바르게 구현하는 데 중요하다. 따라서 다음 단계를 주의해서 읽어야 한다.

(1) Mission Planner를 열고 픽스호크 포트를 확인하여야 한다. 픽스호크를 컴퓨터에 연결할 때 포트가 할당된다. 해당 포트 탭을 누르고 PX4 FMU(COM #)라고 적혀 있는지 확인하는 것이 좋다. Windows 장치 관리자에서 같은 COM 번호를 사용할 수 있다. 픽스호크가 연결되어있는 동안 해당 포트는 변경되지 않는다. 연결 버튼을 누르지 말고. **[그림 2-2]** 참조. 버튼을 누르면 Mission Planner GUI가 오토파일럿을 제어하여 사용자 지정 코드를 로드하는 데 사용할 수 없게 된다.

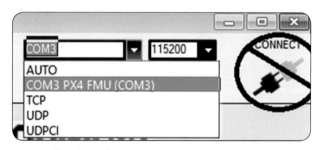

[그림 2-2] Mission Planner 픽스호크 포트

(2) Mission Planner에서 초기 설정으로 이동하여 펌웨어를 설치한다. **[그림 2-3]**과 같이 그래픽 인터페이스가 나타난다. 아래쪽 영역에서 **"Load custom firmware"** 옵션을 찾아 클릭한다.

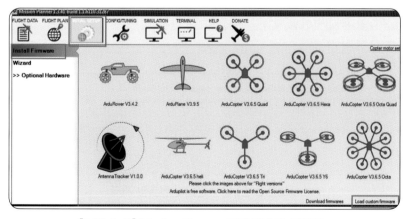

[그림 2-3] Mission Planner 로딩 커스텀 펌웨어

(3) 클릭하면 [그림 2-4]와 같이 탐색창이 나타난다. 픽스호크에 업로드할 .px4 파일을 검색한다. .px4는 컴파일 섹션에서 볼 수 있듯이 확장명이 .pde인 편집 파일을 컴파일한 후에 얻어진 실행 파일의 확장자임을 기억한다.

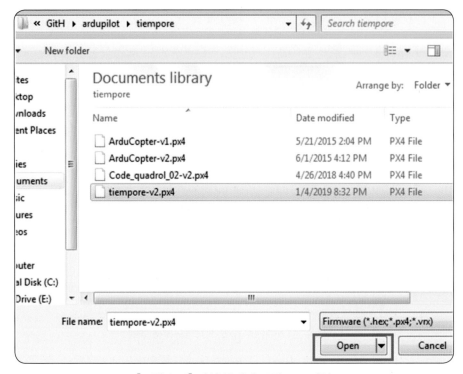

[그림 2-4] 미션 플래너 로딩 px4 파일

(4) 업로드 절차를 따른다. 화면에 오토파일럿 연결을 끊으라는 메시지가 표시됩니다. OK 버튼을 눌러 다시 연결한다. [그림 2-5] 참조.

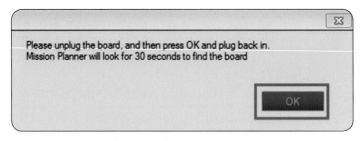

[그림 2-5] 미션 플래너 업로딩 지시

(5) 파일이 올바르게 로드되지 않으면 오류 메시지가 나타난다. [그림 2-6] 참조
4단계를 반복한다.

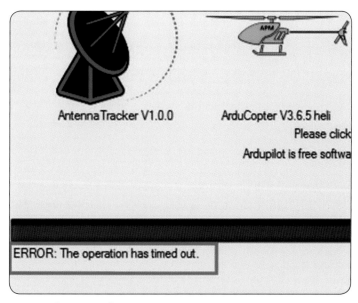

[그림 2-6] 미션 플래너의 업로딩 에러 메시지

(6) 펌웨어 업로드에 성공하면 시스템은 픽스호크 소리가 날 때까지 OK버튼 클릭을
기다려야 한다는 메시지를 알려줄 것이다. [그림 2-7] 참조 버저나 스피커가
연결돼있으면 소리가 들릴 것이다. 그렇지 않으면 LED를 관찰하면 된다. LED 빛은
희고 환하게 빛날 것이다.

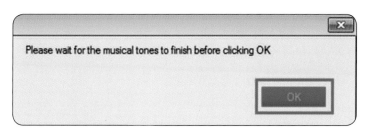

[그림 2-7] 미션 플래너의 업로딩 성공 메시지

> **⬇ Implementation Tip**
>
> 이 섹션의 핵심은 오토파일럿autopilot이 연결되면 미션 플래너mission planner가 로드 사용자 정
> 의 펌웨어 버튼을 활성화했는지 확인하는 것이다. 만약 활성화되지 않았다면, 사용자 정의 펌
> 웨어를 설치할 수 있는 것을 찾을 때까지 이전 혹은 더 나은 버전의 미션 플래너를 찾아야 한다.

11 이클립스로 새 프로젝트 만들기

이 섹션은 또한 설계한 파일로 작업하는 방법과 파일들을 컴파일하는 방법을 명시하기 때문에 반드시 알아야 한다. 그러나 이것은 우리가 코드를 개발하는 모드인 Eclipse IDE가 포함된 Windows Installer만을 위한 방법이기 때문에 주의해야 한다. 따라서 여기서 다룰 내용은 다른 아두파일럿 설치와 관련하여 상당히 다를 수 있다.

(1) 기존 프로젝트를 복사한다. 여기서는 임의의 프로젝트로 프로세스를 보여 주지만 프로젝트가 없는 경우 hellodrone 폴더를 제공한다. [그림 2-8]을 참조 hellodrone 폴더는 arducopter 폴더 프로젝트를 기반으로 한다.

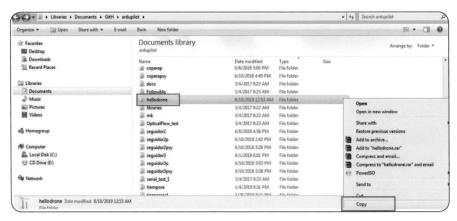

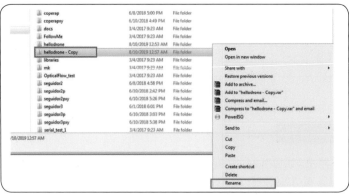

[그림 2-8] 새 프로젝트 만들기, 1단계

(2) 복사한 폴더의 이름을 변경한다. 이 예에서는 이름을 newtry로 변경했다. 이 폴더 안에는 이전 메인 파일(메인 파일은 이전 폴더와 같은 이름을 가진 파일임)이 있으며, 파일 이름이 newtry.pde 폴더와 같은 이름을 공유하도록 이름을 변경한다.

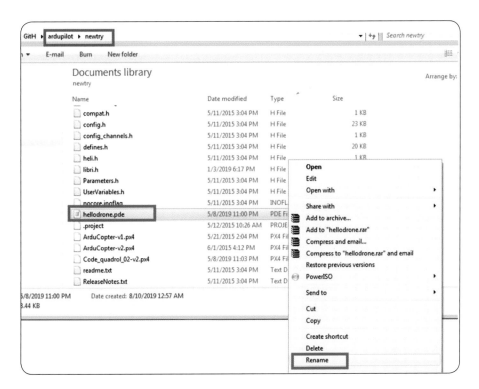

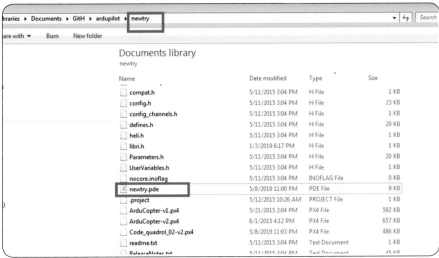

[그림 2-9] 새 프로젝트 만들기, 2단계

(3) px4 Eclipse(Windows₩ PX4 Eclipse)를 열고 대화 상자가 작업영역을 선택하도록
요청하면 OK(확인)를 클릭하여 열려 있는 프로그램을 닫으십시오(있는 경우). [그림
2-10] 참조.

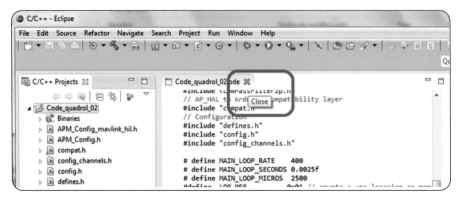

[그림 2-10] 새 프로젝트 만들기, 3단계

(4) 기존 코드에서 새로운 프로젝트를 만든다. [그림 2-11] 참조.

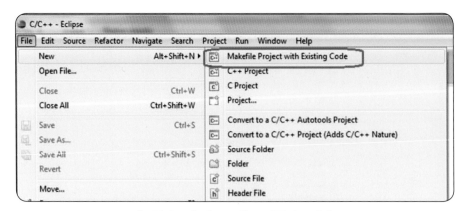

[그림 2-11] 새 프로젝트 만들기, 4단계

(5) 팝업 화면에서 C, C++, Cross GCC 언어가 선택되어 있는지 확인한 다음 검색 옵션을 클릭한다. 보조 창에서 필요한 폴더(이 예에서는 newtry 폴더를 찾고있음)를 찾은 다음 accept 옵션을 누릅니다. 모든 것이 정확하다면, 메인 프로젝트의 이름은 자동으로 newtry로 나타난다. 그런 다음 Finish 버튼을 클릭한다. **[그림 2–12]** 참조.

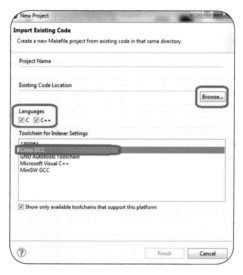

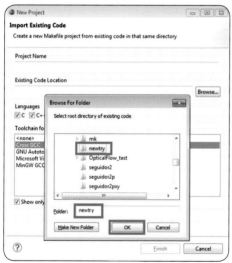

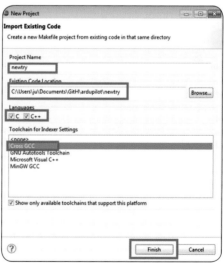

[그림 2–12] 새 프로젝트 만들기, 5단계

(6) 드롭 다운 메뉴에 새 프로젝트가 있다. 메인 프로그램newtry.pde을 열면 컴파일 가능한 옵션이 오른쪽에 나타날 것이다. 그것을 누르고 px4–v2가 나타나면 마우스 오른쪽 버튼을 클릭하여 삭제Delete한다. 그런 다음 마우스 오른쪽 버튼을 클릭하여 새로운 것을 생성한다. 이렇게 하면 새 컴파일러가 복사된 폴더로부터 데이터를 상속받지 않는다. [그림 2–13] 참조.

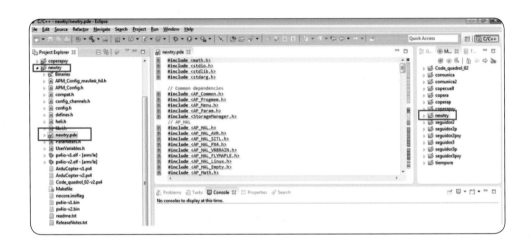

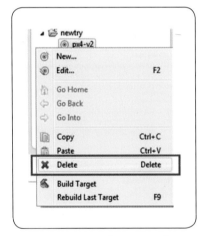

[그림 2–13] 새 프로젝트 만들기, 6단계

(7) 새로 만들기 버튼을 클릭하고 px4-v2를 입력한 다음 확인을 누른다. 이제 드롭다운 폴더를 클릭하면 새 컴파일러가 보인다. 마우스 오른쪽 버튼을 클릭하고 빌드 타겟Build Target 버튼을 누른다(또는 간단히 표준 클릭으로 실행한다). [그림 2-14] 참조.

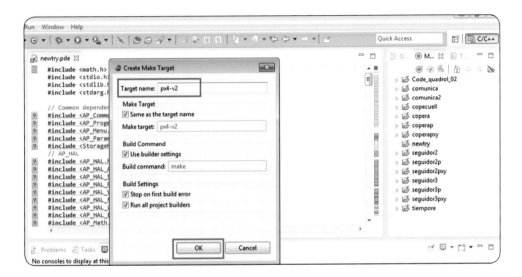

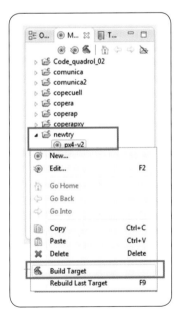

[그림 2-14] 새 프로젝트 만들기, 7단계

(8) 코드 오류가 발생하지 않으면 컴파일에 성공한 것이다. 폴더를 검사하여 .px4 파일이 콘솔에 표시된 시간과 같은 타임 스탬프를 공유하는지 확인하여 이를 확인할 수도 있다. 인내심이 필요할 수 있다. 새 프로젝트를 처음 컴파일할 때 속도가 느릴 수 있다. [그림 2-15] 참조.

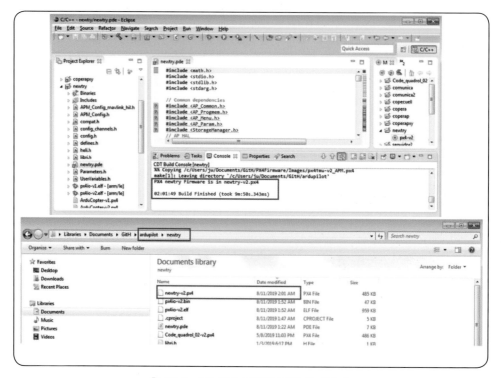

[그림 2-15] 새 프로젝트 만들기, 8단계

(9) 이제 메인 파일 또는 보조 파일을 다시 작성하여 재 컴파일할 수 있게 되었다.

12 오류 확인

컴파일 과정이 완료되면 오류가 발생하거나 컴파일 작업이 만족스럽게 완료될 수 있다. 후자인 경우, 터미널은 메인 파일과 이름이 같은 .px4 확장자를 가진 파일이 생성되었음을 표시하며, 파일의 생성 날짜도 표시한다. 이 파일은 드론에 로드 할 파일이다. 메인 폴더에서 파일을 찾을 수 없거나 생성 날짜가 컴파일된 파일과 일치하지 않으면 프로그래밍 오류가 발생한다.

참고: 명령 또는 구문 오류를 아두파일럿 프로그래밍의 오류와 혼동하지 말아야 한다. 코드 컴파일 전에 명령 구문의 오류가 강조 표시되지만 아두파일럿 라이브러리 명령은 C++에서 표준이 아니므로 걱정하지 않아도 된다. 대신 컴파일후 오류에 집중해야 한다.

오류 확인 과정을 수행하려면 항상 콘솔 탭이 활성화되어 있어야 한다. 이 검사과정은 이클립스Eclipse 편집기에 유효하다는 점을 명심해야 한다. 다른 편집기가 px4 라이브러리와 함께 설치된 경우 다른 오류 식별 순서를 따를 필요가 있다.

(1) 코드를 컴파일하는 과정은 다음과 같다. 일반적으로 컴파일 과정은 느리다. 따라서 몇 분이 아니라 몇 초가 걸리거나 시간이 거의 걸리지 않으면 문제가 있는 것이다. 예를 들어 [그림 2–16]에서는 약 9분 50초가 걸린다.

[그림 2–16] 일반 컴파일(느린 프로세스)

(2)성공적인 컴파일에는 .px4 확장자를 가진 펌웨어가 생성되었음을 나타내는 메시지와 타임스탬프가 표시된다. 즉, .px4 파일이 있는 폴더를 확인하고 타임스탬프가 일치하는지 확인할 수 있다. [**그림 2-17**] 참조.

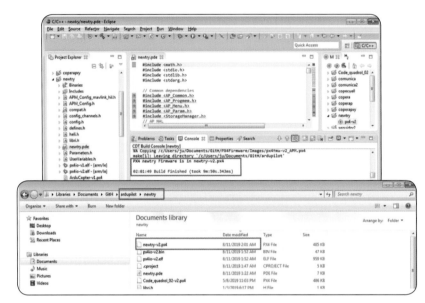

[그림 2-17] 파일과 콘솔 속성 간의 성공적인 컴파일 비교

(3) 이제 전형적인 오류를 소개하고 그것을 식별하는 방법을 살펴보자. 이 예에서는 라인 210의 코드에서 세미콜론(;)을 제거한다. [**그림 2-18**]을 참조(원하는 라인 번호로 이 작업을 수행할 수 있음).

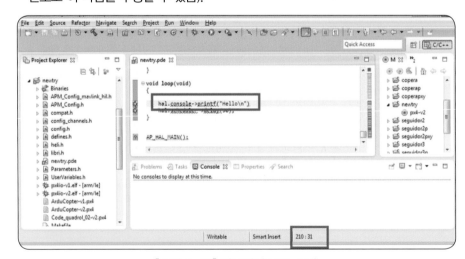

[그림 2-18] 의도적인 오류 소개

(4) 프로젝트를 저장하고 다시 컴파일하면 다음 특성 중 하나 이상이 나타난다. [그림 2-19] 참조.

❶ 매우 빠른 컴파일(이 예제에서는 56초)

❷ 확장자가 .px4인 파일이 생성되지 않은 컴파일

❸ 완성된 빌드 라인 전에 하나 이상의 오류 메시지

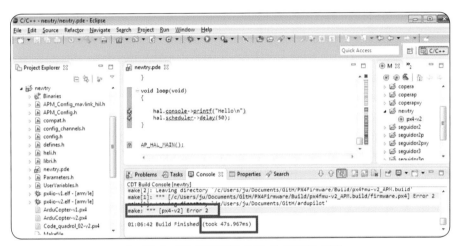

[그림 2-19] 의도적인 오류 후 컴파일 실패

(5) 이때 스크롤 막대를 사용하여 오류를 발생시킨 라인을 찾아보자. 이 정보는 오류 메시지 바로 위에 표시되어야 한다. [그림 2-20] 참조.

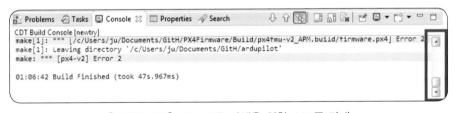

[그림 2-20] 코드 오류 검색을 위한 스크롤 막대

(6) 이 예제에서 인터페이스가 코드의 211라인에 오류를 표시한다는 점을 알아야 한다. [그림 2-21] 참조.

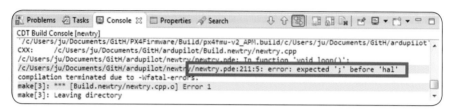

[그림 2-21] 명시적 오류 메시지

(7) 211라인으로 갈 때는 앞뒤 라인(210 및 212라인)을 살펴보자. 210라인의 세미콜론이 없어 에러가 발생한다는 것을 알 수 있을 것이다. [그림 2-22] 참조. 오류를 수정하고 파일을 다시 컴파일한다. 이번에는 성공적인 컴파일을 확인할 수 있다. 컴파일 시간이 길어지고 마침내 같은 타임스탬프가 있는 .px4 파일이 폴더에 생성되는 것을 알게 될 것이다.

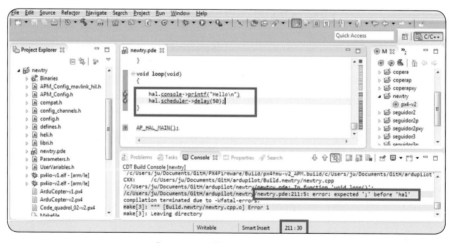

[그림 2-22] 오류 라인 찾기

⚠ 주의

메인 파일에 종속 파일이 종속되어 있고(다음에는 이 파일에 관해 설명하겠다) 해당 종속 파일에 오류가 있는 경우, 콘솔에는 파일 이름과 해당 파일에서 오류가 발생한 라인도 표시된다.

(8) 다른 예를 보자. comunica라는 프로젝트 폴더에는 comunica.pde라는 메인 파일과 일부 보조 .pde 파일이 있는데, 그중 하나를 Envio_datos.pde라고 한다. [그림 2-23] 참조.

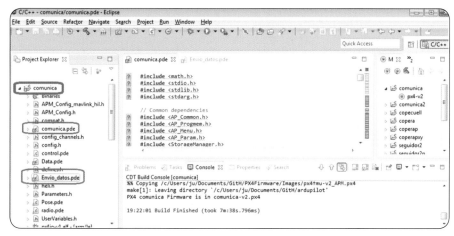

[그림 2-23] 보조 파일이 있는 프로젝트

(9) Envio_datos.pde 파일에서 파일을 저장하고 컴파일하려고 하면 10라인에 "이전에 정의되지 않은 변수"오류가 발생한다. [그림 2-24] 참조.

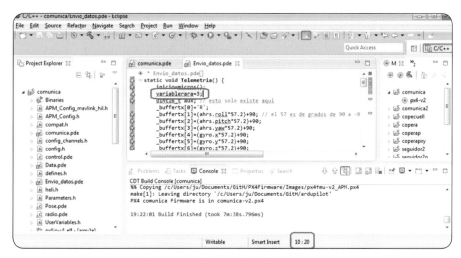

[그림 2-24] 보조 파일에 오류 소개

(10) 이제 검색 절차를 반복해보자. 예상대로 Envio_datos.pde 파일 10라인에서 오류가 보고되었다. [그림 2-25] 참조. 이 예제에서는 해당 라인을 삭제하거나 변수를 정의하여 오류를 수정한다. 다시, .px4 확장자로 파일을 저장하고 다시 컴파일하고 확인한다.

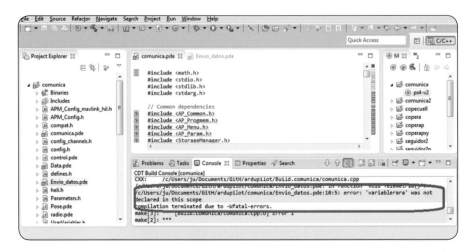

[그림 2-25] 보조 파일을 강조 표시하는 오류 메시지

> **⊘ 경고**
>
> 나중에 볼 수 있듯이 Sd 메모리를 작성할 때 구문에 오류가 발생하더라도 표시되지 않고 전체 코드가 올바르게 컴파일되는 특별한 예도 있다. 이는 C++ 이외의 보조 컴파일러가 Sd 메모리를 쓰는 데 사용되기 때문이다. 이 경우, 이런 종류의 프로시저를 프로그래밍할 때 특별한 주의를 기울여야 한다.

🔢 아두파일럿 라이브러리로 아두이노를 직접 사용하는 것이 가능한가?

한마디로 정답을 내릴 수 없다. 사실 픽스호크 오토파일럿Pixhawk autopilot의 전신은 아두이노 개발 보드에 근거한 이름에서 알 수 있듯이 이른바 아두파일럿 오토파일럿이었다. 사실, 이것이 아두파일럿ArduPilot 라이브러리가 같은 이름을 공유하는 이유다.

아두파일럿 라이브러리는 아두이노Arduino 명령어 사용과 유사하게 설계되었다. 그러나 이 개발 보드를 기반으로 한 오토파일럿을 사용하면 4엔진 드론을 조종할 수 있는 위험한 시스템 상황이 수반되지만 데이터 전송이나 저장의 순간에, 또는 높은 수학적 처리와 신호 필터링의 상호작용을 제어하는 순간에 시스템은 간단히 무너진다. 따라서, 하드웨어를 발달시켜 ARM 프로세서를 기반으로 한 픽스호크로 이어지면서 라이브러리는 보존되었다. 이 경우 소프트웨어보다 하드웨어를 업데이트하는 것이 좋은 생각이다.

멀티콥터를 작동하기 위해 아두이노를 단독으로 사용하는 주요 문제 중 하나는 여러 개의 브러시리스brushless 모터를 490Hz에서 독립적으로 작동시키기 위해 여러 개의 PWM 신호를 동시에 발생시키는 것이 부족하다는 것이다.

따라서 아두이노 또는 기타 개발 보드 또는 프로세서를 보조 또는 하드웨어 번역기로 사용하는 것이 좋다. 예를 들어 물체의 어떤 종류의 시각적 감지를 위한 보조자 또는 PWM RC 기본 픽스호크 형식을 표준 직류 모터와 호환되는 PWM형 듀티 사이클 형식으로 해석하는 것이다. 또한, Wi-Fi 리더로 사용하여 픽스호크에 수신할 수 있다.

14 챕터 요약

이 챕터에서는 다음과 같은 것을 배웠다.

> • 아두파일럿 라이브러리와 관련된 일반적인 파일 유형
>
> • 특정 데이터 유형을 선택하기 위한 정보
>
> • 권장 프로그래밍 작업 순서 및 필요한 소프트웨어 개요
>
> • 라이브러리를 사용하려는 경우 사전 로드된 Eclipse IDE로 프로젝트를
>   작성하고 오류를 식별하는 방법
>
> • 아두이노와 같은 개발 보드와 상호 작용하는 방법

다음 챕터에서는 나머지 책의 기초를 다진다. 여기에는 아두파일럿^{ArduPilot} 코드의 주요 부분, 픽스호크 오토파일럿^{Pixhawk autopilot}에 사용되는 일반적인 로봇 구성 요소에 대한 간략한 설명, 모션에 대한 몇 가지 기본적인 개념이 포함된다.

개념과 정의

> 이 챕터는 책 뒷부분에 등장할 특정 개념에 대한 지식을 되살려 줄 것이다. 첫째로, 오토파일럿과 함께 사용되는 일반적인 자동 기계장치의 구성 요소 (공간 포즈, getter, setter, 변수, 함수, 모듈, 객체, 코딩과 설치의 차이, 계산 효율성)에 대해 배우게 될 것이다. 아두파일럿 라이브러리와 관련하여, 일반적인 아두파일럿 코드와 구성 틀(archetype)을 배우게 될 것이다.

1 보조 구성 요소

이번 챕터에서는 오토파일럿과 함께 일반적으로 사용되는 보조 자동 기계장치의 구성 요소를 복습한다.

2 브러시리스Brushless 모터

[그림 3-1]과 같이 브러시리스 모터는 프로펠러에 회전을 주는 부품이다. 픽스호크와 브러시리스 모터가 일반적으로 많이 사용된다. 자동 기계 차량의 프로젝트는 대부분 브러시brushed 모터라고도 알려진 표준 DC 모터를 사용하기 때문에 간단하게 설명할 필요가 있다.

픽스호크와 함께 브러시리스 모터를 사용하는 것도 가능하지만, 간접적으로 사용되기 때문에 상당한 조정이 필요하다. 이 내용은 나중에 책에서 자세히 살펴보겠다.

본 내용으로 돌아가자. 픽스호크가 사용하는 브러시리스 모터는 직류 모터이지만 3개의 케이블이 있는 삼상 교류 전원으로 작동된다. 변속기 또는 전자 속도 제어기ESC라고 불리는 삼상 변환 요소에 의해 작동된다.

흥미로운 사실은 브러시리스 모터가 물속에서 사용할 수 있다는 점이다. 따라서 연결 배선과 나머지 구성 요소(오토파일럿, gp)가 밀봉되어 있다면 물속에서 응용하기에 적합하다는 것이다.

> ● **고려할 매개변수:** Kv, 무게 및 치수, 최대 전류 및 전압, 최대 추력
> ● **구성 요소 키워드:** BLDC 모터, 브러시리스 모터 드론, BLDC Kv, 스러스트모터

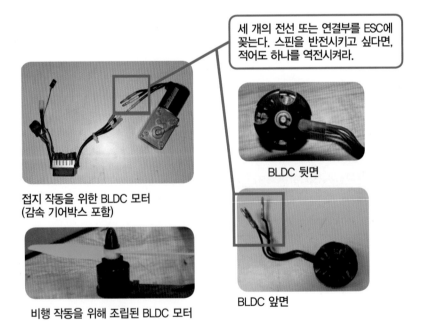

세 개의 전선 또는 연결부를 ESC에 꽂는다. 스핀을 반전시키고 싶다면, 적어도 하나를 역전시켜라.

접지 작동을 위한 BLDC 모터
(감속 기어박스 포함)

BLDC 뒷면

비행 작동을 위해 조립된 BLDC 모터

BLDC 앞면

[그림 3-1] Mission Planner 로딩 커스텀 펌웨어

3 ESC

브러시리스 모터에 공급되는 배터리는 단상 직류지만 브러시리스 모터를 작동하기 위해 3개의 위상인 디지털 교류 전류가 필요하다. ESC는 전자 속도 제어기 역할을 한다. 이 변환을 소프트웨어와 전압 수준에서 수행하는데 필요한 미리 프로그램된 알고리즘을 내부적으로 가지고 있다. 세 개의 섹션으로 나누어진 케이블들로 구성된다. 첫 번째 섹션은 두 개의 케이블(양극과 접지)로 배터리에 필요한 전원을 공급하고, 두 번째 섹션은 모터에 전류를 공급하는 세 개의 출력 케이블로 구성된다. 마지막 섹션은 PWM에 의해 모터 속도를 변화시키기 위한 신호를 제어한다. PWM 신호는 서보 전용 신호다. 이 PWM 신호는 ESC 본체에서 3상 모드로 변환되는 신호다. [그림 3-2] 참조

> ● **고려할 매개변수:** 최대 사이즈, 무게, 전류 및 전압, 가역성, BEC, 옵토커플링optocoupling
> ● **구성 요소 키워드:** ESC, BEC, 가역 ESC, opto ESC

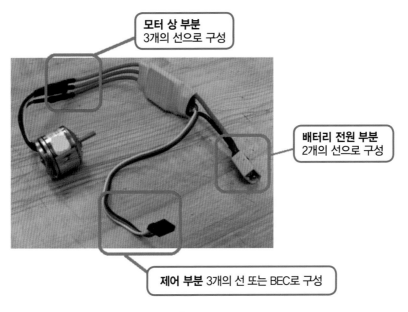

모터 상 부분
3개의 선으로 구성

배터리 전원 부분
2개의 선으로 구성

제어 부분 3개의 선 또는 BEC로 구성

[그림 3-2] ESC 전체 모습

　마지막으로 제어선의 섹션에는 BEC(배터리 제거 회로) 또는 단순히 일리미네이터라고 불리는 보조 전원장치 케이블이 포함된다. 이 경우, 추가 배터리를 사용하지 않아도 PWM의 일부 입력 모듈을 무선 수신기로 공급할 수 있다.

　위와 같이, ESC는 연결 방식에 따라 각 엔진의 회전 방향을 결정하는데, 일단 연결되면 변경할 수 없다. 예를 들어 로봇 바퀴에서 요구하는 대로 브러시리스 모터의 회전 방향을 자동으로 변경하기 위해서는 케이블을 전기적으로 교체하는 것만으로는 부족하다는 점에 유의해야 한다.

　따라서 회전 방향을 변경할 수 있는 모터를 원할 경우 가역 회전이 가능한 ESC라고도 하는 특수 ESC를 구입해야 한다. ESC는 변속기 또는 단순한 모터 드라이브라고도 알려져 있다는 걸 기억해라.

4 프로펠러

드론의 성능(지상, 상공, 해상)을 결정하는 삼요소는 엔진, 프로펠러(또는 바퀴), 배터리로 구성된다. 이와 같이 프로펠러props는 항공 운송수단이나 물 위에서의 작동을 위해 반드시 필요하다. 프로펠러는 최소한 두 개의 날개로 구성되고, 날개에서 반지름과 스텝이 가장 중요한 매개변수이다.

차량의 경우 프로펠러 수의 절반은 한 방향으로, 나머지 절반은 반대 방향으로 돌리는 것이 일반적이다. 이는 단순히 ESC의 연결부를 모터와 교환함으로써 달성된다. [그림 3-3] 참조.

> ● **고려할 매개변수:** 피치, 지름, 엣지edge, 날개 수, 유연성, 경도, 방향
> ● **구성 요소 키워드:** 프로펠러, 프로펠러 날개, 유연flexible 프로펠러, props

[그림 3-3] 프로펠러

5 프레임

드론 본체의 경우 다른 많은 구성 요소와 달리 사용자가 프레임을 자유롭게 구매하거나 제조할 수 있다. 설계의 표준 기준은 재료에 초점을 맞추고 있으며, 특히 경도硬度, 크기 및 경도輕度에 초점을 맞추고 있다. 또한 프로펠러와 바닥, 다른 물체 사이의 간섭을 피하기 위해 공기역학 기준에 따른 특정 거리를 준수해야 한다.

> ● **고려할 매개변수:** 재료, 경도(단단한 정도), 경도(가벼운 정도), 구멍, 수준기, 부속품, 크기, 무게, 랜딩기어, 충격 방지 시스템, 접이식, 전자파 차폐
> ● **구성 요소 키워드:** 프레임, 랜딩기어, 워터프루프

[그림 3-4] 쿼드콥터 프레임

6 특수 커넥터

전기적 불균형 등의 바람직하지 않은 용접 효과를 피하고 쉽게 교체할 수 있도록 하며, 간단한 움직임으로 케이블이 의도치 않게 분리되지 않도록 오토파일럿은 특수 커넥터를 통해 ESC, 배터리 및 센서와 연결되며, 엔진 또한 특수 커넥터를 이용해서 ESC에 연결한다. 여러 버전이 있지만 가장 일반적인 버전 목록은 다음과 같다.

(1) bullet 커넥터를 이용하여 모터와 ESC 연결

여기서 고려해야 할 것은 지름이다. 다양한 크기로 사용할 수 있으며 선택은 케이블 두께와 지원되는 최대 전류에 따라 달라진다. [그림 3-5] 참조.

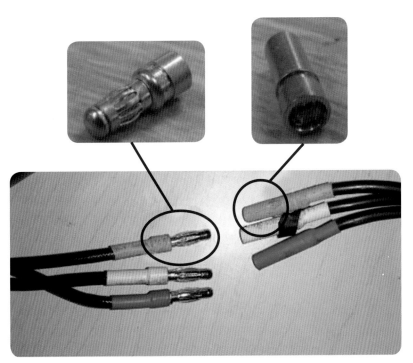

[그림 3-5] 모터를 ESC에 연결하기 위한 특수 커넥터

(2) 3개의 출력(PWM, 접지, BEC 전원 공급용) 커넥터를 통해 ESC에 자동 연결

종류는 많지만 가장 흔한 것은 JR이다. [그림 3–6] 참조.

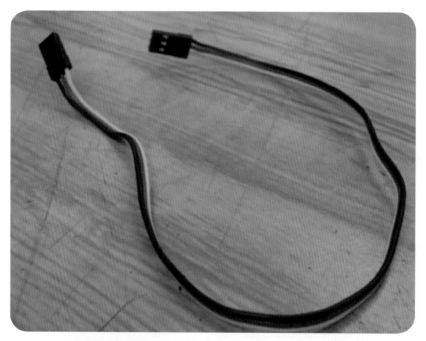

[그림 3–6] 자동 파일럿을 ESC에 연결하기 위한 특수 커넥터

(3) 배터리에서 배전기로 가거나 배전기에서 ESC로 연결

이 경우 여러 종류가 있지만 가장 많이 사용되는 것 중 하나는 역시 비가역성을 특징으로 가지고 있는 XT(XT60, XT90 등)이다. 비가역성이란 반대 방향으로 연결되지 않고 단락이나 다른 전기적 문제를 일으키지 않기 위해 특별히 설계되었다는 것을 의미한다. [그림 3-7] 참조.

[그림 3-7] 배터리를 ESC 또는 디스트리뷰터에 연결하기 위한 특수 커넥터

(4) 자동 조종할 센서

이 경우에도 많은 버전이 있는데, 특히 중국의 픽스호크 복제판 2.4.8의 경우 피코블레이드 몰렉스 1.25를 사용하는 반면 원판은 df13을 사용한다. 어떤 경우에도 핀과 크기가 다양하므로 특정 오토파일럿 모델에서 어떤 것을 사용할지에 대해 포럼을 참조하는 것이 좋다.

☁ 다음을 참고하시오.

www.lambdrive.com/depot/Robotics/Controller/PixhawkFamily/Connector/.

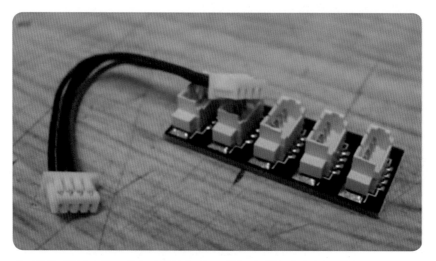

[그림 3-8] 픽스호크 오토파일럿에 서로 다른 장치를 연결하기 위한 특수 커넥터

- **고려할 매개변수:** 크기, 전류 및 작동 전압, 사용에 필요한 부속품, 핀 수, 호환성, 특수 버전 또는 일반 버전, 밀봉 유무, 폭발성 대기, 저온 또는 고온과 같은 특수 작동 조건, 전자파 차폐
- **구성 요소 키워드:** 드론 커넥터, bullet 커넥터, 실드 커넥터, 트위스트 드론 커넥터, EMI 소음

7 원격 측정 모듈(무선 직렬 통신)

원격 제어 신호가 아닌 다른 운송수단에서 무선 데이터를 전송하거나 수신하려면 원격 측정 모듈이 필요하다. 원격 측정 모듈은 무선 직렬 통신사 역할을 한다. 가장 흔한 것은 915MHz이지만 어떤 기준이 허용되는지 주의해서 확인해야 한다. 433MHz 모듈도 있다.

[그림 3-9] 원격 측정 모듈의 개요

- **고려할 매개변수:** 크기, 전류 및 작동 전압, 사용에 필요한 부속품, 커넥터와의 호환성, 최대 도달 거리, 작동 주파수의 합법성
- **구성 요소 키워드:** 원격 측정 모듈, 무선 직렬 전송, 범위, 연결성

8 LIPO 배터리

배터리는 기체의 기동 시간을 결정한다. 일반적으로 LIPO 배터리는 무선 비행에 사용되지만 내구성 문제(대부분의 기체에서는 15~30분)가 있기 때문에 긴 작동 시간을 원할 경우, 보다 지속성이 강한 선택은 유선 연결이다. 예를 들면 특수한 전기 연장이나 유선 충전 드론이나 비전문적이지만 성능 옵션이 제한된 자동차나 컴퓨터 배터리의 전원 공급 같은 경우가 해당된다.

원하는 응용 프로그램의 옵션이 LIPO 배터리인 경우 인화성과 폭발성이 높기 때문에 보관 및 운송을 위한 특수 충전기와 보호 커버가 있어야 한다. LIFO 배터리는 보통 두 개의 케이블 세트를 가지고 있다. 하나는 충전기 및 모니터와 함께 사용되고 다른 하나는 운송 수단에 전원을 공급하기 위해 사용된다.

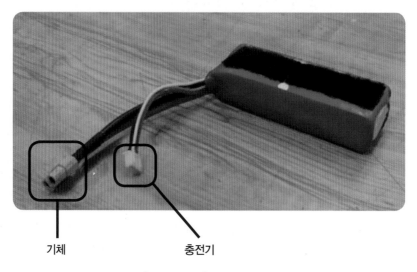

기체   충전기

[그림 3-10] LIPO 배터리

- ●**고려할 매개변수:** 크기, 무게, AH, 작동 전압, 셀 수, C 또는 방전 속도, 커넥터, 그 외 필요한 부속품
- ●**구성 요소 키워드:** LIPO 배터리, 방전 속도, LIPO 전지, LIPO 커넥터, LIPO 충전기, LIPO 핸들링

9 배터리 테스터 또는 배터리 모니터

기체 테스트가 무선으로 수행되는 경우 LIPO 배터리의 상태를 자주 확인하는 것이 바람직하다. 이 경우 [그림 3-11]에 표시된 모듈 중 하나를 구입하는 것이 편리하며, 이는 부피와 중량을 줄인 특수 전압계이다. 이 모듈은 일반적으로 배터리의 무결성 또는 저충전 상태를 나타내기 위해 시각 및 음향 경고를 포함한다.

[그림 3-11] 배터리 테스터 또는 배터리 모니터

- **고려할 매개변수:** 휴대용 또는 외부(온보드 여부), 최대 전지 수, 경고등 또는 음향 표시기
- **구성 요소 키워드:** LIPO 테스터, LIPO 모니터

🔟 GPS 모듈

GPS 모듈은 위성을 통해서 기체가 평면 좌표와 높이를 파악하는 방법이다. 단점은 건물이나 숲이 우거진 지역의 위성신호 간섭이 없을 때만 실외에서 제대로 작동한다는 점이다.

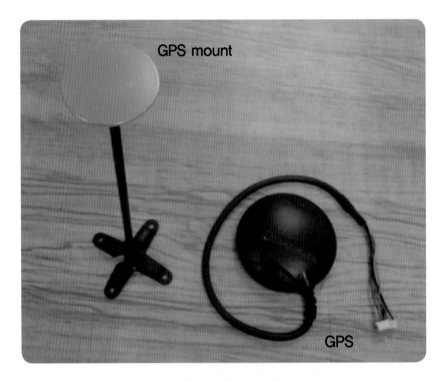

[그림 3-12] GPS 모듈

- **●고려할 매개변수:** 다중 모듈 또는 단일 모듈, 커넥터 유형, 받침대, 신호 증폭기, 분해능 및 정밀도, 전자기 소음 보호
- **●구성 요소 키워드:** EMI 소음, 중복 GPS, GPS 정확도, 드론 GPS 탑재

⑪ 분배기

분배기는 둘 이상의 ESC를 메인 배터리에 동시에 연결할 수 있는 방법이다. 분배기는 집적 회로 타입이거나 단순한 전류 분배기(문어 커넥터와 같은 하니스)일 수 있다. [그림 3-13] 참조.

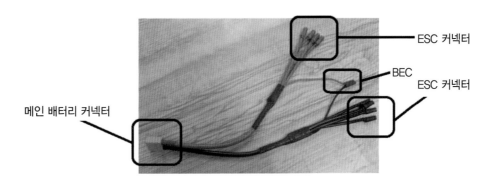

하니스 타입

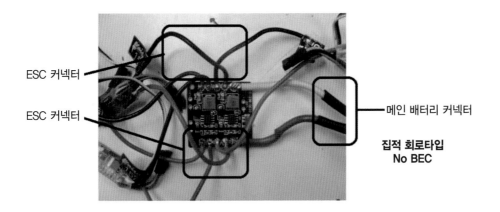

집적 회로타입
No BEC

[그림 3-13] 두 가지 종류의 전력 분배기

- **고려할 매개변수:** 지원되는 최대 전류, 최대 전압, 전원 공급할 모터 수, BEC, 크기, 무게, 유형, 전자파 보호
- **구성 요소 키워드:** 드론 배전반, 와이어링 하니스 드론

⓬ 전원 모듈

전원 모듈은 오토파일럿이 메인 배터리에 연결되는 방식이다. 두 가지 출력이 있는데, 하나는 디스트리뷰터용이고 하나는 오토파일럿용이다. 항상 배터리 입력 및 배급기 출력을 확인하여야 한다.

디스트리뷰터 출력   배터리 입력

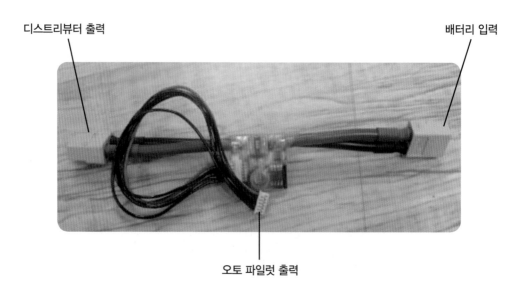

오토 파일럿 출력

[그림 3-14] 전원 모듈 개요

- **고려할 매개변수:** 최대 전류 지원, 최대 전압 지원, 전자파 보호, 전류 측정을 위한 최대 지원, 커넥터 유형
- **구성 요소 키워드:** 드론 전원 모듈

13 실리콘 와이어

브러시리스 모터와 같이 장치의 전자 및 전기에 전원을 공급하기 위해 사용되는 케이블은 일반적으로 높은 전류 순환으로 인해 특별한 특징을 가지고 있다. 그러므로 케이블은 열과 공격적인 움직임에 저항해야 하므로 실리콘 AWG가 선호된다. [그림 3-15] 참조.

[그림 3-15] 실리콘 와이어

● **고려할 매개변수:** 소모될 전류 및 전압, 작동 온도, 케이블 크기, 색상 코드, 강성 또는 이동성
● **구성 요소 키워드:** 실리콘 와이어

14 수축튜브

노출된 연결부를 수축튜브로 덮어서 회로의 단락을 방지하는 것이 좋다.

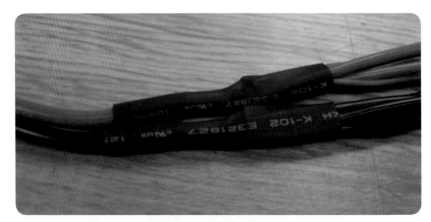

[그림 3-16] 수축튜브

- **고려할 매개변수:** 소모될 전류 및 전압, 작동 온도, 케이블 크기
- **구성 요소 키워드:** 수축튜브

15 고정자 Fastener

파스너는 테이프, 벨트, 접착제, 플랜지, 클램프 또는 센서와 드론 배터리와 같은 서로 다른 장치를 일시적으로 또는 영구적으로 연결하는 기능을 가진 다른 가벼운 재료일 수 있다. 배터리와 같이 지속적으로 교체되는 부품에는 재사용이 가능한 고정장치가 권장된다.

- **고려할 매개변수:** 교체 빈도, 종속 정도
- **구성 요소 키워드:** 집 타이, 고무 밴드, 호스 클램프, 튜브 클램프, 후크 및 루프 파스너

16 수동형 방진 모듈

모든 동작 센서는 기체 자체의 진동에 영향을 받기 때문에 센서와 오토파일럿, 기체 프레임 사이에 수동 댐핑 모듈을 사용하는 것이 편리하다. 이 모듈들은 흡수성 고무로 동력화되지 않았기 때문에 수동적이라고 불린다. 수동 방진 모듈은 특정 구성 요소인 모터, 카메라, GPS 및 기타 센서 또는 오토파일럿 전용이다.

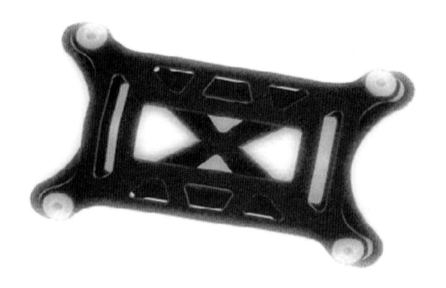

[그림 3-17] Mission Planner 로딩 커스텀 펌웨어

- **고려할 매개변수:** 크기, 호환성, 이동성
- **구성 요소 키워드:** 진동 댐핑 드론, 방진 마운트 드론, 진동 아이솔레이터 드론

17 리모컨

리모컨은 기체의 수동 조정장치다. 쿼드콥터형 비행 드론을 작동하기 위해 원격 측정 모듈과 혼동해서는 안 된다. 지상 드론 기체는 최소 2개 채널만 있으면 되지만, 쿼드콥터형 비행 드론은 최소 4개의 채널이 필요하다. 단, 최소한 한두개의 보조 채널이 있는 것이 항상 권장되며, 리모컨의 작동 빈도가 작동 영역에서 합법적인지 여부도 고려할 필요가 있다.

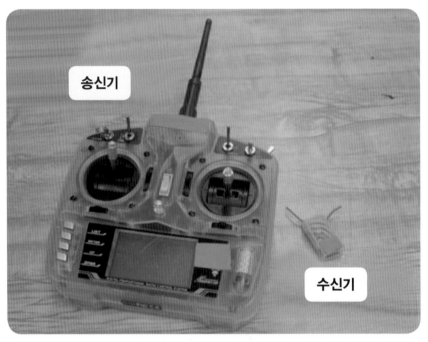

[그림 3-18] 리모컨 구성 요소

● **고려할 매개변수:** 최대 거리, LIPO 배터리 지원, 작동 주파수 합법성, 채널 수, 바인딩 모드, 보조 채널 유형(놉, 2개 이상의 위치, 스틱, 푸시 버튼 등), 감도, 전송 모드, 화면 등 수신기에 PPM 채널의 존재 여부
● **구성 요소 키워드:** RC 송신기, RC 수신기, 바인딩, ppm, ppm 인코더, 6채널 송신기 및 수신기

18 임베디드 온보드 컴퓨터

대부분의 업무는 오토파일럿의 능력으로만 수행될 수 있지만 어떤 업무는 영상이나 인공지능을 사용하거나 운송수단들과의 협력을 하는 등 비교적 까다로운 과정이 요구된다. 그래서 이러한 활동을 할 수 있는 중앙장치를 가지고, 라즈베리 파이와 같이 가공된 데이터를 가지고 오토파일럿에 피드백을 보내는 것이 편리하다.

navIO 또는 Erle Brain와 같은 일부 장치에는 이미 커맨드 컴퓨터와 오토파일럿 기능이 모두 있는 올인원 카드가 포함되어 있다. 사물인터넷IoT의 최근 모듈 중 일부는, 예를 들면 소니의 확장보드인 스프레세스는 스스로 모든 활동을 할 수 있다.

🔳 특수 픽스호크 구성 요소

[그림 3-19]와 같이 세 가지 특수 픽스호크의 구성 요소가 있다. 구성 요소들은 보통 오토파일럿에 포함된다. 구성 요소에는 모터 ON/OFF 버튼, 알람 및 micro SD 카드가 포함된다. 모터 ON/OFF 버튼의 중요성은 이 버튼을 누르지 않는 동안 모터를 사용한 모든 작동이 수행되지 않는다는 것이다. 어떻게 보면 보안 버튼의 일종이다. 알람은 온보드 LED를 보완해주는 음향 표시기이다. 마지막으로 SD 카드는 비행 데이터를 저장하고, SD 카드 없이는 전체 장치가 작동하지 않기 때문에 중요하다.

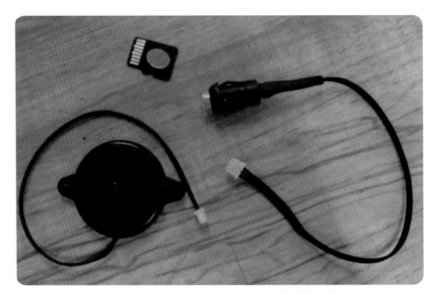

[그림 3-19] 특수 픽스호크 구성 요소

●**고려할 매개변수:** 케이블 저항, 트위스트 와이어, 유연성, 마이크로 SD 카드를 컴퓨터에 연결하는 어댑터의 사용
●**구성 요소 키워드:** 픽스호크 알람 설정 스위치, 픽스호크 버저, 마이크로 SD 카드

20 수학적 동치에 대한 계산 효율성

컴퓨터를 사용하는 계산은 운송수단 내에서 이루어지기 때문에 오토파일럿과 개발 보드와 같은 이동 처리장치의 처리 능력이 효율적이어야 한다. 마찬가지로, 암호화를 하는 동안 다음을 주의해야 한다.

"수학적 평등은 계산적 평등이 아니다"

예를 들어, 수학의 경우

$$e^{i\pi} + 1 = 0$$

는 사실이다. 모든 사람이 숫자 0을 알고 있으므로 방정식을 이해하는 가장 단순한 쪽은 우항을 보는 것이다.

위 식 또한 사실이다.

$$\frac{1}{2}(6) = 0.5 * 6$$

이런 식으로 어떤 표현을 본인이 선호하는지 신중해야 한다. 두 번째 예에서 첫 번째 식에는 두 개의 수학 연산이 있고, 두 번째 식에는 한 개만 있고, 마지막 식에는 한 개의 연산이 있다. 그러나 이는 다음과 같은 절단 오차를 수반한다.

$$\frac{1}{3} \approx 0.33 \approx 0.33333$$

따라서 프로그램을 설계하는 동안이나 코딩하기 전에 작업하려는 정확도나 오류에 대해 생각해봐야 한다. 높은 정확도를 원할수록 필요한 소수점 수를 처리하는 데 더 많은 자원이 필요하다.

수학적으로 더 복잡한 식과 동일하지만 적은 수의 연산으로 표현할 수 있기 때문에 특히 코딩할 때는 단순화된 표현을 선호해야 한다. 단, 무리수((1/3, Pi, etc) 연산에 있어서 정확도를 항상 고려해야 한다. 그러므로 방정식을 프로그래밍할 때 방정식을 단순화하는 것은 개발자가 결정해야 한다.

21 변수, 함수, 모듈 및 객체 작업

비록 여기에서 언급된 것보다 더 많은 객체가 있지만 아두파일럿 라이브러리의 사용에 필요한 가장 일반적인 개념들에 대대 다음에 설명하고자 한다.

(1) 변수

변수는 단일 값을 수신할 수 있는 계산이 가능한 객체다. 여기에는 두 가지 인수가 있는데, 값과 변수의 유형은 [Listing 3-1]을 참조하면 된다.

🔳 [Listing 3-1] 변수 예시

```
float a=5.5
int i=3
char c='X'
bool logic=True
```

[Listing 3-1]에서는 4가지 형태의 변수가 표시된다. 첫번째는 부동형(10진수), 두번째는 정수용 int형, 세번째는 문자와 함께 사용되며, 마지막은 논리적 상태(On/Off)를 처리하기 위한 bool형이다.

나중에 알게 되겠지만, 서브타입을 사용할 필요가 있다. 예를 들어 아두파일럿 라이브러리는 [Listing 3-2]에 표시된 서브타입을 사용할 수 있다.

🔳 [Listing 3-2] 아두파일럿 라이브러리 서브타입 변수 예시

```
uint16_t motor
uint8_t serial
```

서브타입은 자원 사용을 절약하는 데 유용하다. 위 경우 예시로 사용된 변수(motor, serial)는 양수 값과 숫자 0만 수신할 수 있으므로 prefix unsigned 변수이다. 변수가 읽을 수 있는 비트를 최대로 확장하기 때문에 postfix 변수(16_t, 8_t) 또한 사용된다, 예를 들어, radio 변수의 값은 보통 0에서 2000 사

이에 있다. 16_t를 선언할 때 변수가 범위 [0, 65535]를 초과할 수 없음을 선언한다. 이는 이전에 선언한 postfix 변수가 2000이라는 값을 저장하기에 충분함을 의미한다. 한편, 직렬 포트로 작업할 때는 [0 255]의 값만 허용된다. 따라서 8_t의 8비트는 변수를 저장하기에 충분하다.

(2) 구조체

구조체Structure는 다른 유형의 변수들의 집합이다. 다른 말로 하면 변수들의 변수이다. [Listing 3-3] 참조.

[Listing 3-3] 구조체 예시

```
struct product {
  int soldunits;
  double price;
  char mallsection;
};
```

위 예에서 볼 수 있듯이 제품이라는 변수는 가격, 홀, 판매 단위의 개수를 포함하는 다른 변수들의 집합이다.

(3) 함수

함수Function는 프로그램의 다른 구역에서 접근하는 코드의 세그먼트다. 과도한 반복을 피하고 읽기 쉬운 포맷을 유지하기 위해 사용된다. 예를 들어, [Listing 3-4]는 Arduino 지도 기능을 보여준다. 첫째, 함수를 사용하거나 호출하는 코드(메인 함수의 경우)가 있다는 점에 유의해라.

📒 [Listing 3-4] 함수 예시

```
void loop()
{
    int val=analogRead(0);
    val=map(val, 0, 1023, 0, 225);
    analogWrite(9,val);
}
```

[Listing 3-5]에는 함수를 정의하는 코드가 있다.

📒 [Listing 3-5] 함수 예시

```
long map(long x,long in_min,long in_max,long out_min,
long out_max)
{
    return (x-in_min)*(out_max-out_min)/(in_max-in_min)
    +out_min;
}
```

(4) 모듈

모듈Module은 하나 이상의 기능을 포함하는 내부 코드로써 메인 프로그램에 쓰이거나 또는 보조 파일에 기록된 외부 코드의 세그먼트다. [그림 3-20] 참조.

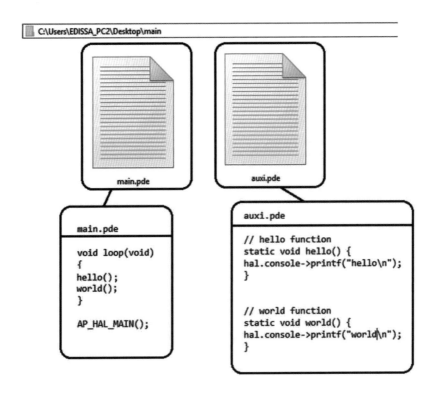

[그림 3-20] 외부 모듈이 있는 메인 코드

- **클래스** 클래스는 단순히 변수 외에 메소드나 함수를 포함하는 구조체이다. 많은 특징을 가지고 있지만 단순화하여 우리가 사용할 용도에 맞추어서 클래스의 개념을 설명했다.

- **객체** 개체는 클래스의 호출이다. 프로그래밍 기술에서의 호출은 **"인스턴스"** 라고도 불린다.

[Listing 3-6]은 최적화 및 표준화 오류를 나타내지만, 개념을 단순화해서 예시로 사용했다. [Listing 3-6]은 클래스가 정의된 코드의 섹션을 보여준다.

[Listing 3-6] 클래스 정의 예시

```
class Circle
{
    public;
    float radius;

    double Area()
    {
     return 3.14*radius*radius;
    }
};
```

[Listing 3-7]은 클래스가 사용되거나 호출되는 코드의 섹션을 보여준다.

[Listing 3-7] 함수 예시

```
int main() {

    Circle circle1;
    circle1.radius=5;
    float area1=circle1.Area();
    return 0;
}
```

클래스의 메소드와 속성에 접근하는 두 가지 방법이 있다. 인스턴스에서 접근하느냐 포인터로 접근하느냐에 따라 달라진다. 인스턴스에서 접근하는 경우 .를 사용하고, 포인터 연산자의 경우 →를 사용한다. 클래스의 내부 속성과 함수를 선언하기 위해 연산자 ::가 사용되며, 이는 해당 속성과 함수를 볼 때 미리 정의된 클래스에 해당하는 개체를 사용한다는 것을 의미한다.

📖 [Listing 3-7]에서는 아래 부분에서 .연산자를 사용했다.

```
circle.radius=5;
float area1=circle1.Area();
```

이것은 radius라고 불리는 변수와 area라고 불리는 함수를 Circle 클래스와 연관있는 인스턴스 circle1에서 호출하고 있다는 것을 의미한다.

그러므로, 아두파일럿 라이브러리를 사용하는 우리는 단지 객체 이용자일 뿐이다. 우리는 객체의 설계자가 될 수 없을 것이다. 이는 클래스가 이미 라이브러리의 일부이기 때문에 클래스를 정의할 필요가 없으며, 클래스만 호출한다는 것을 의미한다. 쓰여진 기호를 통해 호출의 타입을 알 수 있음을 의미한다.

[Listing 3-8]은 객체를 사용하는 것을 보여주는 일반적인 ArduPilot 라이브러리를 사용하는 코드 예제이다. 이 코드는 인스턴스와 포인터를 모두 사용하여 이전에 선언된 기호를 사용하여 메소드에 접근한다. 아두파일럿 라이브러리의 일부로 제공되므로 사용자가 생성하지 않는다는 점에 유의하고 우리는 그냥 그것들을 사용하면 된다.

📖 [Listing 3-8] 아두파일럿 라이브러리가 객체를 사용하는 것을 보여주는 코드

```
// instance or invocation
static AP_Baro barometer;
AP_HAL::AnalogSource* ch;

// use
barometer.init();
barometer.calibrate();
ch->set_pin(15);
```

22 Getter와 Setter의 개념

getter와 setter의 개념을 이해하면 장치의 프로그래밍에 조금 더 쉽게 접근할 수 있게 된다. Getter는 예를 들면 센서에서 값을 얻거나 읽는 데 사용되며, Setter는 예를 들면 모터에 값 ^{alignment}을 설정하거나 쓰기 위해 사용된다.

이와 같이 아두파일럿 SDK에 존재하는 함수 세트가 RC 신호의 읽기 및 쓰기 메소드, 시리얼 포트인 UART, 터미널 단자, GPIO 포트, SD 카드 등으로 구성되어 있음을 알 수 있다. 기본적으로 장치를 프로그래밍 하는 명령어는 READ(Getter 또는 Read Mode)와 WRITE(Setter 또는 Write Mode)를 적절히 확장하여 구성한다.

일단 이 개념을 완전히 이해하면, 다른 라이브러리가 아무리 복잡하더라도, getter와 setter 모드를 찾아 이해할 수 있다. 각 라이브러리의 차이는 장치 초기화 모드와 PX4 라이브러리와 같은 다른 SDK에도 지시 함수가 포함되어야 한다는 점이다. 그러나, 모두 상응하는 쓰기 및 읽기 메소드를 가지고 있다.

🗼 사용 팁

시간이 더 여유롭거나 더 궁금한 경우(이 책에 이미 나와 있는 바와 같이) 객체지향 프로그래밍 강좌를 수강하는 것 외에, 다음과 같은 연산자에 대해 읽을 수 있다.
:: 범위 지정 연산자
. 참조에 의한 요소 선택
-> 포인터를 사용한 요소 선택

---

23 방향Orientation과 포지션position의 개념

포지션은 본체가 차지하고 있는 공간적 공간이다. 오리엔테이션은 특정 위치에서 본체의 정렬된 방향을 말한다. 예를 들어 **북, 남, 앞, 뒤쪽으로 향한다**는 것이 있다. [그림 3-21] 참조.

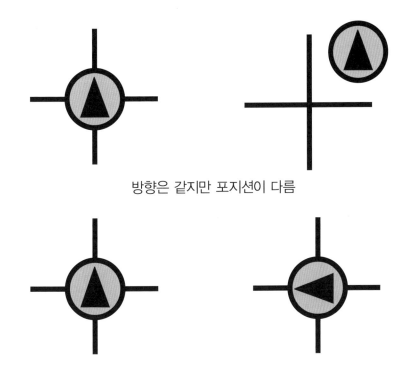

방향은 같지만 포지션이 다름

포지션은 같지만 방향이 다름

[그림 3-21] 방향과 포지션

방향과 포지션 모두 포즈pose라고 불리는 객체를 통합한다. 평면 또는 2차원 공간(바퀴 달린 로봇의 경우)에서 물체의 포즈는 포지션을 나타내는 두 가지 구성 요소와 방향을 나타내는 한 가지 구성 요소를 가질 수 있다. 이러한 성분을 보통 X, Y 좌표, body angle이라고 한다.

반면 3차원 공간(멀티콥터의 경우)에는 3개의 포지션 구성 요소와 3개의 방향 구성 요소가 있다. 3개의 포지션은 X, Y, Z 좌표로, 3개의 방향은 롤, 피치, 요각으로 나타낸다. **[그림 3-22]**에서 **행복한 얼굴**이 공간의 세 가지 포지션 중 어느 한 곳으로도 이동할 수 있고 동시에 어떤 특정한 방향으로도 보일 수 있다는 점에 주목해라.

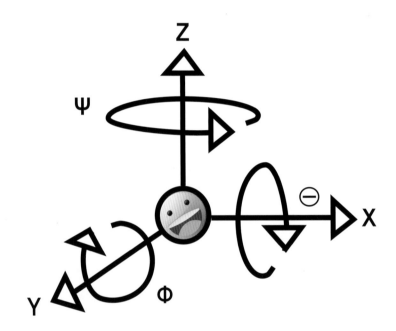

[그림 3-22] 3D 데카르트 좌표계에서의 포즈

위치와 포지션 구성 요소 모두 다수의 기준을 가질 수 있다는 점에 유의하여야 한다. 예를 들어, 포지션의 종류에는 데카르트, 극, 타원체, 삼각형, 구형, 원통형, 도넛형 등이 있다. 방향의 경우, 오일러 각도 이외에도 사원법, 회전 행렬, 지수 표현, 복소수의 표현 등이 있다.

> **❀ Note**
>
> 본문 전체에 걸쳐 우리는 데카르트 좌표계인 X, Y, Z와 오일러 각도를 사용하여 롤, 피치, 요를 나타낼 것이다.

포지션과 방향 모두 상대적 프레임 또는 절대적 프레임으로 측정할 수 있다. 어떤 것이 공통의 기준점을 가지고 있다면 그것은 절대적 측정이라고 한다. 어떤 것이 특정 지점에 기준점을 두면 상대적 측정이라고 한다. 이는 계산을 편리하게 하거나 물체의 무게중심과 같은 가이드를 갖기 위해 사용된다.

상대적 프레임은 드라이버를 사용할 때 사용한다. 우리는 무의식적으로 지구 표면의 절대적 프레임을 사용하여 우리 몸을 표현하는 경향이 있지만 스크루드라이버를 사용할 때는 손의 상대적 프레임을 사용한다. [그림 3-23] 참조.

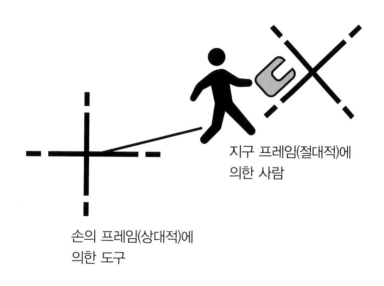

지구 프레임(절대적)에
의한 사람

손의 프레임(상대적)에
의한 도구

[그림 3-23] 절대적 프레임과 상대적 프레임

24 주의: 설치와 코딩의 차이점

프로그래밍 라이브러리를 사용하기 위한 두 가지 독립적인 프로세스가 있다.

1. 설치

2. 코딩

이 책은 서로 다른 장비들 사이에서 가변적이라는 사실 외에도 설치가 비교적 동질적인 코딩을 다루는데, 이는 호환성을 따르며 또한 많은 변형을 가지고 있다.(리눅스, QT, 이클립스, 아두이노 IDE, 맥 또는 윈도우, 32 또는 64비트, 라즈베리 파이, 에레브레인, 픽스호크, 아두 파일럿 등)

이 책에서의 설치는 다음과 같은 버전에서 진행되며, 저자에 의해 다른 컴퓨터들로 시험되었다.

- **운영 체제**: Windows 32 또는 64비트
- **버전**: 7 – 10
- **에디터**: 설치 관리자에 내장된 Eclipse 버전
- **컴파일러**: 설치자 관리자에 내장된 make,build

다른 모드에서의 실행은 책임지지 않는다.

코딩 측면에서, 개발자들에 의해 대폭 수정되지 않은 한, 여기에 제시된 명령어는 모든 플랫폼에서 동일하다. 명령어가 여전히 유효한지 확인하려면 아두파일럿 라이브러리의 웹 페이지에서 직접 해당 명령을 참조해라. 예를 들어, `halp.rcout-> write()` 명령어의 유효성을 확인하려면 공식 및 업데이트된 웹 페이지에서 관련 라이브러리를 찾아야 한다.(2019년 1월, https://github.com/

ArduPilot/ardupilot/blob/master/ library/AP_).HAL/RCOutput.h.)

이렇게 하면 해당 명령어의 정의를 찾을 수 있을 것이다. 기능이 존재하는 경우 오버로드된다. 이 경우 wirte(uint8_t chan, uint16_t period_us)이다.

두 번째 예는 다음과 같다.

hal.rcin-> read ()

공식 웹페이지(https://github.com/ArduPilot/ardupilot/blob/master/libraries/AP_HAL/RCInput.h)에서 읽기 RC 명령어의 정의와 그 기능이 존재하는 경우 오버로드됨을 확인할 수 있다.

이 경우 uint16_t read(uint8_t ch)이다.

25 아두파일럿 코드의 기본 템플릿

아두파일럿 기본 코드의 주요 부분은 [그림 3-24]와 [표 3-1]에 설명되어 있다.

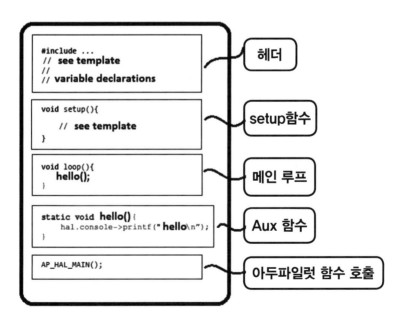

[그림 3-24] 이두파일럿 코드의 기본 파트

[표 3-1] 아두파일럿 코드의 부분 설명

이름	내용	동작
헤더	라이브러리와 정의	아두파일럿 라이브러리로 제한됨, 변수 또는 클래스(객체)의 정의에 사용 및 작성
setup	포트와 함수의 초기화 한 번만 실행됨	메소드 초기화에만 사용
Loop 또는 메인 Loop	메인 코드	아두파일럿 라이브러리에 정의된 클래스 사용, 사용자 정의된 알고리즘 생성 및 보조 기능 사용
보조 함수	내부 및 외부, 광범위한 코드 세그먼트 또는 루프의 여러 세그먼트에 사용될 세그먼트 포함	주 루프 사이클에서 나중에 사용할 수 있도록 설정
AP_HAL_MAIN ( )	아두파일럿 라이브러리에서 사용 가능한 모든 클래스 및 명령 호출 허용	정의된 것들을 사용

나중에 실시간의 사용으로, 다른 주파수로 실행되는 새로운 루프나 주 사이클을 만들 수 있다는 것을 알게 될 것이다. 이것은 아두파일럿 코드의 기본 템플릿이다.

26 아두파일럿 코드 프로그래밍의 기본 모델

[그림 3-25]와 같이 아래 나열된 것들은 아두파일럿 코드를 프로그래밍하기 위한 일반적인 모델이다.

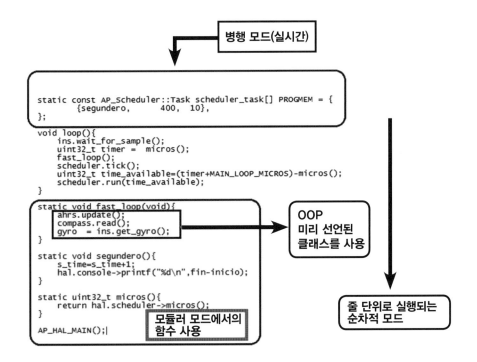

[그림 3-25] 아두파일럿 코드의 일반 프로그래밍 패러다임

(1) 직렬 또는 순차적

가장 주요한 방법으로 각 코드는 연속적인 순서로 라인별로 실행된다.

(2) 모듈

이전 모델을 발전시킨 모델로, 코드 판독, 코드 사용 등을 단순화하고, 반복적이거나 광범위한 코드 시퀀스를 재사용할 수 있도록 하는 내부 함수 또는 모듈(하나의 기능을 가진 외부 코드)을 포함하고 있다.

(3) 객체 지향

사용자가 자신의 객체를 자유롭게 사용하거나 사용하지 않더라도 아두파일럿 라이브러리와 명령어는 객체에 대한 인스턴스instance를 통해 호출된다. OOP 타입이 포함된 모든 코드 행은 점, 콜론 및 화살표인 연산자, : 및 ->)의 사용으로 식별할 수 있다.

(4) 병렬

매우 효율적인 수도-병렬화인 이 모드에서 오토파일럿은 **"코드에서 여러 개의 라인"**을 동시에 수행할 수 있어 순차 모드보다 성능에서의 이점이 있다. 이 경우 실시간으로 스케줄러를 사용한다.

27 챕터 요약

축하한다. 책의 도입부를 통과했다. 다음으로, 최소한 순차적인 방식으로 코딩을 시작할 것이다. 이 말은 한 번에 하나의 코드 라인을 수행하는 것을 의미한다.

- **이번 챕터에서는 다음과 같은 내용을 알아보았다.**

> - 오토파일럿과 함께 일반적으로 사용되는 보조 로봇 구성 요소에 대한 설명
> - 수학적 사고뿐만 아니라 효율적인 사고방식 보유
> - 변수, 함수, 모듈 및 객체 관련 작업
> - 거의 모든 프로그래밍 언어에 존재하는 getter 및 setter 개념
> - 주요 목표는 아두파일럿 라이브러리를 설치가 아닌 프로그래밍하는 것이라는 점
> - ArduPilot 코드의 일반적인 부분
> - ArduPilot 코드의 일반적인 프로그래밍 모델
> - 방향, 위치 및 자세의 동작 개념

다음 챕터에서는 기본 입력 및 출력 작업으로 시작하겠다.

28 PartⅠ 참조 사이트 및 보충 사이트

❶ 픽스호크 apm 및 호환성을 기반으로 다양한 자동 파일럿 및 SDK 프로그래밍 라이브러리를 자세히 설명하는 웹 페이지
- www.lambdrive.com/depot/Robotics/Controller/PixhawkFamily/
- www.lambdrive.com/depot/Robotics/Controller/index.html

❷ 다양한 플랫폼 및 하드웨어 팁을 포함하여 ArduPilot 라이브러리의 사용 및 심층화
- http://ardupilot.org/dev/docs/apmcopter-programming-libraries.html

❸ 픽스호크 오토파일럿의 사용 및 심층화
- https://pixhawk.org/

❹ 드론 세계에서 일반적인 표준뿐만 아니라 제작자가 이야기 한 픽스호크의 역사
- https://auterion.com/the-historyof-pixhawk/

❺ 3DR에 의한 픽스호크의 상업광고
- https://diydrones.com/profiles/blogs/introducing-the-px4-autopilot-system

❻ PX4라고 하는 열린 프로그래밍 라이브러리의 대체 프로젝트
- https://dev.px4.io/en/
- https://github.com/PX4/Firmware/tree/master/src/examples
- https://dev.px4.io/en/middleware/modules_communication.html

❼ 픽스호크 설계를 자세히 설명하는 흥미로운 기사(자체 오토파일럿을 설계하려는 경우 유용함) 로렌츠 마이어, 페트리 탄스카넨, 라이오넬 헝, 김희 리, 프리드리히 프라운도르퍼, 마크 폴레피

❽ 픽호크 탑재된 컴퓨터 시야를 이용한 자율 비행을 위한 마이크로 항공 차량 설계(2012), 번호 1-2, 21 - 39.

❾ 자신의 오토파일럿을 만드는 것을 좋아하는 사람들을 위해 이전 것과 보완되는 흥미로운 기사 J. Rogelio Guadarama-Olvera, Jose J. Corona-Sanchez, Hugo Rodriguez-Cortes.

❿ "4중형 헬리콥터용 비선형 컨트롤러의 하드 실시간 구현" 지능형 로봇 시스템 저널 73(2014), 1-4, 811497.

만약 여기까지 읽었다면, 앞부분에 나온 모든 내용을 이해했고, 코딩을 시작하고 싶다는 것을 의미한다. 특정 개념에 익숙하지 않다면. 이전 챕터를 읽어보는 것을 권장한다. 유용한 팁이나 키워드가 포함되어 있을 수도 있고, 최신 기술에 대해 배울 수 있다.

이 부분은 순차 또는 직렬 모드로 작성된 코드로 구성되며, 각 라인은 이전 라인의 직후에 실행된다. 즉, 각 코드 라인은 대기큐에서의 순서를 준수하며, 태스크의 실행을 병렬화할 방법이 없다. 이것은 업무의 병렬화를 사용하는 코드만큼 실행 효율적이지 않지만, 프로그래밍에 대한 기본적인 접근법을 더 잘 보여 준다. 이 시스템의 가장 큰 단점은 전체 프로세스 실행 주기가 반복될 때까지 시스템이 엔진에 쓰기 같은 중요한 작업을 수행하지 않는다는 점이다. 다른 프로세스보다 더 중요하거나 덜 중요한 프로세스는 없다. 그들은 단순히 작성 순서대로 실행된다.

Part II
순차 작동 모드

기본 입출력 작업

이 챕터에서는 아두파일럿 라이브러리와 코딩하는 방법을 배우게 된다. 이 장에서는 가장 중요한 기본 입력 및 출력 작동에 초점을 맞춘다. 예를 들면 터미널 쓰기 및 읽기, 무선 제어 읽기, 아날로그 및 디지털 포트 사용 방법, 배터리판독 방법, 온보드 메인 LED 사용 방법과 가장 중요한 차량에게 명령을 내릴때 가장 필수적인 위치 및 방향 신호를 읽고 필터링하는 방법이 있다.

순차적 프로그래밍 모드에서는 일반적으로 각 명령어에는 다음과 같은 네 가지 부분의 코드가 있다.

1. **선언부** 이에 대해서는 이번 장에서 배울 것이다.

2. **초기화 부분** 나중에 메인코드에서 사용할 물리적 포트 및 구성 요소의 구성 및 초기화 관련 코드를 한 번만 실행한다.

3. **실행 부분** 메인코드, 즉 시스템이 배터리나 전원을 가지고 있는 동안 무한정 실행되는 코드를 찾을 수 있다. 각 태스크 관련 함수가 호출되는 '**메인 루프**'라는 이름으로 사용되는 것이 일반적이다.

4. **정의 부분** 실행 블록 내에서 사용될 각 태스크가 정의되는 경우, 보다 구체적으로 함수가 정의되는 경우다.

이 텍스트 전체에서 사용된 함수의 예제를 검토하여 값을 매핑한 **[Listing 4-1]**을 보자. 이 기능은 0도에서 360도까지 가는 각도계와 같이 출력에 호환 가능한 범위를 원하지만 입력은 −pi와 pi 라디안 사이의 값을 표시하는 인코더와 같이 임의의 치수를 갖는 경우에 유용하다. 이 함수는 선형 보간법에 기초한다. 우리는 나중에 이것을 사용할 것이다.

CHAPTER

4

📱 [Listing 4-1] 매핑 값 함수

```
/////////// DECLARATION ////////////

float yaw, yawdeg;

/////////// USE ///////////


void loop(void)
{
   yaw = ahrs.yaw;
   yawdeg=maps(-3.14,3.14,0,360,yaw);
   hal.console->printf("%f\t\n",yawdeg);
}

/////////// DEFINITION ///////////

static float maps(float minent,float maxent,float minsal,float
maxsal,float entrada)
{
  return ((maxsal-minsal)/(maxent-minent))*(entrada-minent)
  +minsal;
}
```

4. 기본 입출력 작업 **95**

이제 이 책 전체에서 값 포화 [Listing 4-2]에 사용되는 함수의 예를 살펴보기로 하자. 이 기능은 모터의 작동이나 센서 판독에 대한 안전 한계를 설정하고자 할 때 유용하다. 그것은 포화의 수학적 함수에 기초하고 있는데 나중에 그것을 사용할 것이다.

🔟 [Listing 4-2] 포화 값 함수

```
//////////// DECLARATION ////////////

float roll, pitch;
float yawdeg, pitdeg, rolldeg, pits, rolls;

//////////// USE ////////////

void loop(void)
{
   roll = ahrs.roll;
   pitch = ahrs.pitch;
   pitdeg=maps(-1.57,1.57,-90,90,pitch);
   rolldeg=maps(-3.14,3.14,-180,180,roll);

   pits=sat(pitdeg,45,-45);
   rolls=sat(rolldeg,45,-45);

   hal.console->printf("%f\t %f\t\n",rolls,pits);
}

//////////// DEFINITION ////////////

static float sat (float a, float b, float c)
{
   if(a>=b) a=b;
      if(a<=c) a=c;

   return a;
}
```

1 헤더에 관하여

Ardupilot.pde 소스 코드에 기반한 명령에 대해 논의하기 전에 먼저 헤더를 살펴보자. 원하는 경우 a.txt 파일로 저장하여 메인 프로그램에 복사하면 된다. 이 챕터에서 나온 코드를 사용하려면 해당 부록에 포함된 헤더를 사용하면 된다. 이는 Ardupilot.pde 코드에서 직접 가져온 것이다. 이 코드는 또한 다음 장에서 설명하는 중요한 모듈을 분해하는데 기초가 된다.

대략적으로 말하면, 여기에 열거된 라이브러리들은 자주 호출된다. 가장 중요한 것들만 여기에 설명되어 있다. 그러나 상호 의존성이 있으므로 .h 파일은 그대로 두거나 필요한 파일만 추가하는 것이 좋다. 또한 온라인 라이브러리들을 복습하여 설계 방법, 올바른 문법, 오버로드 또는 이 책에서 설명하는 명령의 변형을 이해해라. 그것들은 다음과 같다.

1. **AP_Common** 시리얼 통신을 위한 하이/로우 부품 컨버터, 각도 측정 시스템 간 변환(라디안을 도로 변환) 등 일반적으로 사용되는 함수가 포함되어 있다.

2. **AP_Param** 다른 타입의 변수들 사이의 변환과 상호작용을 위한 함수를 포함하고 있다. 최종 사용자가 이 라이브러리를 직접 사용하는 것은 흔한 일이 아니지만, 나머지 코드가 제대로 기능하기 위해 필요한 것이므로 필수적이다.

3. **AC_AttitudeControl** 이 라이브러리에는 차량의 자세(방향)와 위치를 모니터링하고 제어하는 데 필요한 명령이 포함되어 있다.

4. **AP_Hal** 전파 읽기, 모터 쓰기, 디지털 및 아날로그 포트 처리, 직렬 통신, 실시간 운영 스케줄러, SD 메모리에 데이터 패키지 쓰기 등의 모든 명령어를 포함하고 있어 아마도 가장 중요한 라이브러리일 것이다. 이 라이브러리에는 AVR 기반, 리눅스 기반 등과 같은 다른 유형의 하드웨어 플랫폼용 변형이 있다.

5. **AP_Math** 행렬 및 벡터 연산, 정규화, 단위 유형 변환 등을 위한 전문 수학 함수를 포함하고 있다.

6. **AP_SerialManager** 직렬 통신 명령 기능을 포함하고 있다.

7. **AP_GPS** GPS를 연결하고 사용하는 데 필요한 기능을 포함하고 있다.

8. **DataFlash** SD 카드에 쓰기 위해 필요한 명령어가 포함되어 있다.

9. **AP_Baro** 기압계를 연결하고 사용하는 기능을 포함하고 있다.

10. **AP_Compass** 자력계를 사용하고 연결하기 위한 기능을 포함하고 있다.

11. **AP_InertialSensor** 가속도계와 자이로스코프 또는 관성 측정 장치IMU를 사용하고 연결하는 기능을 포함하고 있다.

12. **AP_AHRS** 나침반, 자이로스코프, 가속도계 간의 데이터 융합으로 방향과 각도 속도를 결정하는 기능을 포함하고 있다.

13. **AP_NavEKF** 센서에서 노이즈가 많은 데이터를 필터링하는 데 필요한 칼만 필터 사용 명령이 포함되어 있다.

14. **RC_Channel** 무선 제어 신호를 읽고 모터로 쓰기 위한 가장 기본적인 기능을 포함하고 있다.

15. **AP_Scheduler** 실시간 작동에 필요한 함수와 작업 관리자의 기능을 포함하고 있다.

16. **AP_BoardConfig** 오토파일럿 또는 그 변종 설정에 필요한 기능을 포함하고 있다.

헤더에는 아두파일럿 라이브러리에서 가장 많이 사용되는 변수의 내부 정의도 포함되어 있다. 그것들은 주로 celegment.h와 config.h로 알려져 있다. 헤더는 [Listing 4-3]과 같이 프로그램에 위치한다.

[Listing 4-3] 헤더코드

```
// place here the header code //
// See appendix

// insert your program here //
// Here will be placed the code of each example along with
// its respective defined functions, the setup cycle,
// the loops and fast loop etc
```

❀ Note

고급자는 보조 .h 라이브러리를 만들기를 원할 수 있다. 이 경우 관련 부록에서 이 작업을 수행하는 방법을 참조해라.

2 설정 정보

아두이노의 사용과 유사하게 아두파일럿 라이브러리를 사용하는 프로그램의 코드에는 설정이라는 초기화 부분이 필요하다. 모터의 부팅 및 채널 구성 설정, 아날로그 포트의 시작 신호 설정, 일부 직렬 포트 및 사용할 직렬 채널의 전송 속도 설정 등 특정 하드웨어 기능을 선언하는 명령어들이 한 번만 실행된다.

또한, 해당 부록에서 보듯이, 필수 설정 명령어들은 자동 조종 카드 등록과 관련된 것, 그리고 센서 선언와 관련된 것, 그리고 데이터를 시각화하고 컴퓨터를 통해 픽스호크와 상호작용하는 데 필요한 SD 메모리와 시리얼 단말 인터페이스의 로깅과 관련된 것들이다.

3 터미널에 쓰기

- **구성 요소** USB 케이블 및 직렬 터미널

- **기술** 필요한 데이터와 작업이 제대로 실행되고 있는 경우 테스트 모드에서 시각화할 수 있기 때문에 가장 유용한 명령 중 하나이다. 기본적으로 직렬 단말기(직렬 포트 모니터)로 정보를 송수신하는 것으로 구성되는데, 이를 통해 컴퓨터 화면에서 입력 및 출력 데이터를 시각화할 수 있다. 그 유용성은 전파 보정, 센서, 디지털 및 아날로그 시퀀스의 코드 루틴 테스트에 있다.

- **연결** 언급한 바와 같이 다음과 같은 두 가지 구성 요소를 가지고 있다. 픽스호크와 직접 연결되어 컴퓨터와 통신하는 USB, 그리고 여러 가지 옵션(**예**: TERATERM, PUTTTY, TERA)을 사용할 수 있는 터미널이라는 소프트웨어이다.

터미널은 이 책에서 일반적으로 사용되지만 이러한 프로그램의 중요한 부분은 다음과 같다.

1. **포트 선택** 이 경우 자동 조종 장치가 연결된 컴퓨터의 포트(Windows 장치 관리자)를 알아야 한다.

2. **통신 속도 선택** 다통신 속도는 bps로 측정된다. 가능하면 고속을 선택하는 것이 적합하다. 그러나 두 가지 요인이 이 선택에 영향을 미친다. 첫 번째는 57600bps에서만 작동하는 원격 측정 라디오와 같이 사용되는 장비다. 두 번째는 오토파일럿의 용량과 그것이 실행하는 작업이다.

드론이 계속 나는 상태를 유지할 수 있도록 자동 항법 장치에게 대용량 처리를 위한 빠른 속도가 요구된다. 만약 자동 항법 장치가 빠른 태스크를 진행해야 한다면 낮은 속도는 붕괴를 일으킬 것이다. 전송 속도의 선택은 우리가 기준을 정하는 것이므로, 당신의 기준에 따라 적절한 값을 시도하면 된다. 다만,

작동 시 57600bps로 작동할 것을 제안하고 작동 시 가능한 한 유지하는 것을 추천한다.

3. **직렬 데이터 저장소** 이 경우 오토파일럿의 SD 메모리 카드에 저장하지 않고 테스트 데이터를 컴퓨터에 직접 저장하려면(다음 섹션 참조) 터미널 소프트웨어가 LOG 모드를 갖추는 것이 편리하며, 여기서 출력 파일과 작동 데이터가 들어 있는 대상 폴더를 선택할 수 있다.

4. **연결 버튼** 자동 조종 포트에 연결하여 직렬로 데이터를 얻거나 전송한다. 전송 프로토콜을 연결하기 전에 시스템에 전원이 제대로 공급되었는지 확인한다. 또한 장치를 분리하기 전에 먼저 직렬 연결 버튼을 분리하여야 한다.

⚙ Implementation Tip

데이터가 연속적으로 저장되기 때문에, 정보를 잃어버리지 않도록 탭과 스페이서를 사이에 두고, 해당 분석에 다른 소프트웨어와 함께 쉽게 사용할 수 있도록 편리하다.

장치를 물리적으로 분리하기 전에 직렬 판독을 취소하는 것을 잊지 않도록 한다. 그렇지 않으면 포트 비활성화 또는 심지어 연소가 발생할 수 있다.

시리얼 모니터를 사용하면 오토파일럿을 가속하거나 느리게 함으로써 오토파일럿의 적절한 작동을 방해한다는 것을 기억해야 한다. 왜냐하면 오토파일럿과 오토파일럿이 연결된 컴퓨터인 두 개의 다른 시스템 간의 조정이 필요하기 때문이다. 따라서 중요한 애플리케이션(드론 비행 등)을 실행하기 전에 직렬 모니터의 읽기나 쓰기가 호출되는 모든 라인에 대해 코멘트를 하거나 삭제하는 것이 편리하다.

일부 애플리케이션은 컴퓨터의 USB 포트를 통해서만 픽스호크에 전원을 공급할 수 있으므로 LIPO 배터리에 연결할 필요가 없다. 이러한 응용 프로그램 중 일부는 내부 센서 판독, 아날로그 및 디지털 포트 판독, LED 조명 등이 있다. 그러나 모터 시작이나 서보 모터나 다른 오토파일럿 간의 직렬 통신 등 전력수요가 높은 어플리케이션의 경우 LIPO 배터리도 사용하는 것이 매우 편리하다. 올바르게 작동하려면 먼저 LIPO를 통해 자동 조종 장치에 전원을 공급한 다음 자동 조종 장치를 USB에 연결한다. 이 작업이 완료되면 직렬 모니터를 연결한다.

컴퓨터의 동일한 전원 채널에 전기 연결을 플로팅 하지 말아야 한다. 이 경우 플로팅 연결부(예를 들어, 동일한 전원 라인에 배치되었지만 해당 장비와 분리되어 있는 케이블)는 논리적 소음을 유발할 수 있으며 오토파일럿이 논리적 레벨에서 고장을 감지하고 오작동을 일으킬 수 있다.

[Listing 4-4]와 [Listing 4-5]는 단말기에 쓰는 예를 제공한다.

다음을 참고해라.

- printf("text, spacers and variable references %f \n", data); 구문을 사용한다.
- 보통 정수의 경우 %d, 부동의 경우 %f, 문자의 경우 %c 등을 통해 참조된다.
- 스페이서는 보통 줄 바꿈의 경우 \n, 표 계산의 경우 \t 등이 있다.
- http://ardupilot.org/dev/docs/learning-ardupilot-uarts-and-the-console.html

[Listing 4-4] TerminalWrite.pde 예시코드

```
///////////////////////////// DECLARATION /////////////////////////////
//              Put the header here
//                 see the appendix

//////////////////// the code goes here ////////////////////////

// Here is placed the code of each example
// its respective defined functions, the setup cycle, the loops
// and fast loop before initializing, other variables or
// libraries must be defined

//////////////////////// INITIALIZATION ////////////////////////

//        Similar to arduino setup
//         Copy from apendix

////////////////////////// EXECUTION //////////////////////////

// Main loop, similar to arduino coding
void loop(){
   hello(); // internal function hello
   world(); // external function world
}

//        auxiliar functions, includind Ardupilot libraries
```

```
//          hello internal function, which is defined in this file

static void hello(){
    hal.console->printf("HELLO\n"); // printf command
}

AP_HAL_MAIN(); // Ardupilot function call
```

[Listing 4-5] WorldFunction.pde 보조 코드

```
// External function world, which is in WorldFunction.pde file

static void world(){
    hal.console->printf("WORLD\n");
}
```

> 🔓 **Implementation Tip**
>
> 이러한 파일 및 코드를 실행하는 방법은 함수를 이용하는 것이다. 이것은 메인 파일 내에서나 보조 외부 파일에서 표준적인 방법으로 할 수 있다.

이를 모듈이라 하며, 모듈 사용이 아두파일럿 라이브러리의 작업 환경 밖에서는 더욱 복잡하지만 설계자는 메인 파일을 컴파일할 때 메인파일의 이름이 전체 프로젝트의 폴더와 일치해야 한다는 요구사항을 고려하여 최적화 하도록 한다.

4 터미널 읽기

모터의 시작 값을 결정하는 것과 같은 일부 테스트는 순차적으로 생성되거나 키보드에 의해 수동으로 도입된 일련의 값을 쓰는 것을 포함한다. 아두이노 또는 다른 개발 카드는 이러한 목적을 위해 사용될 수 있지만 이 섹션에서는 SDK 자체에서 이를 수행하는 방법을 배우게 된다. 이 경우 읽기 터미널 인터페이스를 사용한다.

[Listing 4-6]은 키보드에서 문자를 읽고, 수신된 문자가 화면에 표시된다. 이 명령은 문자를 리턴한다.

[Listing 4-6]은 단말기에서 읽는 예를 제공한다.

- The syntax is:

  char read( );

⬇ 다음을 참고해라.

- http://ardupilot.org/dev/docs/learning-ardupilot-uarts-and-the-console.html

📖 [Listing 4-6] TerminalRead.pde 예시코드

```
/////////////////////////// DECLARATION /////////////////////////
//              Put the header here
//               see the appendix

//////////////////// the code goes here ////////////////////

char readd;

// Here is placed the code of each example
// its respective defined functions, the setup cycle, the loops
// and fast loop before initializing, other variables or
// libraries must be defined
```

```
//////////////////////// INITIALIZATION ////////////////////////

//        Similar to arduino setup
//          Copy from appendix

//////////////////////// EXECUTION ////////////////////////

// Main loop
void loop(){
   toread(); // toread function is called
}
// toread function definition
static void toread(){
    readd= hal.console->read(); // read command
    hal.console->printf("hola %c\n",readd);
    hal.scheduler->delay(300); // without this delay you won't
                            // see nothing

}

AP_HAL_MAIN();// Ardupilot function call
```

5 전파 읽기

- **구성 요소** 무선 송신기, 무선 수신기 및 PPM 변조기(필요한 경우)

- **설명** 이 장치는 송신기와 수신기, 그리고 수신기에 PPM 데이터 변조기가 없을 경우에 대비한 추가 장치인 2부 시스템이다.

- **연결** 픽스호크는 PPM형 라디오 수신기 즉, 모든 라디오 채널 신호를 혼합한 단일 채널에 연결해야 한다. 이 경우 PPM 출력 포트 또는 PPM 변조기라는 세 번째 요소가 포함된 수신기를 사용해라.

- **무선 바인딩** 일반적으로 무전기의 송신기와 수신기가 일치하는데, 이는 수신기가 송신기에 응답한다는 것을 의미한다. 별도로 구입한 경우 바인딩 절차를 참조한다.

픽스호크를 사용하지 않는 라디오 테스트는 다음 두 가지 방법으로 수행할 수 있다.

출력 포트 또는 PPM 변조기라는 세 번째 요소가 포함된 수신기를 사용해라.

1. 브러시리스 모터로 [그림 4-1]을 참조해라.

❶ ESC가 옵토 커플러가 아닌지, ESC에 BEC가 있는지 확인한다.

❷ [그림 4-1](모터를 ESC 및 배터리와 연결하고 속도 변조 포트를 사용할 수 있음)과 같이 조립하고, 무선 수신기와 BEC의 전기적 호환성을 확인한다.

❸ ESC의 속도 변조 포트를 원격 수신기의 출력 중 하나(PPM이 아님)와 연결한다. 예를 들어 스로틀 포트, 요 포트 등을 사용하면 된다.

❹ 이렇게 함으로써 수신기에 전원이 공급되고 무선 수신기가 ESC에 보내는 직접 출력을 수신할 수 있게 된다.

❺ 스로틀 출력은 스로틀 레버 송신기로 활성화해야 한다. 요 레버 출력은 요 이동 레버 송신기 등으로 작동하여야 한다. 모터는 연결된 채널에 따라 회전하기 시작한다.

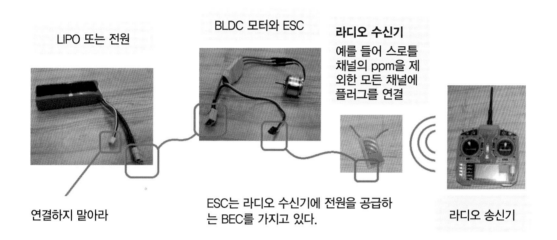

LIPO 또는 전원

BLDC 모터와 ESC

라디오 수신기
예를 들어 스로틀 채널의 ppm을 제외한 모든 채널에 플러그를 연결

연결하지 말아라

ESC는 라디오 수신기에 전원을 공급하는 BEC를 가지고 있다.

라디오 송신기

[그림 4-1] BLDC를 사용하여 프로그래밍 가능한 장치 없이 무선 제어 테스트

2. 서보 모터를 사용한 경우 [그림 4-2]를 참조해라.

❶ 특히 전류 및 전압 소비량이 적은 소형 서보 모터인지 확인한다. 서보 모터가 고전압 또는 전류인 경우 [그림 4-2]와 같이 직접 연결해서는 안 된다. 조건에 따라 기본적으로 제거기 또는 전자 조절기, 예를 들어 7805와 같은 중간 전력 단계가 필요하다. 검증 과정이 완료되지 않으면 수신기가 손상될 수 있다. 이를 방지하려면 수신기와 서보 모터가 모두 지원하는 최대 전압과 전류를 점검해야 한다.

❷ 그림에 표시된 연결을 1단계의 전류 및 전압값을 기준으로 설정해야 한다.

❸ 수신기 채널에 해당하는 무선 송신기의 레버를 이동시킨다. 이 작업은 서보 모터의 손상을 방지하기 위해 천천히 수행해야 한다. 서보 모터가 레버를 모방하고 레버가 너무 빨리 움직이면 서보시스템이 깨지거나 타버리는 것을 기억해야 한다.

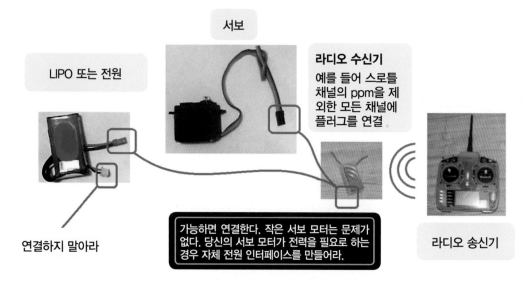

서보

라디오 수신기
예를 들어 스로틀 채널의 ppm을 제외한 모든 채널에 플러그를 연결

LIPO 또는 전원

연결하지 말아라

가능하면 연결한다. 작은 서보 모터는 문제가 없다. 당신의 서보 모터가 전력을 필요로 하는 경우 자체 전원 인터페이스를 만들어라.

라디오 송신기

[그림 4-2] 블랙박스에서 설명한 것처럼 서보 및 프로그래밍 가능한 장치가 없는 무선 제어를 테스트하려면 연결하기 전에 서보 전원 세부 정보를 확인해야 한다.

⚠ 주의
픽스호크의 다른 포트를 통해 상호 연결되는 다른 종류의 라디오(⑩: TARANIS 참조)도 있지만 이 알고리즘은 PPM을 통해 연결된 라디오에 사용된다. 두 가지 유형의 라디오를 동시에 사용해서는 안된다.

[Listing 4-7]은 무선 제어 신호를 판독하기 위한 예제 코드를 제공한다.

[Listing 4-7]을 나열하면 라디오 판독의 예가 된다.

- The syntax is:

  uint16_t read(uint8_t channel);

♠ 다음을 참고해라.

- https://github.com/ArduPilot/ardupilot/blob/master/libraries/
  AP_HAL/RCInput.h

[Listing 4-7] 라디오 제어 신호 읽기

```
///////////////////////// DECLARATION /////////////////////////
//              Put the header here
//              See the appendix

//////////////////////// the code goes here ////////////////////

int radio_roll, radio_pitch, radio_yaw, radio_throttle, aux_1,
aux_2;
uint16_t radio[6]; // the radio on this example has 6 channels

///////////////////////// INICIATIZATION ///////////////////////

//          Similar to Arduino setup
//          Copy from apendix

//////////////////////////// EXECUTION /////////////////////////

//              Main code


void loop(){
// step 1 read all the channels
for (uint8_t i = 0; i <6; i++)
     {radio[i] = hal.rcin->read(i);}
// step 2 assign the readings to variables and adapt them
```

```
// according to personal scales mode 2 of remote control are
// usually associated with multicopters

radio_roll = (radio[0]-1500)/3;
radio_pitch = (radio[1]-1510)/3;
radio_throttle = radio[2];
radio_yaw = (radio[3]-1510)/2;
aux_1 = radio[4];
aux_2 = radio[5];

// Displaying data every 20 milliseconds by using pause or delay
hal.scheduler->delay(20);
hal.console->printf("%d\t %d\t %d\t\n",radio_roll,radio_
pitch,radio_yaw);

}

AP_HAL_MAIN();// Ardupilot function call
```

IMPLEMENTATION TIP: MAP 함수

라디오는 연속적인 값을 가지며 각 제조사에 따라 다르다. [Listing 4–7]의 예에서, 사용된 라디오는 1000과 2000 사이의 값을 가진 것이다. 따라서 사용자가 해석할 수 있는 범위에서 값의 매핑을 수행하는 것이 편리하다. 예를 들어, 요의 값이 0도에서 360도 사이에 작동하도록 의도된 경우, map 함수를 통한 변환이 편리하다.

```
float map (float value, float minin, float maxin, float minout,
float maxout)
{
  return (value - minin) * (maxout - minout) / (maxin - minin) +
  minout;
}
```

맵 함수는 매핑될 장비의 응답이 선형이라고 가정한다. 실제로 두 점을 통과하는 직선의 방정식을 따르기 때문에 주목할 수 있다. 매핑할 장비에 다른 동작(**예**: 지수 또는 로그)이 있는 경우, 다른 종류의 매핑을 사용하는 것이 편리하다.

이를 위해 제조업체가 주로 제공하는 데이터 시트를 검토하거나(무선제어, 센서, 모터 등), 경험을 통한 그래프를 이용하거나 가장 편리한 매핑 함수를 사용한다. 그래프가 직선처럼 보이면 선형 매핑을 사용할 수 있다. 다른 형식을 채택하는 경우 다른 타입의 방정식과 연관시킬 수 있다.

$$P\left(x_1, y_1\right) \quad Q\left(x_2, y_2\right)$$
$$y = \frac{y_2 - y_1}{x_2 - x_1}\left(x - x_1\right) + y_1$$

이 경우,

$$P\left(\mathbf{minin}, \mathbf{minout}\right) \ x = \mathbf{value}$$
$$Q\left(\mathbf{maxin}, \mathbf{maxout}\right) \ y = \mathbf{map}$$

함수 출력과 입력은 모두 응용 프로그램에서 사용할 수 있는 변수의 유형과 연관되어야 한다는 점에 유의해야 한다. 예를 들어 아두이노의 경우(해당 함수를 가져온 곳) 함수는 정의에 따라 정수형을 사용한다. 단, 더 나은 정밀도와 소수 자릿수를 세려면 부동형float이나 이중형double을 사용할 수 있다. 그럼에도 불구하고 이것은 처리 능력을 감소시킨다. 경우에 따라서 일부 리모컨처럼 데이터가 순수하게 정수로 만들어진 저해상도 센서나 입력의 경우에는 정수형을 사용하는 것이 더 편리할 수 있다.

[Listing 4-8]에 제시된 예는 간단하다. 리모컨이 1070년과 1920년 사이의 값을 읽는다고 가정할 때, 리모컨의 각 채널의 값에 대해 반드시 확인해야 한다.

[Listing 4-8] 라디오 채널 매핑

```
/// minimum and maximum values of the yaw channel of the remote
/// control measured by the reader
float yawminrc=1070;
float yawmaxrc=1920;

/// initialization of the variable that contains the transformation
/// in degrees from 0 to 360

float yawgrados=0;

/// reading the yaw channel of the remote control,
/// assuming it is in mode 2
/// mode 2 is the one commonly used for multicopters and helicopters

float yawradio=hal.rcin->read(3);

/// mapping
yawgrados=map(yawradio,yawminrc,yawmaxrc,0,360)

/// this can also be used if a symmetric operating range is desired
/// yawgrados=map(yawradio,yawminrc,yawmaxrc,-180,180)
```

포화 함수는 레버나 모터의 최대 및 최소 허용 값을 초과하지 않거나 동작 범위를 벗어나지 않도록 범위를 벗어나지 않는 값을 갖도록 변수 설정 제한한다. 예를 들어, 인간의 머리는 무한히 회전할 수 없다.

이를 위해 포화 함수를 다음과 같이 정의한다.

$$y = Sat(x) = \begin{cases} M \textbf{ if } x \geq M \\ x \textbf{ if } x < M \textbf{ and } x > m \\ m \textbf{ if } x \leq m \end{cases}$$

여기서 Y는 출력값, X는 입력값, M은 최대값, m은 최소값이다. [**그림 4-3**] 참조.

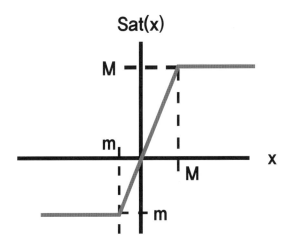

[**그림 4-3**] 포화 함수의 코드화

[**그림 4-3**]은 예시를 위해 만들어졌지만, M과 m의 한계는 양수 및 음수가 될 수 있다. [Listing 4-9] 참조. 포화 함수는 논리 함수여서 다른 이름, 정의, 유사한 함수를 가질 수 있다. 기호 함수, 중폭 함수, 스텝 함수, 아크탄 함수,

온오프형 활성화 함수, 이항 스텝 함수, 쌍곡선 탄젠트 함수, 그리고 지그모이
드 함수와 같은 기능을 볼 수 있다.

[Listing 4-9] 포화 함수의 코드화

```
float sat (float val, float maxi, float mini)
{
    if(val>=maxi) val=maxi;
    else val=val;
    if(val<=min) val=min;
    else val=val;
    return val;
}
```

예를 들어 −180도에서 180도 사이의 값을 측정할 수 있는 방향 센서가 있지
만 장비 손상을 방지하거나 특이 값에 도달하지 않도록 하려면 값을 −45도에
서 45도 사이의 값으로 제한하려고 한다.

[Listing 4-10] 도를 줄이기 위한 포화 값

```
// it is assumed that the roll variable exists and
// that it can take values between -pi and pi radians
// see the upcoming section about the use of the inertial sensor

rolldeg=mapeo(-3.14,3.14,-180,180,roll);
rolls=sat(rolldeg,45,-45);
```

> **⬆ 기억해야 할 구현 팁**
>
> - [Listing 4-10]의 경우 필요한 경우 최대값, 최소값, 중간값을 구하는 것이 편리하다.
>   이를 위해 직렬 모니터와 함께 사용할 각 신호를 시각화해라.
> - 라디오가 더 오래 켜지도록 LIPO 배터리 어댑터를 사용하는 것이 좋다. 일부 라디오는 이미
>   이 커넥터를 가지고 온다.
> - 일반적으로 송신기와 수신기를 사용하기 전에 결합 과정이 필요하다. 호환성을 검증하고 같
>   은 통신 채널을 사용하기 위해서다. 이를 위해 각 라디오 모델은 고유한 바인딩 방법을 가
>   지고 있다.

6 보조 채널 및 상태기계 소개

표준으로, 라디오에는 최소한 4개의 채널, 즉 고도 또는 높이용 채널(스로틀)과 유도 제어용 채널 3개가 장착되어 있다고 가정한다. 하나는 자체 축(요 또는 방향타)을 켜기 위한 것이고, 나머지는 차량의 기울기 각도(피치 및 롤링)를 변화시켜 XY 평면 내에서 간접적으로 이동하기 위한 것이다.

다른 태스크를 원격 작동한다고 가정해 보자. 예를 들어, 정확한 이륙, 착륙, 일부 분무기의 점화 등을 나타내려고 한다.

이러한 상황의 경우 원격 제어 장치에는 2-3개의 위치, 버튼 또는 연속 회전 노브의 레버가 될 수 있는 보조 제어 기능이 있는 것이 바람직하다.

원격 제어 장치에서 더 많은 보조 채널을 이용할 수 있다면 더 많은 작업을 할당할 수 있다고 보는 것이 논리적이다. 하지만 원격 제어 장치의 채널이 많아지면 가격도 더 비싸진다. 그래서 더 적은 통신 채널로 수행되어야 할 태스크를 늘리기 위해서는 상태기계가 유용하다.

6채널 라디오가 있다고 가정하자. 언급했듯이 차량 이동에는 최소 4개의 채널이 사용되어야 하므로 2개의 보조 채널이 있다. 두 가지 추가 작업에 대한 용량만 있다고 가정할 수 있다. 그러나 이러한 채널이 ON/OFF 레버 유형인 경우, 실제로 다음과 같은 네 가지 작업을 수행하기 위한 네 가지 상태의 조합이 있을 수 있다.

Aux1 ON/Aux2 ON
Aux1 ON/Aux2 OFF
Aux1 OFF/Aux2 ON
Aux1 OFF/Aux2 OFF

또한 ON/OFF 레버 유형의 보조 채널과 3개의 위치를 가진 다른 채널을 가질 수 있다. 이렇게 하면 다음과 같은 여섯 가지 작업에 할당할 수 있는 여섯 가지 조합을 갖게 된다.

```
Aux1Pos1/Aux2 ON
Aux1Pos1/Aux2 OFF
Aux1Pos2/Aux2 ON
Aux1Pos2/Aux2 OFF
Aux1Pos3/Aux2 ON
Aux1Pos3/Aux2 OFF
```

이러한 공제를 한 후 즉시 조치하는 것은 레버의 위치 논리에 따라 작업 간 동작과 변경의 순서를 정하는 것이다. 이것을 상태기계라고 한다.

예를 들어, 두 개의 보조 채널과 네 가지 작업을 사용하여 드론을 이용한 창 청소 순서를 생각해 보자. 2-상태 타입 레버(ON/OFF)가 있는 두 개의 보조 채널이 있는 원격 제어 장치가 있다. 작업은 (A) 이륙, (B) 유리창 청소, (C) 정기 착륙(작업 완료 후 문제 없이 차량 연결), (D) 비상 정지(문제가 있으면 즉시 착륙, 다른 작업 교대로 중단)으로 네 가지이다.

첫 번째 단계는 각 작업에 레버의 조합을 할당하는 것이다. 중간 조합을 만들지 않기 위해서는 한 번에 하나의 레버를 작동시켜 점진적으로 변경이 이루어지는 순서를 할당하는 것이 편리하다. [표 4-1] 참조.

[표 4-1] 상태기계의 예

상태	과제	조합 AUX1, AUX2
A	이륙	0, 1
B	유리창 청소	1, 1
C	정기 착륙	1, 0
D	비상 정지	0, 0

다음 단계는 상태 간의 변환을 정의하고 원치 않는 변환을 버리는 것이다. 예를 들어 청소(B)에서 정기 착륙(C)으로 가는 것이 바람직하지만, 비상 정지(D)에서 이륙(A)으로 또는 비상 정지(D)에서 청소(B)로 가는 것은 바람직하지 않다. 그러한 경우에 바람직한 행동은 단순히 그 상태를 유지하는 것이다.

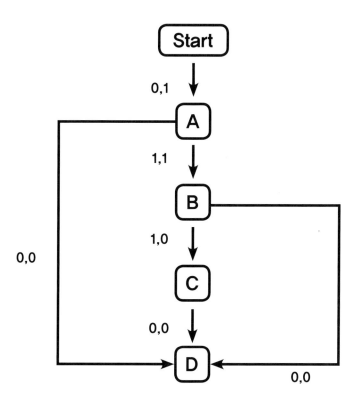

[그림 4-4]의 다이어그램은 다음과 같이 해석한다.

1. 드론이 정지했을 때 이륙할 수 있는 유일한 방법은 레버(0,1)의 조합을 이용하는 것이다. 다른 모든 조합은 드론을 멈추게 한다.

2. 드론이 이륙할 때(A) 창문을 청소하는 유일한 방법은 조합(1.1)을 통해서다. (0.0) 조합이 활성화되면 비상 정지 상태로 계속 진행된다. 다른 조합이 활성화된 경우 드론은 이륙 모드로 유지된다.

3. 드론이 청소 모드(B)일 때 착륙 방법은 조합(1.0)을 통해서만 가능하다. 조합 (0,0)이 활성화되면 비상정지를 실시한다. 다른 조합이 활성화된 경우 드론 은 청소 모드로 유지된다.

4. 드론이 정기 착륙 모드(C)에 있을 때 비상 정지(0.0)의 조합이 활성화되지 않는 한 드론은 부드럽게 착륙한다. 다른 조합을 활성화하는 것은 드론이 정 상 모드로 유지된다는 것을 의미한다.

5. 마지막으로 드론이 비상 정지(D) 상태에 있을 때, 배터리를 분리했다가 다시 연결하지 않는 한 레버의 어떤 조합도 영향을 미치지 않는다.

판독자는 상태기계의 논리가 최종 사용자에 따라 다르다는 것을 주목해야 한 다. 가능한 경우 (D) 상태에서는 (0,1) 조합이 활성화되거나 앞의 예에서 보듯 이 배터리 재설정이 완료될 때까지 이륙이 다시 가능하지 않을 경우, 일부 판독 자가 이륙(A)으로 전환하는 것이 타당할 수 있다.

이렇게 하면 두 개의 보조 레버로 결합 논리를 사용하여 작동 순서를 정의 한 것이다. 각 작업에 필요한 명령이 아직 정의되지 않았다. 그러나 보조 채 널을 검출하면 따라야 할 단계는 이미 정의되어 있다. 이 코드는 IF, WHED, SWING 등과 같은 간단한 조건부 명령으로 프로그래밍할 수 있다.

다음 챕터에서는 본 섹션의 내용으로 돌아가지만 호버 모드와 추종 투영 모드 사이의 변경을 위한 컨트롤러를 설계하기 위해 쿼드콥터 비행의 일반적인 예에 적용된다.

> **☁ Implementation Tip**
>
> 때때로 프로그래머들은 그들 자신의 논리를 따르거나 단순히 이 단계가 생략될 수 있다고 생각 하면서 상태기계의 구현을 생략한다. 하지만, 작동 도표나 흐름도를 만들기 위해서는 상태기계 를 설계하는 방법이나 적어도 그것에 대한 개념을 아는 것이 중요하다. 이것은 다른 프로그래머 들이 당신의 코드를 더 쉽게 이해할 수 있게 해준다.

7 위치 및 방향 내부 센서 판독

- **장치** 자력계, 기압계, 가속계, 내부 자이로스코프

- **구성 요소** USB 케이블 또는 LIPO 배터리로 구동되는 픽스호크만 해당

- **설명** 픽스호크에는 위치, 고도, 방향, 선형 가속도 및 각도 속도를 측정하는 내부 장치가 있다. 코드에 쓰여진 것처럼, 이 데이터를 얻으려면 위성 삼각 측정에 기초한 독립적인 측정이 가능한 GPS를 제외한 센서의 융합이 필요하다. X 및 Y 평면 위치에서 측정을 얻으려면 이 작업이 필요하다.

무인 장치를 비행하게 하는 데 필수적인 매개변수인 고도에 대해서는 [표 4-2]에서 측정 방법을 설명한다.

[표 4-2] 비행장치 고도 측정 방법

고도 측정 유형	특징
GPS	• 건축물이 없거나 나무가 우거진 구역이 아닌 개방된 구역에서 사용 • 대부분의 경우 센티미터로 측정된 해상도이므로 착륙 또는 도약에 적합하지 않음 • 넓은 확장, 높은 고도 및 열린 영역에서 유용함
기압계	• 실험실 또는 중간 높이에서 사용하는 경우(최대 5m) • 노이즈가 높기 때문에 이착륙 시 권장되지 않음 • 레벨 및 드리프트 오류(가동 오류)
아날로그	• 예를 들어 초음파 또는 LIDAR 센서 • 이착륙 시 권장(20cm~2m 측정 해상도)
직렬	• 예로는 카메라와 라즈베리형 개발 카드 • 카메라와 인공 시야 알고리즘이 충분히 견고하다면 어떤 경우에나 사용 가능 • 직렬 데이터 무선 통신 허용

> ## ☁ Implementation Tip
>
> - LIPO 배터리와 USB 전원을 모두 연결해야 할 경우 LIPO를 먼저 연결한다.
>
> - 전기 소음은 피할 수 없는 현상이다. 그것은 믹서기나 드릴이 대부분의 TV 화면에 미치는 영향과 매우 유사한 방식으로 모터 진동에 의해 생성된다. 그러나 일부 프로젝트에서 이를 약화시키기 위해서는 드론의 계통과 오토파일럿 사이에 냉각 패드를 추가하는 것이 편리하다.
>
> - 드리프트는 기압계(압력의 함수로 높이를 측정하는 장치)와 같은 특정 센서의 또 다른 불가피한 현상이다. 이 경우 서로 다른 고도 종류를 측정하기 위해 센서가 다른 것이 편리하다. 예를 들어 착륙 및 이륙 시 높이를 측정하기 위해 아날로그형 음파나 레이저를 사용하거나, 비행 중 기타 섬세한 근접 작업을 수행하고, GPS 및 관성 제어 장치와 결합하여 기압계를 사용하여 매우 높거나 맑은 비행 범위에서 고도를 측정한다.
>
> - 지금까지 GPS는 다른 센서와 관련하여 신뢰할 수 없는 해상도를 나타낸다(백분위수). 따라서 반드시 개방된 공간에서 사용해야 한다. 폐쇄된 환경에서는 그다지 작용하지 않는다. 또한 해상도가 그리 중요하지 않은 상황에서는 반드시 사용해야 한다. 예를 들어, 도로를 따라 나가거나 농작물을 탐색하는 경우처럼 광범위한 움직임에서 사용해야 한다.
>
> - IMU에는 전자기 유도 효과에 따라 측정이 변경될 수 있는 지구 자기장계가 있기 때문에 고압선과 변압기 근처로의 비행은 피해야한다.
>
> - 방향을 조절하기 위해서는 특히 요 각도와 같은 연속적인 움직임에서 "특이성"이라고 불리는 상황을 고려해야 한다. 표준 멀티콥터에서 롤링과 피치 등 움직임이 제한된 상황에서는 걱정할 필요가 없다. 이러한 상황은 [그림 4-5]에서 설명한 것과 같이 센서가 본질적으로 갑자기 변하는 위치다. 그림은 이해하기 쉽도록 각도로 표시되지만 센서는 일반적으로 라디안으로 측정된다. 그러나 이것은 문제의 본질을 바꾸는 것이 아니라 사용된 단위만 바꾸는 것이다.

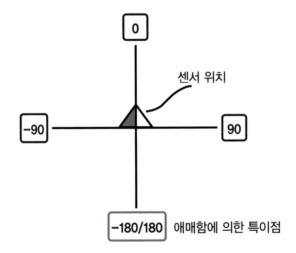

[그림 4-5] 각의 특이점

이 경우 값을 연속적인 작동 범위를 가질 수 있도록 값을 조정하는 정규화 방법을 사용하는 것이 편리하다. 이러한 테스트의 경우 측정값에 대해 좌우 대칭의 각도 정규화 알고리즘을 사용할 것이다. 다음과 같이 수행된다.

1. 각오차를 계산한다.

2. 다음과 같은 규칙 [그림 4-6] 참조를 적용한다. 측정 각도에 대해 각도 이동이 왼쪽 또는 오른쪽으로 정규화되는지 여부를 알려준다.

$$e_\psi = \psi_d - \psi$$

$$e_{\psi Corr} = \begin{cases} e_\psi - 360 \ \text{if} \ e_\psi > 180 \\ e_\psi + 360 \ \text{if} \ e_\psi < -180 \\ e_\psi \ \text{in another case} \end{cases}$$

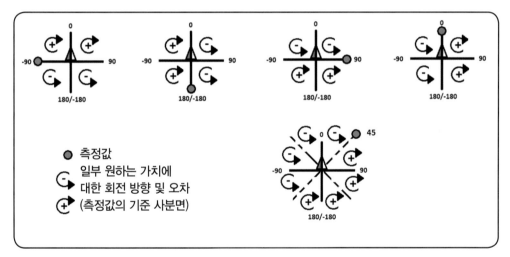

[그림 4-6] 특이점을 피하기 위한 일종의 동적 각도 정규화

역회전 알고리즘, 전송 알고리즘(−180°, 180°) ~ (0°, 360°), 회전 계정을 고려하는 알고리즘 또는 절대 기준 알고리즘도 존재할 수 있다는 점에 유의한다. 이 경우 측정값과 관련하여 상대적 기준 알고리즘이 설명되었다. 또한 제시된 알고리즘을 통해 이러한 측정된 위치에 대한 특이성의 효과를 줄일 수 있다는 점에 유의하여야 한다. 이를 위해 스프레드시트에서 주어진 알고리즘을 테스트하고 회전 방향과 오류의 크기를 확인하는 것이 좋다.

제시된 알고리즘은 드론의 에너지 소비량을 최소화하고 회전 시간은 측정 축과 관련하여 회전 대칭성을 설정하여 동적으로 업데이트되며 다른 어떤 종류의 차량에도 적용할 수 있다. [Listing 4-11] 및 [Listing 4-12] 참조.

[Listing 4-11]은 각도 판독의 예를 제공한다.

- The syntax are:

```
ahrs.roll;
ahrs.pitch;
ahrs.yaw;
for angles
const Vector3f &get_gyro(void)
for angular velocities
```

🔊 더 많은 정보는 다음 웹 사이트를 참조.

- https://github.com/ArduPilot/ardupilot/blob/master/libraries/AP_AHRS/AP_AHRS.h
- https://github.com/ArduPilot/ardupilot/blob/master/libraries/AP_AHRS//AHRS_Test/AHRS_Test.cpp
- https://github.com/ArduPilot/ardupilot/blob/master/libraries/AP_InertialSensor/AP_InertialSensor.h
- https://github.com/ArduPilot/ardupilot/blob/master/libraries/AP_InertialSensor/examples/INS_generic/INS_generic.cpp

[Listing 4-11] 방향 및 각도 속도 측정값

```
//////////////////////// DECLARATION ////////////////////////
//              Put the header here
//              see the appendix
//       verify or add these lines

static AP_GPS gps;
static AP_Baro barometer;
static AP_InertialSensor ins;
static AP_SerialManager serial_manager;
static Compass compass;
#if CONFIG_SONAR == ENABLED
static RangeFinder sonar;
static bool sonar_enabled = true;
#endif

///////////////////// the code goes here /////////////////////

// verify or add these lines

float roll, pitch, yaw;
float gyrox, gyroy, gyroz;
Vector3f gyro;
//////////////////////// INITIALIZATION ////////////////////////

void setup(){
//          verify or add these lines
   compass.init();
   compass.read();
   ahrs.set_compass(&compass);
}
//////////////////////// EXECUTION ////////////////////////

void loop(){
// angular reading
   ahrs.update();
```

```
  roll = ahrs.roll;
  pitch = ahrs.pitch;
  yaw = ahrs.yaw;
// angular velocities reading
  gyro = ins.get_gyro();
  gyrox = gyro.x;
  gyroy = gyro.y;
  gyroz = gyro.z;

}

AP_HAL_MAIN(); // Ardupilot function call
```

[Listing 4-12]를 나열하면 기압계 수치가 예시된다.

- The syntax are:

  ```
  float barometer.get_altitude( );
  and .get_climb_rate for vertical velocity
  ```

♠ 더 많은 정보는 다음 웹 사이트를 참조.

- https://github.com/ArduPilot/ardupilot/blob/master/libraries/AP_Baro/AP_Baro.h

[Listing 4-12] 기압계를 이용한 고도 및 수직 속도 측정값

```
//////////////////////// DECLARATION ////////////////////////
//              Put the header here
//                  see the appendix

/////////////////////// the code goes here ////////////////////

//          verify or add these lines

static AP_Baro barometer;
float baro_alt=0;

/////////////////////// INITIALIZATION ////////////////////////

void setup(){
//              verify or add these lines
    barometer.init();
    barometer.calibrate();
}

/////////////////////// EXECUTION ////////////////////////

void loop(){
    barometer.update();
    baro_alt = barometer.get_altitude();
}
AP_HAL_MAIN();// Ardupilot function call
```

8 외부 위치 센서 판독(GPS)

• **구성 요소** GPS 및 픽스호크

• **설명** 지금까지 [Listing 4-11]과 [Listing 4-12]를 통해 방향 및 고도 측정법을 확인했다. 그러나 평면 위치(X, Y)를 측정하기 위해 다음 세 가지 경로를 따를 수 있다.

1. 가속도 및 속도에 적용된 통합자 또는 수학적 관찰자를 사용하여 추정한다. 이 경우 가속도 측정은 ins 명령어 ints.get_accel()을 통해 얻는다. 그러나 이는 누적 성능 오류를 수반한다. 이러한 오류는 필터링 지연 및 소음 증가(소음 신호에 기초한 추정치는 또 다른 소음 신호만 달성함)에 의해 발생한다. 가장 간단한 알고리즘(더티 통합 또는 직사각형 근사라고 함)은 [그림 4-7]과 같다.

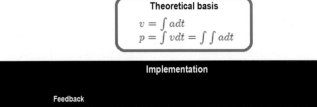

[**그림 4-7**] 가속에서 위치와 속도를 얻기 위한 기본 더티 통합자 알고리즘

적분의 근사치는 추가된 직사각형 면적의 연속이기 때문에 광범위한 세부 사항을 포함하지 않고 지속적으로 업데이트할 수 있는 합계에 기초한다. 그러나 다음과 같은 몇 가지 중요한 세부사항이 있다.

❶ 합이 되면 넘칠 수 있다.

❷ 통합 간격이 매우 큰 경우, 근사치는 대개 부족하다.

❸ 이동 프로파일이 매끄럽지 않거나 매우 소음이 심한 경우, 적분은 또한 노이즈와 갑작스러운 변화를 더하여 오류 전파를 더 많이 발생시키려 할 것이다.

이 옵션은 나머지 센서에 비상 또는 고장이 발생한 경우에만 사용할 것을 권장한다. 직접 센서(⑩: GPS 또는 카메라)를 사용하는 것이 좋다. 만약 당신이 더 자세한 것에 관심이 있다면, 더러운 적분의 수정에 기반한 혁신적인 알고리즘이 있다. 그 중 하나는 http://x-io.co.uk/gait-tracking-with-x-imu/에서 찾을 수 있다.

2. 인공시력이 있는 카메라나 아날로그 또는 직렬 위치 센서와 같은 전문 센서로부터 측정을 받는다(시리얼 통신, 아날로그 센서로부터의 판독, 개발 카드와의 시리얼 통신에 관한 섹션 참조). GPS 신호가 도착하지 않는 실내 공간이나 이륙, 착륙 또는 환경과의 자동 접촉(창문, 벽, 기타 인근 드론 등)과 같은 보다 정밀한 작업을 위해 이 옵션을 사용하는 것이 좋다.

3. GPS를 사용한다. 이 옵션은 실외 공간과 특히 개방된 공간(GPS는 밀폐된 공간이나 나무, 건물, 벽 등에서는 작동하지 않음)에서 매우 권장된다. 정확도가 유의미한 요소가 아닌 장거리 비행에 이 옵션의 사용을 권장한다(표준 GPS는 미터법 오류에서 센티미터로 변경된다). 밀리미터 범위를 가진 GPS도 있지만 가격은 상당히 상승한다. [Listing 4-13] 참조.

[Listing 4-13]은 GPS 판독의 예를 제공한다.

- The syntax are:

```
const Location &location( )
virtual void set_home(const Location &loc)
void set_initial_location(int32_t latitude, int32_t
longitude)
virtual const Vector3f& get_position( )
virtual const Vector3f& get_velocity( )
```

♠ 더 많은 정보는 다음 웹 사이트를 참조.

- https://github.com/ArduPilot/ardupilot/blob/master/libraries/AP_GPS/ AP_GPS.h
- https://github.com/ArduPilot/ardupilot/blob/master/libraries/AP_GPS/ examples/GPS_AUTO_test/GPS_AUTO_test.cpp
- https://github.com/ArduPilot/ardupilot/blob/master/libraries/AP_AHRS/ AP_AHRS.h
- https://github.com/ArduPilot/ardupilot/blob/master/libraries/AP_Compass/ AP_Compass.h
- https://github.com/ArduPilot/ardupilot/blob/master/libraries/AP_ InertialNav/AP_InertialNav.h

🔟 [Listing 4-13] GPS(고도)를 사용하여 평면 위치 및 속도 읽기

```
///////////////////////// DECLARATION /////////////////////////
//               Here goes the header
//                 See apendix

// verify or add this line
static AP_InertialNav_NavEKF inertial_nav(ahrs);

///////////////////// your code is here /////////////////////

//       verify or add these lines

static Vector3f pos_gps;
static Vector3f vel_gps;
static Vector3f pos;
static Vector3f vel;
static AP_GPS gps;
static Compass compass;

///////////////////// INITIALIZATION /////////////////////

void setup(){
```

```
//          verify or add these lines
   gps.init(NULL,serial_manager);
   ahrs.set_compass(&compass);
}

//////////////////////// EXECUTION ////////////////////////

//              Main loop
void loop(){
    update_GPS();

}

//              GPS auxiliary function

static void update_GPS(void){
   static uint32_t last_msg_ms;
   gps.update();
    if (last_msg_ms != gps.last_message_time_ms())
    {
        last_msg_ms = gps.last_message_time_ms();
        const Location &loc =gps.location();
        flag = gps.status();
    }

   uint32_t currtime = hal.scheduler->millis();
   dt = (float)(currtime - last_update) / 1000.0f;
   last_update = currtime;
// a delta t is required to internally calculate velocities
   inertial_nav.update(dt);

// this part verifies that there are at least 3 satellites to
// operate and turn on the led if this is affirmative,
// also changes a variable called flag2 to update speeds

   flag= gps.num_sats();

   if(pos.x!=0 && flag >=3 && flag2==1){
        const Location &loc = gps.location();
```

```
        ahrs.set_home(loc);
        compass.set_initial_location(loc.lat, loc.lng);
        toshiba_led.set_rgb(0,LED_DIM,0); // green LED
        flag2 = 2;
    }

    pos_gps = inertial_nav.get_position();
    vel_gps = inertial_nav.get_velocity();
// a gps of centimetric resolution is assumed
// and then it is transformed to meters

    pos.x=((pos_gps.x)/100);
    pos.y=((pos_gps.y)/100);
    pos.z=((pos_gps.z)/100);
    if(flag2==2){
        vel.x=((vel_gps.x)/100);
        vel.y=((vel_gps.y)/100);
    }
    vel.z=((vel_gps.z)/100);
    flag2==1;

// utility to display the GPS data, comment if it is not needed
//hal.console->printf("%f\t %f\t %f\t %f\t
//%d\n",pos_gps.x,pos_gps.y,vel_gps.x,vel_gps.y,gps.num_sats());

}

AP_HAL_MAIN(); // Ardupilot function call
```

> **⚙ Implementation Tip**
>
> 최소 6개 이상의 위성이 사용 가능한 한 작동한다. 인공위성이 많을수록 해상도와 작동이 좋아진다.
>
> 일정 시간이 경과한 후 현재 위치와 이전 위치 사이의 오차가 낮은 상태(소음이 없고 거의 일정하며 0에 가까운 값에 도달하여 변화하지 않는 것 같음)로 유지되거나 적절한 수의 위성이 없는 경우, 감광융합을 사용할 수 있다. 즉, 위치 신호가 수학적 방법 또는 탑재된 다른 센서(구동, 레이더, 레이저 등)에 의해 업데이트되는 작동 사이클을 활성화한다.

9 아날로그 센서 판독

- **구성 요소** 서로 다른 아날로그 센서 및 픽스호크

- **설명** 픽스호크는 초음파 거리, 색상, 접촉력 등 다양한 아날로그 센서를 연결할 수 있다.

- **연결** 일반적으로 아날로그 센서는 다음과 같은 3개의 핀(전원, 접지 및 신호)을 가지고 있다. 그러나 모든 아날로그 센서가 픽스호크의 연결 포트를 가지고 있는 것은 아니다. 이 포트에 센서를 용접하거나 개조해야 할 수 있다.

⚡ Implementation Tip

필요한 작동 범위를 얻으려면 매핑 기능을 사용해야 한다. 이는 센서가 임의 범위의 값을 가질 수 있기 때문에 발생한다. 선형 매핑은 일반적으로 작동하지만 특정 센서는 비선형 동작(직선으로 동작하지 않음)이 매우 높기 때문에 제조사의 기술 시트를 검토하는 것이 바람직하다. 이런 경우, 판독자 스스로 통신 규칙을 제정하는 것은 판독자의 책임이다.

센서가 위험 지점에 도달하지 않도록 포화 함수를 설정하는 것이 유용한 경우도 있다. 또는 단순히 제한된 업무영역을 설정하는 것도 유용할 수 있다.

센서의 최대 및 최소 전기 값을 확인하고 자동 조종 장치에 맞춰 조정해야 한다. 센서가 많은 전류나 전압을 전달하면 오토파일럿이 말 그대로 튀겨질 수 있다.

픽스호크는 3개의 아날로그 입력을 가지고 있는데, 하나는 6.6V이고 다른 두 개는 공유되는 3.3V 포트이다.

올바른 선언을 위해서는 http://ardupilot.org/copter/docs/common-pixhawk-overview.html에서 포트 방향을 확인하기 바란다.

[Listing 4-14]의 예에서는 핀 15에 연결된 센서를 사용한다.

[Listing 4-14]는 아날로그 판독의 예를 제공한다.

- The syntax are:

```
ch=hal.analogin->channel(chan);
ch->set_pin(chan number);
ch->voltage_average( );
```

♠ 더 많은 정보는 다음 웹 사이트를 참조한다.

- https://github.com/ArduPilot/ardupilot/blob/master/libraries/AP_HAL/
  AnalogIn.h
- https://github.com/ArduPilot/ardupilot/blob/master/libraries/AP_HAL/
  examples/AnalogIn/AnalogIn.cpp

[Listing 4-14] 아날로그 포트 판독

```
///////////////////////// DECLARATION //////////////////////////
//                Put the header code here
//                    see apendix

// verify this line or add it
AP_HAL::AnalogSource* ch;

//////////////////////// INITIALIZATION ////////////////////////

//              setup cycle
void setup(){

// verify these lines or add them

   ch = hal.analogin->channel(0);
   ch->set_pin(15);
}
//////////////////////// EXECUTION /////////////////////////////

// Main loop and ADC function call
void loop(){
    adc();

}

//         ADC function definition

static void adc(){
```

```
    float v = ch->voltage_average();
    hal.console->printf("voltaje:%f \n",v);
}

AP_HAL_MAIN(); // Ardupilo function call
```

🔟 신호 필터링

- **구성 요소** 임의의 센서

- **설명** 지형이 불규칙한 항공 또는 지상 차량과 같이 진동이 전달되는 대상이 되는 차량은 모터가 있기 때문에 기계적 소음이 전기 소음에 전달된다. 그 결과, 센서에 의한 측정이 영향을 받는다. 기계적 진동 또는 기타 장애 발생원에 의한 불가피한 소음의 영향을 줄이기 위해 가장 잘 알려진 활성 방법은 신호 필터링이다.

아날로그 및 디지털 전자 필터가 많지만 이 절에서는 저역-통과 필터와 같은 아두파일럿 라이브러리에 통합된 계산 필터에 대해 설명하겠다. 자세히 설명하지 않고 관심있는 신호를 받아 부드럽게 만든다 하겠다.

필터의 사용과 관련된 가장 큰 문제는 필터링 된 신호에서 지연을 발생시킨다는 것이다. [그림 4-8]을 참조해라. 이는 필터링 된 신호가 원래 신호보다 늦게 도착한다는 것을 의미하며, 이는 차량의 성능에 영향을 미칠 수 있다. 이는 적당한 필터나 전문 프로세서를 갖추는 것이 편리한 이유다. 픽스호크는 둘 다 가지고 있다.

도입된 필터와 관련해 출력신호를 최대한 지연시키는 필터를 설계하는 것도 편리하다. 이 경우 아두파일럿 라이브러리에는 다양한 필터가 있다. 따라서 응용 프로그램에 가장 적합한 것을 선택할 수 있다.

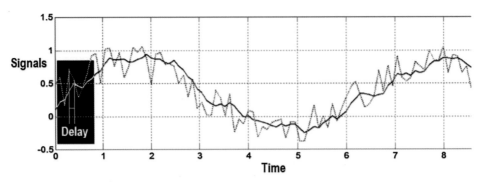

[그림 4-8] 노이즈가 많은 신호와 필터링된 신호

[그림 4-8]에서는 노이즈 신호(원래)보다 소프트(필터링) 신호가 더 지연되는 모습을 볼 수 있다. 이는 원래 신호가 먼저 발생했고 처리 후 필터링 된 신호가 발생했다는 것을 의미한다. 시스템 작동이 중요한 경우, 두 신호 사이의 지연이 문제가 될 수 있다. 이렇게 하면 필터 디자인은 소음 제거와 필터링된 신호의 지연 사이의 게임으로 바뀐다. [Listing 4-15] 참조.

[Listing 4-15]를 나열하면 신호 필터링의 예가 된다.

- The syntax are:

```
static LowPassFilter2pFloat NAME(SamplingFrequency,
CutFrequency);
filteredSignal = NAME.apply( originalSignal );
```

♠ 더 많은 정보는 다음 웹 사이트를 참조.

- https://github.com/ArduPilot/ardupilot/tree/master/libraries/Filter/examples
- https://github.com/ArduPilot/ardupilot/blob/master/libraries/Filter/examples/LowPassFilter2p/LowPassFilter2p.cpp

[Listing 4-15] 신호 필터링

```
//////////////////////// DECLARATION ////////////////////////
//                    Place here the header
//                        see appendix

//////////////////// place your code here ////////////////////

// verify t.hat the following lines exist or add them
// this code uses part of the code related to the barometer

static AP_Baro barometer;

// in the following line the characteristics and name
// of the filer to be use are defined
static LowPassFilter2pfloat fil_posz(10,0.8);
float baro_alt=0, alt_fil:

/////////////////////// INITIALIZATION ///////////////////////

void setup(){
//          verify or add the following lines
   barometer.init();
   barometer.calibrate();
}

/////////////////////////// EXECUTION /////////////////////////

void loop(){
   barometer.update();
   baro_alt = barometer.get_altitude();
// on the next line, the previously defined filter is applied
// to a signal of interest, in this case the one received by
// the barometer

   alt_fil=fil_posz.apply(baro_alt);

}

AP_HAL_MAIN(); // Ardupilot function call
```

11 디지털 판독 및 쓰기

- **구성 요소** JTAG 케이블 및 2-상태 디지털 구성 요소(LED, 푸시 버튼 등)

- **설명** 디지털 포트는 LED와 같은 이진 구성 요소(ON/OFF 유형)를 허용한다. 푸시 버튼, 펄스 인코더 리더 또는 버저가 표시기로 사용되고, 사운드 또는 시각적 경고, 보안 또는 시작 버튼 또는 여러 개의 자동 실행 장치가 연결된 경우 작업 시퀀서로 사용 가능하다. 2진수 신호 판독에 따라, 자동 조종 장치가 주어진 기능을 수행하거나 수행하지 않을 수 있다. 이러한 유형의 포트는 GPIO Global Purpose Input and Output라고 알려져 있다.

- **연결** 디접지 핀과 신호 핀만 사용하면 된다. 이런 경우 픽쇼크 전원 포트를 분리해 두면 편리하다. [Listing 4-16] 참조.

> 🔊 **Implementation Tip**
>
> 아두파일럿 라이브러리 웹 페이지에 따르면 디지털 포트에는 관련 번호가 있다. http://ardup-ilot.org/copter/docs/common-pixhawk-overview.html에서 확인할 수 있다. 다른 포트와 마찬가지로 오토파일럿과 연결할 장치의 전기사양을 모두 검토하는 것이 편리하다.

[Listing 4-16]에는 디지털 입력 및 출력의 예가 수록되어 있다.

- The syntax are:

```
pinMode(uint8_t pin, uint8_t output)
write(uint8_t pin, uint8_t value)
read(uint8_t pin)
```

🔊 더 많은 정보는 다음 웹 사이트를 참조.

- https://github.com/ArduPilot/ardupilot/blob/master/libraries/AP_HAL/GPIO.h

[Listing 4-16] 디지털 GPIO 읽기 및 쓰기

```
/////////////////////// DECLARATION ///////////////////////
//                  Here paste the header code
//                         See appendix

//     If needed add this library: GPIO.h

/////////////// example code is placed here ///////////////

/////////////////////// INITIALIZATION ///////////////////////

void setup(){

// add the following lines, for pin numbers consult
// http://ardupilot.org/copter/docs/common-pixhawk-overview.html
// in this part pins 54 and 55 are started as output and input
// respectively

    hal.gpio->pinMode(54, HAL_GPIO_OUTPUT);
    hal.gpio->pinMode(55, HAL_GPIO_INPUT);
    hal.gpio->write(54, 0);

}

/////////////////////// EXECUTION ///////////////////////

// this program sends a logical 1 or 0 to port 54
// physically connected to the 55
// reading the pin 55 and writing a message
// if 1 or 0 was received

void loop(){

  hal.scheduler->delay(7000);
  hal.gpio->write(54, 1);

  if (hal.gpio->read(55))
      {hal.console->printf("A\t\n");}

  else
```

```
        {hal.console->printf("B\t\n");}

    hal.scheduler->delay(1000);
    hal.gpio->write(54, 0);

    if (hal.gpio->read(55))
        {hal.console->printf("A\t\n");}

    else
        {hal.console->printf("B\t\n");

}
AP_HAL_MAIN(); // Ardupilot function call
```

12 배터리 판독

• **구성 요소** 배터리, 배터리 모니터

• **설명** 이 명령을 사용하면 나중에 이러한 판독값을 사용하여 배터리 부족 시 알람을 활성화하거나 배터리 의존형 컨트롤러를 설계하기 위해 LIPO 배터리에서 평균 전류와 전압을 읽을 수 있다. [Listing 4-17] 참조.

[Listing 4-17]은 배터리 판독의 예를 제공한다.

• The syntax is:

```
void read( );
```

☁ 더 많은 정보는 다음 웹 사이트를 참조.

• https://github.com/ArduPilot/ardupilot/blob/master/libraries/AP_BattMonitor/AP_BattMonitor.h

[Listing 4–17] 배터리 상태 판독

```
//////////////////////// DECLARATION ////////////////////////
//                    Paste the header here
//                         See appendix

///////////////////// place your code here /////////////////////

// verify those lines or add them
static AP_BattMonitor battery;
float volt, corriente_tot;

//////////////////////// INITIALIZATION ////////////////////////

void setup(){
// verify those lines or add them

battery.set_monitoring(0,AP_BattMonitor::BattMonitor_TYPE_
ANALOG_VOLTAGE_AND_CURRENT);
    battery.init();

}

//////////////////////// EXECUTION ////////////////////////

void loop(){
    Read_battery();

}
// auxiliar function definition
static void Read_battery(){

    battery.read();
    volt=battery.voltage();
    corriente_tot=battery.current_total_mah();

}

AP_HAL_MAIN(); // Ardupilot function call
```

> ☁ **Implementation Tip**
>
> 배터리 레벨이 감소하면 컨트롤러 이득을 증가시켜 시스템이 예상대로 계속 작동하도록 한다. 이는 물론 안전 고려사항으로 인해 차량이 정지해야 하는 시점까지다.
>
> LIPO 배터리를 평균 전압 레벨에서 사용하지 않는다.(일반적으로 4.2V에서 최대 전압 충전이 있는 LIPO는 3.7V 미만에서 사용하면 안 되지만 배터리 모델마다 다를 수 있으므로 데이터 시트에 이 값을 확인하여야 한다). 이것은 배터리를 손상시키거나 폭발 위험을 내포할 수 있다. 픽스호크를 사용하지 않고 이러한 값을 모니터링 하려면 외부 모니터를 사용하여야 한다.
>
> 픽스호크는 최소 3개의 셀이 있는 배터리를 사용한다(약 11.4V). 전류는 사용되는 모터와 차량의 한계 하중에 따라 달라진다. 일반적으로 배터리가 더 많은 전류를 공급하면 모터는 필요한 양만 소모하고 더 오래 지속된다. 반면에, 시스템은 더 무거워진다.
>
> 충전기를 작동시키기 위해, 충전기는 보통 두 가지 다른 구성 요소, 즉 전원 공급 장치와 충전기로 판매된다는 것을 기억해라.

13 주 LED를 통한 시각적 경고 사용

- **구성 요소** 픽스호크 메인 LED

- **설명** 픽스호크는 RGB형 LED를 탑재한다. 시각 경보 시스템(임무 시작용, 배터리 부족 표시용, 드론 그룹 내 선두주자 표시용 등)을 사용할 수 있다. 구현은 비교적 간단하다. [Listing 4-18] 참조.

[Listing 4-18]은 온보드 LED의 예를 제공한다.

- The syntax is:

```
toshiba_led.set_rgb(red, green, blue);
```

☁ 더 많은 정보는 다음 웹 사이트를 참조.

- https://github.com/ArduPilot/ardupilot/blob/master/libraries/AP_Notify/
  examples/ToshibaLED_test/ToshibaLED_test.cpp

[Listing 4-18] 메인 LED

```
///////////////////////// DECLARATION /////////////////////////
//              Paste here the header
//                 see appendix

///////////////////////// here is your code /////////////////////////

// add those lines or verify them
#define LED_DIM 0x11
static ToshibaLED_PX4 toshiba_led;

///////////////////////// INITIALIZATION /////////////////////////

void setup(){
// verify or add this line
toshiba_led.init();

}

///////////////////////// EXECUTION /////////////////////////

void loop(){
    toshiba_led.set_rgb(0,LED_DIM,0);

}

AP_HAL_MAIN(); // Ardupilot function call
```

🄵 챕터 요약

이 챕터에서는 가장 중요하고 기본적인 입력 및 출력 작업 중 몇 가지를 배웠다.

- 직렬 터미널에서 읽고 쓰는 방법
- 라디오 컨트롤을 읽는 방법
- 아날로그 포트에서 판독 방법
- 디지털 GPIO 포트 사용 방법
- 배터리 판독 방법
- 온보드 메인 LED 사용 방법
- 나중에 차량을 제어하기 위해 위치 및 방향 신호를 읽는 방법
- 노이즈가 있는 신호를 필터링하는 방법

다음 챕터에서는 아두파일럿 라이브러리를 사용하여 고급 명령을 학습한다. 구체적으로, 여러분은 직렬 유무선 통신을 사용하는 방법, 비행 데이터를 저장하는 방법, 일반적인 시간 관리와 다른 종류의 모터들을 사용하는 방법에 대해 배울 것이다.

5 고급 기능

> 이번 챕터에서는 몇몇 고급 아두파일럿 주제들에 관해서 탐구하게 될 것이다. 사실 이 챕터를 통해 더 복잡한 요구사항들을 해결할 수 있으므로 이 부분이 이 책에서 가장 가치 있는 부분이다. 또한, 우리는 유·무선의 UART 직렬 통신, 비행 데이터 저장, 시간 관리의 기반, 몇몇 종류의 모터를 사용하는 방법에 대해서 다루게 될 것이다.

이번 챕터에서는 오토파일럿과 함께 일반적으로 사용되는 보조 자동 기계장치의 구성 요소를 복습한다.

1 유·무선 직렬 통신

- **부품** 원격 측정송신기

- **상세 설명** 이 장치는 직렬타입의 UART 장치가 유·무선의 통신을 할 수 있게 해준다.

  ➤ 무선기기의 경우 이 작업은 오토파일럿의 전력을 요구한다. 그러므로 제대로 작동 하기 위해서는 반드시 LIPO 배터리 전원을 사용하거나 사용하고 있는 컴퓨터의 USB 포트보다 좋은 다른 적합한 전원을 사용해야 된다.

  ➤ 무선 통신을 위해 원격 측정송신기를 사용하는 것이 바람직하다. 하지만, 전송 속도는 57,600 bps로 줄어든다.

  ➤ 반면에, 유선 형태로 사용한다면 속도는 시스템의 성능에 의해서만 제한된다.

- **연결** 무선. 사용자는 반드시 송신기를 해당되는 포트에 연결해야 한다.
  하지만 반드시 같은 채널을 공유해야 하며 이를 위해 다음 절차를
  실행해야 한다.

  (1) miniUSB 포트를 사용하여 라디오를 컴퓨터와 연결한다. 자동으로 설치가 되어야
  하며 이 절차에서 어떤 COM 포트가 할당 되었는지에 유의해야 한다.

  (2) 어떤 COM 포트가 할당 되었는지 알 수 없다면, Windows 장치관리자의 COM
  포트 창에서 찾아보아야 한다. **"USB serial port"**와 비슷하게 나타나야 한다.
  [그림 5-1]에서는 COM6으로 할당받았다.

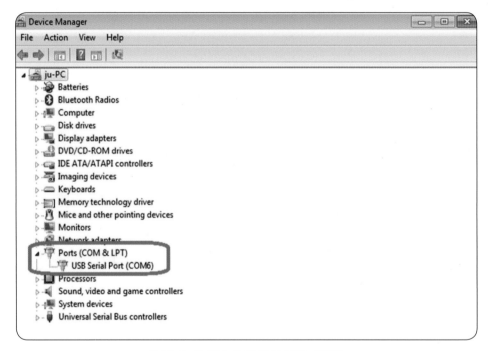

[그림 5-1] 원격 측정 장치 구성, 2단계

(3) 할당받은 포트번호를 선택하고(예시에서는 COM6) 연결 버튼은 누르지 말아야 한다.
그리고 속도는 무선 직렬 통신의 표준인 57600으로 설정한다. **[그림 5-2]** 참조.

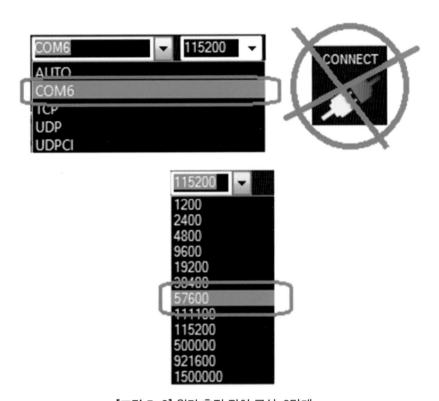

[그림 5-2] 원격 측정 장치 구성, 3단계

(4) 초기 설정 탭으로 들어가서 optional hardware를 선택한다. [그림 5-3] 참조.

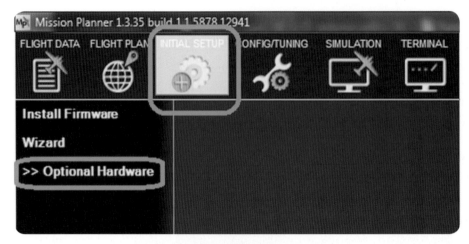

[그림 5-3] 원격 측정 장치 구성, 4단계

(5) SiK Radio(구버전에서는 3D Radio)를 선택한다. SiK는 무선 직렬 원격 측정 프로토콜의 속명이다. [그림 5-4] 참조.

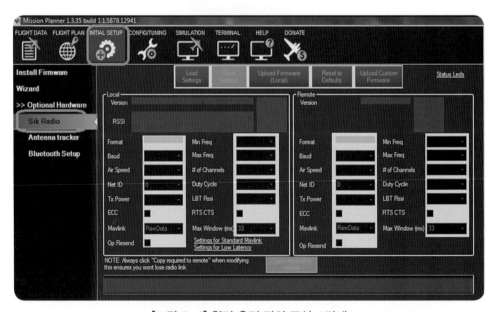

[그림 5-4] 원격 측정 장치 구성, 5단계

(6) Load Settings을 선택한다. 연결된 원격 측정 무선 통신기기의 사전에 설정된 기능 로드 되어야 한다. 채널들을 다른 기기들과 호환되게 하고자 한다면 화면을 출력해 이미지로 보관해 나중에 비교 수정할 수 있도록 한다. [그림 5-5] 참조.

[그림 5-5] 원격 측정 장치 구성, 6단계

(7) 다른 무선 통신기기들을 위해 위의 과정들을 반복한다(다른 예시에서는 COM7이 할당되었다). [그림 5-6] 참조.

[그림 5-6] 원격 측정 장치 구성, 7단계

(8) net ID(예를 들어, 3개 혹은 5개의 무선 통신기기가 작업의 특정 채널을 공유할 수 있게 한다.)와 같은 다른 변수들을 수정할 필요가 있다면 해당되는 영역을 수정하고 Save Settings 버튼을 눌러 저장한다. **[그림 5–7]** 참조.

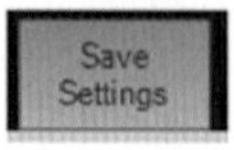

[그림 5–7] 원격 측정 장치 구성, 8단계

> **🗼 사용 팁**
>
> net ID만 수정하는 것이 바람직하다; 다른 변수들을 수정하고자 한다면 http://ardupilot.org/copter/docs/common-configuring-a-telemetry-radio-using-mission-planner.html 참조.

net ID는 기본값 25가 할당되지만, 많은 사용자가 같은 숫자를 사용한다고 생각하면 전용 채널을 원할 수도 있다. 그럴 경우에는 반드시 기본값인 25를 다른 숫자로 변경해야 한다. 이 방법은 전에 사용했던 원격 측정 무선 통신기기가 있으며, 그 기기의 몇몇 변수들이 리셋을 목적으로 변경이 되었거나 특정 전송 변수들을 갱신할 때 유용하게 활용할 수 있다.

물리적 연결로서 장치들을 같은 공간에 있어야 하며(송신기와 수신기가 같은 전원을 사용하지 않는 이상 전원은 공유할 필요는 없다.), 전송하고 수신하는 TX와 RX 핀들은 전선으로 연결되어야 한다.

무선 통신인 경우에는 반드시 UARTC 포트를 사용해야 하고, 유선통신인 경우에는 UARTD 포트를 사용해야 한다는 것에 유의하여야 한다.

2 통신 절차

직렬 통신 표준은 8bit의 데이터 패키지의 송신과 수신을 요구한다. 이를 위해 데이터의 크기는 255를 넘지 않아야 하고, 음수나 정수를 포함하지 않아야 한다. 이는 변위를 사용한 스케일링, 모듈Module과 residue 요소를 사용함으로서 충족시킬 수 있다. 이는 다음 챕터에서 다룰 것이다.

3 데이터 전송 절차

전송하고 자하는 데이터에 음수와 양수 범위의 값이 포함이 된 경우

(1) 소수를 제거하기 위해서 캐스팅(형식 변환)으로 스케일링을 적용한다.직렬 통신은 오직 정수만 인정하기 때문에 스케일링은 정확도에 영향을 미친다. 예를 들어 숫자 3.1416을 10배로 조정하면 31.416이고 캐스팅을 하면 31이 된다. 똑같이 3.1416을 100배로 조정하면 314.16이 되고 캐스팅을 적용하면 정수인 314가 된다.

(2) 변위를 가한다. 이를 위해 최대와 최소를 제한해 시행범위를 정한다(포화 함수를 생각하라). 예를 들어 최솟값이 −10.120이고 최댓값이 10.780이면, 100배로 조정되고 정수범위가 [−1012, 1078]로 설정되면, 최솟값의 절댓값인 1012가 각각의 극한값에 더해져야한다. 그러므로 새로운 범위는 [0, 2090]이다.

(3) module과 residue를 구한다.(상부와 하부) UART 직렬 통신장치는 0부터 255까지 최대 256개의 값을 가질 수 있는 8비트 그룹만 지원한다는 것에 유의하여야 한다. 그러므로 값이 이 범위를 벗어나면 아래의 절차를 거쳐 값을 module과 residue로 분리해야한다.
a) module : (VALUE/256)을 한 결과의 정수 부분이다.
b) residual : (VALUE/256)을 한 결과의 나머지 부분이다.

module은 상부, residue는 하부라고 한다. 예를 들어, 값이 2090이면,

- Module (2090/256) = 8. [그림 5−8] 참조.
- residual (2090/256) = 42. [그림 5−9] 참조.

이와 같은 방식으로 전송된 값은 다음과 같은 재구성을 거친다.

```
VALUE = MODULE * (256) + RESIDUE
2090 = (8 * 256) + 42
```

비트 그룹은 2진수 값으로 작동하기 때문에 module과 residue에 해당하는 2진수 연산은 시프트 연산(C++에서의 》)과 AND 마스킹(C++에서의 &)이다.

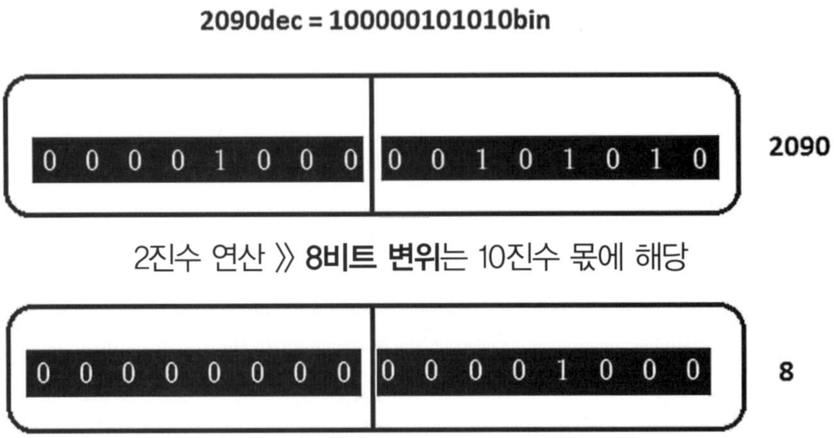

2090dec = 100000101010bin
0 0 0 0 1 0 0 0 0 0 1 0 1 0 1 0
2090
2진수 연산 》 8비트 변위는 10진수 몫에 해당
0 0 0 0 0 0 0 0 0 0 0 0 1 0 0 0
8

[그림 5-8] 데이터 전송을 위한 숫자 조각화, module

2의 8승이 256과 같기 때문에 8이 shift 연산의 결과이다.

& 연산 10진수 255, 2진수 11111111, 16진수 0x00FF
2진수는 10진수의 나머지에 해당
0 0 0 0 1 0 0 0 0 0 1 0 1 0 1 0
2090
&
0 0 0 0 0 0 0 0 1 1 1 1 1 1 1 1
255
0 0 0 0 0 0 0 0 0 0 1 0 1 0 1 0
42

[그림 5-9] 데이터 전송을 위한 숫자 조각화, residue

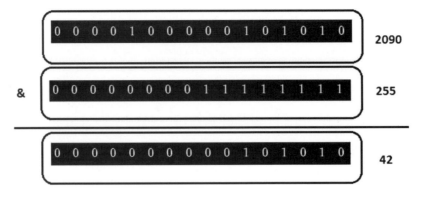

255는 8비트로 만들 수 있는 가장 큰 수이므로 255를 택하였다. 그러므로,

```
HIGH part = MODULE = binary value >> 8
LOW part = RESIDUE = binary value & 0x00FF
```

위에서 알 수 있듯이 절차와 수행시간을 간소화하기 위해 이진법 형태로 진행하는 것이 좋다.

4 상·하부 재구성

다음과 같이 연산자 << 8 과 |(C++에서의 OR 연산자)를 사용하여 재구성하였다.

```
Decimal value = MODULE * (256) + RESIDUE
Binary value = (Binary HIGH part << 8) | Binary LOW part
```

이전 예제에 따라 [그림 5-10] 참조.

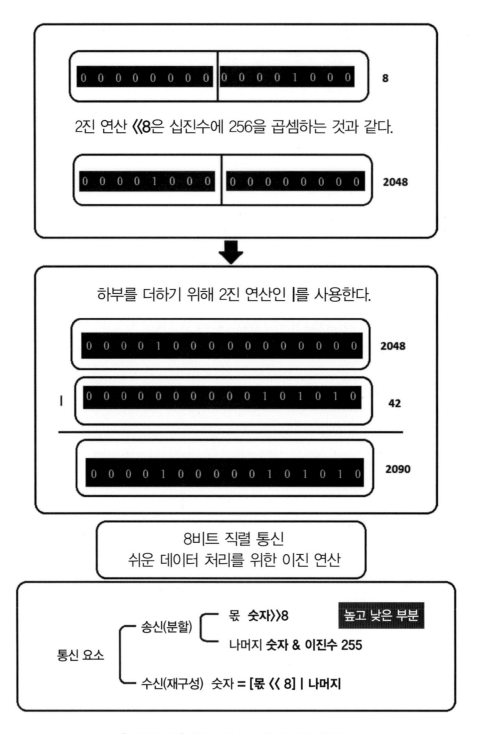

[그림 5-10] 데이터 수신 프로세스 및 재점검

module과 residue는 원주에 빗대어 생각하면 이해하기 쉽다. 810도는 360도 두 번과(module), 나머지 90도(residue)로 나타낼 수 있다. **[그림 5–11]** 참조.

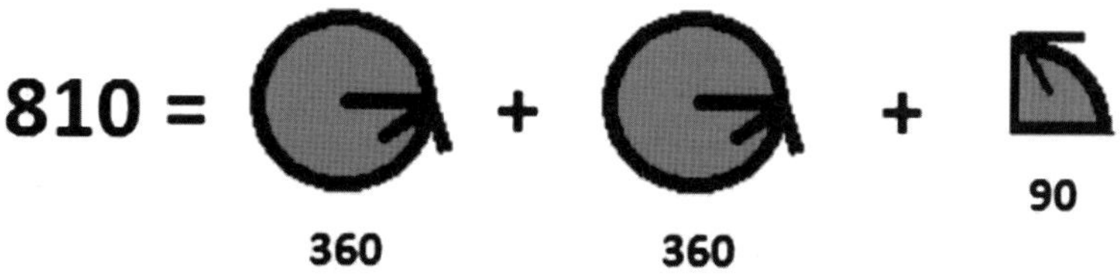

$$810 = 360 + 360 + 90$$

[그림 5–11] 기하학적으로 설명한 module과 residue

5 자료 검증 절차

데이터를 읽고 전송하는 것으로는 충분하지 않다. 데이터를 검증해 봐야 한다. 이를 위해서 체크썸과 XOR 체크썸이라고하는 두 개의 기초적이지만 유용한 방법에 대하여 배울 것이다. 이 방법들은 교정 방법이 아니라 단순히 부정확한 데이터를 수신하는 것을 차단하기 위한 방법이라는 것에 유의하여야 한다.

6 기본적인 체크썸 방법

1. 송신할 경우

데이터가 순차적으로 송신되는 8비트 정수의 집합이므로 송신할 때는 관심 있는 데이터의 합을 포함하는 최소 하나의 추가 바이트(8비트)를 송신하는 것이 좋다.

```
Data1 = 100
Data2 = 15
CheckSend = 115
```

2. 수신할 경우

수신부의 체크썸이 만들어질 때까지 수신된 데이터를 더해야 하는데 이렇게 만들어진 체크썸 값이 송신된 체크썸 값과 일치해야 한다.

```
Received1 = 100
Received2 = 15
Received3 = 115
CheckReceived = Received1 + Received2 = 115
Since Received3 = CheckReceived, sent data are
accepted.
```

반면에, Data1이 송신되는 과정에서 문제가 발생한 경우에는 다음과 같이 처리된다.

```
Received1 = 90
Received2 = 15
Received3 = 115
CheckReceived = Received1 + Received2 = 105
```

이러한 경우에는 Received3과 Checkreceived의 값이 일치하지 않으므로 송신된 데이터는 폐기되고 다시 요청된다.

이 방법에는 문제가 있다. 오버플로우가 발생해 두 개의 부분(상, 하)으로 보내야 하거나 단일 체크썸 이상 보내야 할 수도 있다. 체크썸의 최댓값은 255인 점에 유의하여야 한다.

```
Data1 = 200
Data2 = 300
CheckSend = 500
```

CheckSend = 500 위와 같은 경우에는 체크썸은 한 번에 전송될 수 없고 반드시 쪼개져서 보내져야 한다.

7 XOR 체크썸 방법

데이터가 순차적으로 송신되는 8비트 정수의 집합이므로 송신할 때는 관심 있는 데이터의 합을 포함하는 최소 하나의 추가 바이트(8비트)를 송신하는 것이 좋다.

```
Inputs       Output
X   Y        X (xor) Y
0   0           0
0   1           1
1   0           1
1   1           0
```

예를 들어, 값 10011을 전송하고 싶다면 패리티 값으로

```
1 (xor) 0 (xor) 0 (xor) 1 (xor) 1 = 1
```

따라서 전송할 때 패리티 값을 추가하여 **100111**을 전송한다.

수신하는 쪽에서 수행.

```
1 (xor) 0 (xor) 0 (xor) 1 (xor) 1 = 1
```

마지막으로 수신된 요소와 비교한다.(위의 경우, 여섯 번째로 값을 읽음) 두 값이 일치하므로 수신하는데 성공했다.

이제 값이 변해서 010111을 받았다고 생각해보자.

1 (xor) 1 (xor) 0 (xor) 1 (xor) 1 = 0

위의 값과 체크썸 값인 1과 다르므로 수신된 값은 폐기되고 재 수행이 요청된다.

- **이 방법은 두 가지 문제점이 나타난다.**

첫 번째로는 데이터가 틀렸지만 옳은 것처럼 보일 수 있다. 예를 들면,

010111을 수신했을 때

0 (xor) 1 (xor) 0 (xor) 1 (xor) 1 = 1

위의 값은 분명히 전송된 값과 다르지만 체크썸이 일치하므로 유효한 값으로 여겨진다.

두 번째 문제점은 전송과정에 체크썸 값이 달라지는 경우 수신된 메시지가 옳음에도 불구하고 유효한 메시지로 여겨지지 않게 된다는 것이다. 그러므로 100111 대신 100110을 수신하게 된다. 비록 유효 메시지가 수신되어도 전송된 메시지를 버리게 되는 것이다.

요약하면, 수신하는 쪽의 체크썸이 전송하는 쪽의 체크썸이 일치한다면 유효한 데이터이거나 적어도 사용 가능한 데이터라고 할 수 있다. 비록 더 정확히 메시지의 유효성을 검증할 수 있는 방법은 없지만. 가장 간단한 두 가지 방법을 제시했다. 목적을 위해 성공적인 체크썸은 적어도 전송된 데이터의 50%는 복구하는 것으로 간주한다.

⬇ **자세한 내용은 다음 웹 사이트를 참조.**

- http://en.wikipedia.org/wiki/Parity_bit

8 폴링

지금까지는 연속된 데이터를 어떻게 읽고 쓰는지와 더불어 적어도 기본적인 방법으로 전송의 유효성을 판별하는 방법에 대해서 알게 되었다. 그러나 대화할 때 언제 말하고, 언제 들을지 아는 것처럼 언제 수신하고 언제 송신할 필요가 있는지 아는 것도 편리하다. 이 방식은 오직 대부분의 픽스호크 무선 통신 장치와 같이 모든 장치가 데이터를 보내고 받을 수 있을 때 유효하다는 것에 유의하자.

통신 시스템의 구성원들이 언제 수신자가 되고 언제 송신자가 될지 결정하기 위해 간단한 폴링 방식을 사용할 것이다. 폴링 과정은 다음의 과정을 따르지만 통신 토폴로지에 따라 알고리즘이 상이할 수 있고, 이해하고 적용하기 쉽게 설명되어 있을 뿐이다.

(1) 모든 장치들은 문자나 숫자와 같은 특정한 값을 찾으면서 동시에 쓰기와 읽기를 한다. 이 특정한 값으로 누가 먼저 시작할지를 순서를 결정한다.(예를 들어, 각각의 1, 2, 3의 숫자들을 전송하는 세 개의 송신기와 수신기로 이루어진 그룹)

(2) 순서상 초기 값이(예로 숫자 1) 감지될 때 그에 상응하는 장치만 쓰기가 가능하고, 반면에 그 외의 장치들은 읽기만 한다. 이 장치가 쓰기를 끝내면 순서기는 숫자 2로 변경할 것이다.

(3) 상응하는 장치들이 읽기를 했고 순서기가 값이 2로 넘어갔을 때 이제 2번 장치만이 데이터를 전송할 수 있고 그 나머지 장치들은 읽기만 해야한다. 2번 장치가 쓰기를 끝내면, 순서가 3번으로 넘어가야 한다.

(4) 이제는 3번 장치만이 데이터를 쓰기할 수 있고 나머지 장치들은 읽기만 할 수 있다. 쓰기가 끝나게 되면, 순서기는 1번으로 돌아가고 이 순환이 반복된다.

체크썸과 폴링이 없는 송·수신 코드

📕 **[Listing 5-1]**은 유·무선 UART 직렬 통신의 예를 보여준다.
아래의 사항에 유의하여야 한다.

- The syntax are:

```
uartC->available( )
uint8_t uartC->read( )
uartD->available( )
uint8_t uartD->read( )
```

💠 **자세한 사항은 다음 웹 사이트를 참조.**

- http://ardupilot.org/dev/docs/learning-ardupilot-uarts-and-the-console.html
- https://github.com/ArduPilot/ardupilot/blob/master/libraries/AP_HAL/examples/UART_test/UART_test.cpp

📕 **[Listing 5-1]** 유·무선 UART 통신 수신기

```
/////////////////////// DECLARATION ///////////////////////

//                    Paste the header here
//                        see appendix

/////////////////// place your code here ///////////////////

// verify or add this line
uint8_t _bufferrx[4]; // 4 values are readed

/////////////////////// INITIALIZATION ///////////////////////
void setup(){
      hal.uartC->begin(57600); // verify or add this line
```

```
                                         // remember, C = Telem 1
                                         // or wireless
                                         // also 57600 is maximum
                                         // wireless speed

}
///////////////////////// EXECUTION /////////////////////////

void loop(){

    uint8_t i=0;
    // read if the port is available
    if(hal.uartC->available()){
        while(hal.uartC->available() && i<4)
            {
                _bufferrx[i]=hal.uartC->read();
                i=i+1;
            }
    }
    // data elements 1 and 2 are high and low parts of a bigger value
    // the operator + and | are interchangeable in this case
    int constru=(_bufferrx[1]<<8) + (_bufferrx[2]);
    hal.console->printf("%d \n",constru);

// after each reading, the value of the buffers must be reset
// or keep the previous one according to the user
    _bufferrx[0]=0;
    _bufferrx[1]=0;
    _bufferrx[2]=0;
    _bufferrx[3]=0;
}

AP_HAL_MAIN(); // Ardupilot function call
```

🔖 [Listing 5-2] 유·무선 UART 직렬 통신 송신기

```
///////////////////////// DECLARATION /////////////////////////

//                  Paste the header here
//                      see appendix

///////////////////// place your code here /////////////////////

// verify or add this line
uint8_t _buffertx[4]; // 4 values are sent

//////////////////////// INITIALIZATION ////////////////////////

void setup(){
        hal.uartC->begin(57600); // verify this line or add it
                                 // remember, C = Telem 1
                                 // or wireless
                                 // 57600 is the full Wireless
                                 // speed
}

//////////////////////// EXECUTION /////////////////////////////

void loop(){

    int envi1=2099; // value to be sent, it must be partitioned
    _buffertx[0]=5;
    _buffertx[1]=envi1>>8; //high part to send
    _buffertx[2]=envi1 & 0x00FF; // low part to send
    _buffertx[3]=2;

    hal.uartC->write(_buffertx,4); // send all data

// after each writing, the value of the buffers must be reset

    _buffertx[0]=0;
    _buffertx[1]=0;
    _buffertx[2]=0;
    _buffertx[3]=0;
```

```
}

AP_HAL_MAIN(); // Ardupilot function call
```

    [Listing 5–1]과 [Listing 5–2]는 아무런 순서 없이 데이터를 송신 및 수신하고, 그 과정에서 잘못된 데이터를 저장할 수 있다. 기본 XOR 타입 체크썸을 이용해 개선된 방법은 [Listing 5–3]과 [Listing 5–4]에서 확인할 수 있다.

체크썸과 폴링을 활용한 송·수신 코드

[Listing 5–3] 유·무선 UART 직렬 통신 송신기

```
//////////////////////////// DECLARATION ////////////////////////////
//                  Paste the header here
//                      See appendix

////////////////////// place your code here //////////////////////

// verify or add this line

uint8_t _buffertx[4];

//////////////////////////// INITIALIZATION ////////////////////////////

void setup(){
        hal.uartC->begin(57600); // verify this line or add it
                                 // remember, C = Telem 1
                                 // or wireless
                                 // 57600 is the full Wireless
                                 // speed
}

//////////////////////////// EXECUTION ////////////////////////////

void loop(){

   int envi1=2099;
```

```
    _buffertx[0]=5;
    _buffertx[1]=envi1>>8; //high part to send
    _buffertx[2]=envi1 & 0x00FF; // low part to send
```

```
// note that the cheksum is only generated with the bits of
// interest they can be all except the same cheksum, or
// selective as in this case the bits 1 and 2 because they
// represent the high and low part of a more relevant data
    _buffertx[3]= _buffertx[1]^_buffertx[2];
```

```
    hal.uartC->write(_buffertx,4);
```

```
// after each writing, the value of the buffers must be reset
    _buffertx[0]=0;
    _buffertx[1]=0;
    _buffertx[2]=0;
    _buffertx[3]=0;
```

```
}
```

```
AP_HAL_MAIN();// Ardupilot function call
```

[Listing 5-4] 유·무선 UART 직렬 통신 수신기

```
//////////////////////// DECLARATION ////////////////////////
//              Paste the header here
//                    See appendix
```

```
//////////////////// place your code here ////////////////////
```

```
// verify or add this line
```

```
uint8_t _bufferrx[4];
```

```
//////////////////////// INITIALIZATION ////////////////////////
```

```
void setup(){
        hal.uartC->begin(57600); // verify this line or add it
                                // remember, C = Telem 1
```

```
                                    // or wireless
                                    // 57600 is the full Wireless
                                    // speed
}
//////////////////////// EXECUTION ////////////////////////

void loop(){
    int constru=0;
    uint8_t i=0;
    unsigned char checks = 0;
// char is equivalent to uint_8 this variable will contain the
// read checksum

    if(hal.uartC->available()){
        while(hal.uartC->available() && i<4)
            {

                _bufferrx[i]=hal.uartC->read();
                i=i+1;

            }
}

// the checksum is generated with the data read by the receiver
    checks=_bufferrx[1]^_bufferrx[2];

// now is compared with the one coming from the transmitter and
// only in case they match the data is accepted

    if(checks==_bufferrx[3])
    {

    // data reconsruction
    // the operator + and | they are interchangeable in this case

        constru=(_bufferrx[1]<<8) + (_bufferrx[2]);
    }
// if they are not the same, we proceed to anything except
// receiving it, in this case for simplicity, we just assign zero
```

```
    else
    {
        constru=0;
    }
    hal.console->printf("%d \n",constru);
// after each reading, the value of the buffers must be reset
// or keep the previous one according to the user
    _bufferrx[0]=0;
    _bufferrx[1]=0;
    _bufferrx[2]=0;
    _bufferrx[3]=0;

}

AP_HAL_MAIN(); // Ardupilot function call
```

이제 이전 방법이 모호하게 송신하고 수신한 것과는 다르게 언제 읽고 쓸지 결정하기 위한 사용 권한에 기반한 폴링 방식을 제시할 것이다.

이 예제에서 두 장치가 번갈아가며 송신기와 수신기가 될 수는 있지만 동시에 될 수는 없다는 점에 유의하여야 한다. 이 방법은 이전 단락에서 설명한 논리에 따라 두 개 이상의 장치로 확장하여 사용할 수 있다. [Listing 5-5]와 [Listing 5-6] 참조.

[Listing 5-5] 무선과 유선 UART 직렬 통신

```
//////////////////////// DECLARATION ////////////////////////
//              Paste the header here
//                     See appendix

/////////////////// place your code here ///////////////////

// verify or add those lines

uint8_t _buffertx[4];
uint8_t _bufferrx[4];
int permit=0; // the other device starts as a reader

//////////////////////// INITIALIZATION ////////////////////////

void setup(){
      hal.uartC->begin(57600);
}

//////////////////////// EXECUTION ////////////////////////

void loop(){
   if(permit==1)
   {
     writeSerial();
     permit=2; // once device1 has written, it begins to read
   }
   else
   {
     readSerial();
   }
}
```

```
//              auxiliar functions
static void writeSerial(){

    int envi1=2099;
    _buffertx[0]=2; // sending its turn to device 2
    _buffertx[1]=envi1>>8;
    _buffertx[2]=envi1 & 0x00FF;
    _buffertx[3]= _buffertx[1]^_buffertx[2];
    hal.uartC->write(_buffertx,4);
    _buffertx[0]=0;
    _buffertx[1]=0;
    _buffertx[2]=0;
    _buffertx[3]=0;
}

static void readSerial(){
    int constru=0;
    uint8_t i=0;
    unsigned char checks = 0;

    if(hal.uartC->available()){
        while(hal.uartC->available() && i<4)
            {
                    _bufferrx[i]=hal.uartC->read();
                    i=i+1;
            }
}

checks=_bufferrx[1]^_bufferrx[2];
if(checks==_bufferrx[3])
{
    constru=(_bufferrx[1]<<8) + (_bufferrx[2]);
}
    else
```

```
        {
            constru=0;
        }
        hal.console->printf("%d \n",constru);
        permit=_bufferrx[0]; // in this line the permission to write
                             // is retaken
        _bufferrx[0]=0;
        _bufferrx[1]=0;
        _bufferrx[2]=0;
        _bufferrx[3]=0;
}

AP_HAL_MAIN(); // Ardupiot function call
```

2번 장치

📟 **[Listing 5-6]** 유·무선 UART 직렬 통신

```
/////////////////////////// DECLARATION ///////////////////////////
//                 Paste the header here
//                       See appendix

/////////////////// place your code here ///////////////////

// verify or add those lines

uint8_t _buffertx[4];
uint8_t _bufferrx[4];
int permit=0; // the other device starts as a reader

/////////////////////// INITIALIZATION ///////////////////////

void setup(){
        hal.uartC->begin(57600);
```

```
}

//////////////////////////// EXECUTION ////////////////////////////

void loop(){

   if(permit==2)
   {
    writeSerial();
    permit=1; // once device2 has written, it begins to read
   }

   else
   {
    readSerial();
   }
}

//           auxiliar functions

static void writeSerial(){

   int envi1=1099;
   _buffertx[0]=1; // sending its turn to device 2
   _buffertx[1]=envi1>>8;
   _buffertx[2]=envi1 & 0x00FF;
   _buffertx[3]= _buffertx[1]^_buffertx[2];
   hal.uartC->write(_buffertx,4);

   _buffertx[0]=0;
   _buffertx[1]=0;
   _buffertx[2]=0;
   _buffertx[3]=0;
}

static void leeSerial(){
   int constru=0;
   uint8_t i=0;
   unsigned char checks = 0;
```

```
if(hal.uartC->available()){
    while(hal.uartC->available() && i<4)
        {
            _bufferrx[i]=hal.uartC->read();
            i=i+1;
        }
}

checks=_bufferrx[1]^_bufferrx[2];
if(checks==_bufferrx[3])
{
    constru=(_bufferrx[1]<<8) + (_bufferrx[2]);
}

else
{
    constru=0;
}
hal.console->printf("%d \n",constru);
permit=_bufferrx[0]; // in this line the permission to
                     // write is retaken

_bufferrx[0]=0;
_bufferrx[1]=0;
_bufferrx[2]=0;
_bufferrx[3]=0;

}
AP_HAL_MAIN(); // Ardupilot function call
```

부가적인 데이터가 전송되고 수신자는 유효성을 확인하여 수신을 계속 할 것 인지 아니면 역할을 변경할 것인지 결정해야 한다는 점에 주목하라. 이 기술은 여러 기기들이 통신을 할 때 특히 유용하다. 위의 방법을 사용하여 대화할 때 각자 말하고 듣는 것처럼, 특정한 순서대로 어느 장치가 송신하고 어느 장치가 수신할지 결정할 수 있다.

이 방법은 전송 순서의 데이터가 전송이 소실되거나 변형된다면 문제가 생길 수 있다는 가장 큰 취약점이 있다. 폴링 데이터를 체크썸 알고리즘에 포함시킴으로써 문제점이 발생할 가능성을 낮출 수 있다.

> ☁ **Implementation Tip**
>
> 위의 방법은 필요한 만큼의 무선 기기들을 사용해서 활용할 수 있다. 이론적으로는 장치의 수에 제한이 없고 가상적으로는 128개이지만, 적어도 열 두 개의 기기를 사용해서는 문제없이 작동한다. 그리고 LIPO 배터리를 사용하거나, 외부 전원을 사용하는 경우에는 절대 무선 송신기를 사용하지 말아야 한다. 무선 전송에는 전력이 필요하고, 전력을 사용하지 않으면 수신불량과 송신불량이 발생할 수 있다는 점에 유의해야 한다.

⬛9 직렬 통신 및 개발 보드를 사용하여 외부 장치로부터 수신

이 챕터에서는 픽스호크 오토파일럿Pixhawk AutoPilot과 호환되지는 않지만 다른 개발보드와 호환되거나 픽스호크Pixhawk 프로세서를 불필요한 부하에서 해방시켜 다른 기기가 처리할 수 있도록 하는 외부 센서를 사용하는 방법에 대해서 배울 것이다. 예를 들어, 라즈베리 파이가 인공 시각을 통해 물체 위치 프로세스를 처리한 다음 그 물체의 위치를 픽스호크에만 전송한다고 가정하자. 두 번째 예는 WiFi 또는 Bluetooth를 통해 외부 물체 모니터링 모듈이 기기의 위치를 픽스호크로 전송하는 것이다.

이를 위해 픽스호크 코드는 유선 또는 무선의 연속 수신 값일 수도 있지만 보조 카드나 장비를 사용할 때에는 연속 송신 코드를 프로그래밍 해야 한다. 예를 들어 아두이노를 사용하는 경우 `Serial.write()` 명령어를 사용하여 데이터를 전송할 수 있다. 각각의 개발 보드나 프로그래밍이 가능한 기기에는 고유의 명령어가 있다는 것을 기억하자.

[Listing 5-7]과 [Listing 5-8]의 예제들에서는 아두이노를 사용했지만 다른 장치를 사용해도 된다.

[Listing 5-7] 픽스호크 수신기 코드

```
///////////////////////// DECLARATION /////////////////////////
//                  Paste header code here
//                       See apendix

/////////////////// place your code here ///////////////////

// verify or add this line
uint8_t _bufferrx[4];

///////////////////////// INITIALIZATION /////////////////////////
void setup(){
      hal.uartC->begin(57600);
}

///////////////////////// EXECUTION /////////////////////////

void loop(){

   uint8_t i=0;
   if(hal.uartC->available()){
     while(hal.uartC->available() && i<4)
        {
            _bufferrx[i]=hal.uartC->read();
            i=i+1;
        }

}
int constru=(_bufferrx[1]<<8) + (_bufferrx[2]);
hal.console->printf("%d \n",constru);

_bufferrx[0]=0;
_bufferrx[1]=0;
   _bufferrx[2]=0;
   _bufferrx[3]=0;

}

AP_HAL_MAIN(); // Ardupilot function call
```

⬚ [Listing 5-8] 아두이노 송신기 코드

```
byte datos[4];
unsigned int envi1;

void setup() {
    Serial.begin(57600);
}

void loop() {
    datos[0]='R';
    envi1=2099;
    datos[1]=envi1>>8;
    datos[2]=envi1 & 0xFF;
    datos[3]=datos[1]^datos[2]^datos[3]^datos[4];

    if (Serial.available())
    {
        Serial.write(datos,4);
        datos[0]=0;
        datos[1]=0;
        datos[2]=0;
        datos[3]=0;
    }
}
```

단순화하기 위해 폴링과 체크썸 프로세스를 생략했다. 이전에 언급했던 코
를 활용하여 폴링과 체크썸을 추가할 줄 알아야 한다.

이제 **[그림 5-12]**에 있는 연결 다이어그램을 살펴보자. RX핀과 TX핀이 서
연결되었다는 것과 보조 장치가 자체 동력원을 갖는다고 가정한다는 점에 주
하라. 그러나 접지 핀을 공유한다는 것은 매우 중요한 점이다.

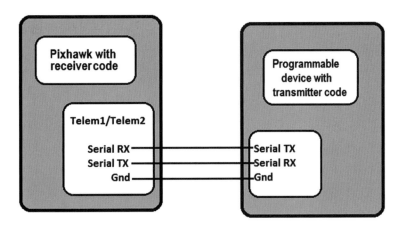

[그림 5-12] 개발보드와의 인터페이스

🔊 자세한 내용은 다음 웹 사이트를 참조.

- https://ardupilot.org/copter/docs/common-pixhawk-overview.html

⑩ 브러시리스 모터(BLDC 모터)로 송신

모터를 사용할 줄 안다고 해서 차량을 이용할 줄 안다고 보장할 수 없다. 그러므로 다음 단계를 완료할 필요가 있다.

- **모터의 용도** 이에 대해서는 이번 챕터에서 배울 것이다.

- **제어 조정** 비록 다음 챕터에서 제어 조정의 기초에 대해서 배울 것이지만, 적절한 조정은 프로젝트마다 다르다.

- **배분 매트릭스의 정의** 1,2단계에서 알 수 있듯이 적절한 선택은 프로젝트마다 다르다.

1. **부품** 브러시리스 DC 모터, ESC, 동력 분배기, 배터리 또는 전원 공급 장치, 프로펠러, 배터리 모니터, 총탄형 커넥터, 실리콘 케이블, 배터리용 커넥터, 배터리 충전기, BEC

2. **상세 설명** 이 명령어는 모터의 속도를 설정하고, 추진력과 회전력을 간접적으로 설정하기 위해 모터에 값을 송신할 수 있게 한다.

3. **픽스호크를 사용하지 않은 브러시리스 모터 테스트** 이 챕터의 구현 팁에 나타난 바와 같이 모터가 올바르게 작동하는지 확인하려면 핀에 적절한 용접을 하는 것과 더불어 모터의 기동성이 올바른지 확인하고, 모터의 과열 여부를 확인해야 한다. 이를 위해 다음과 같은 절차를 제시한다.

4. **장비** ❶ 아두이노(PWM 출력이 가능한 모델)

   ❷ 상응하는 ESC와 올바르게 용접되어있는 브러시리스 모터

   ❸ 아두이노와 ESC를 연결하기 위한 점퍼선

   ❹ ESC의 요구를 지원할 수 있는 적절한 LIPO 배터리 또는 직류 전원 공급 장치

5. **진행 과정**

(1) 그림과 같이 연결하고, 접지가 제대로 연결되어 있는지 확인한다. [그림 5-13] 참조.

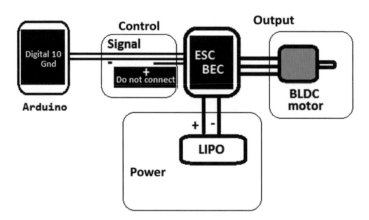

[그림 5-13] 아두이노로 BLDC 모터 테스트

(2) [Listing 5-9]에 있는 코드를 컴파일하고 아두이노로 로드시킨다.

📖 [Listing 5-9] 아두이노에서 BLDC 또는 서보로 송신하기

```
///////
// by transductor in www.robologs.net
#include<Servo.h> // library for RC type PWM
Servo ESC; //Servo object invocation
int vel = 1000; //initial pulse leng      th
void setup()
{
   //to assign a pin to the ESC object
   ESC.attach(10);
   //To write the initial value at zero
   ESC.writeMicroseconds(1000);
   delay(5000);

   //begin serial port console
   Serial.begin(9600);
   Serial.setTimeout(10);
}
void loop()
{
  if(Serial.available() >= 1)
  {
    vel = Serial.parseInt(); //to read an integer, be sure that
                             //it has 1000-2000 values
    if(vel != 0)
    {
      ESC.writeMicroseconds(vel); //write previous data to ESC
```

```
                                      //and BLDC
      //delay(2);
    }
   }
}
```

(3) 시스템에 전원을 공급한다. 브러시리스를 잡거나 모터나 사용자에게 해가 되지 않는 위치에 고정한다. 프로펠러는 절대 사용하지 않도록 한다.

(4) 모터가 돌아가는지의 여부를 확인하고 고속으로 테스트한 후에 모터가 과열되지는 않았는지 확인한다. 모터가 과열되었다면 모터는 용접 불량으로 인해 타버린다. 용접을 다시 하고 다시 테스트한다.

(5) 모터를 구조물에 고정시킨 상태에서 프로펠러 테스트를 시행한다.

> ⚠ **주의**
>
> **부상을 방지하기 위해 반드시 항상 PWM 값이 0에서 시작하는지 확인해야 한다.**

위의 테스트를 완료하면 라이브러리 테스트를 시행한다. 이전의 과정과 유사하게 진행되는 점에 유의한다. [Listing 5-10]을 참조.

[Listing 5-10]은 BLDC 쓰기의 예를 보여준다. 다음 사항에 유의하라.

- The syntax is:

```
write(uint8_t channel, uint16_t microseconds period)
```

☁ 자세한 내용은 다음 웹 사이트를 참조.

- https://github.com/ArduPilot/ardupilot/blob/master/libraries/AP_HAL/RCOutput.h

[Listing 5-10] BLDC 모터로 송신

```
/////////////////////// DECLARATION ///////////////////////
//                 Paste the header here
//                    See appendix

///////////////////// place your code here /////////////////////

/////////////////////// INITIALIZATION ///////////////////////

void setup(){
// add the following lines to the setup, they register the
// channels to be controlled this line sets the BLDC frequency
// of the first 4 channels
   hal.rcout->set_freq( 15, 490); //0xFF 0x0F->b'00001111'
// the following lines enable each of the first 4 channels
   hal.rcout->enable_ch(0);
   hal.rcout->enable_ch(1);
   hal.rcout->enable_ch(2);
   hal.rcout->enable_ch(3);
// since we will only use the first channel for this example,
// we write a ZERO on it (this value may vary for other engines,
// see datasheets)
   hal.rcout->write(0,900);
}

/////////////////////// EXECUTION ///////////////////////

void loop(){
// now just write and update, note that if a pause is not added
// your motor could be not // work or in extreme case it will
// burn HERE is written a sequence to engine 1 (numbered 0
// by convention)
   hal.rcout->write(0,900);
   hal.scheduler->delay(500);
   hal.rcout->write(0,1500);
   hal.scheduler->delay(100);
```

```
    hal.rcout->write(0,1700);
    hal.scheduler->delay(500);

}

AP_HAL_MAIN(); // Ardupilot function call
```

IMPLEMENTATION TIPS

1. 브러시리스 모터는 3상형 모터라는 것에 주의하자. 그러므로 브러시리스 모터와 제어 출력이 단상인 픽스호크^{Pixhawk}를 연결하기 위해서는 ESC라고 불리는 변환기를 사용해야 한다. ESC는 제어 입력을 수신하고 3상으로 동등한 값을 반환한다.

2. ESC에는 광접합형과 표준형으로 두 가지 타입이 있다. 광접합형 ESC를 사용할 때에는 제어 신호에 동력을 공급할 수 있는 BEC도 사용하는 것이 좋다.

3. 멀티로터를 작동시키기 위해서는 최소한 4개의 모터를 시스템의 메인 배터리에 연결할 수 있는 분배기가 필요하다.

4. 특정 모터는 좌회전만 할 수 있고 다른 모터는 우회전만 할 수 있는 고정 방식 모터의 회전 방향을 맞춰주는 것은 ESC의 말단 케이블들을 교차시키는 것만으로 충분하다. 또한 ESC를 양방향 모드로 작동하게 하기 위해서는 회전 방향이 이중으로 되도록 프로그래밍 할 수도 있다.

5. 이물질들이 모터에 들어가면 성능에 영향을 줄 수 있으므로 모터가 깨끗한지 반드시 확인해야 한다. 금속물질이 있는 환경에서는 모터에 자석이 있어서 기계적 성능과 전기적 무결성에 영향을 줄 가능성이 매우 높기 때문에 더더욱 주의해야 한다. 이러한 경우에는 작업환경을 깨끗하게 해야 한다.

6. **용접 연결 장치** 때로는 연결 장치 없이 ESC가 제공될 수 있다. 또한 배터리는 픽스호크의 전원 모듈과 호환되지 않는 연결 장치를 가지고 있다. 이러한 경우에는 온라인에서 정보를 찾아본다. 유튜브에 다양한 튜토리얼이 있으므로 **"총탄형 커넥터 납땜 방법"** 또는 **"XT60 커넥터 납땜 방법"** 등을 검색해 본다.

7. **위험** 다른 종류의 케이블을 사용하지 않는다. 배터리, 모터 및 ESC용으로 설계된 제품은 높은 전류를 견딜 수 있다. 전용 케이블들은 AWG 표준에 기초하고 있으며 특수 코팅이 되어있다. 다른 유형의 케이블을 사용하면 장비와 사용자에게 전기적 위험이 발생할 수 있다.

8. **위험** 모터를 제대로 테스트할 때까지 프로펠러를 사용하면 안 된다. 그렇지 않으면 베이거나, 절단되거나 신체와 구조에 심각한 부상을 입을 수 있다. 또한 부하 없이 장시간 모터를 테스트 하지 않는 것이 좋다. 이 문제는 프로펠러 대신 종이 시트를 사용함으로써 해결된다. 또한 각 엔진의 회전 방향을 확인하고 진동이나 열이 나는 위치를 찾아내는 데 많은 도움이 된다.

9. 프로펠러는 두 개 이상의 날을 가질 수 있다. 이는 추력을 향상시키지만 결과적로는 비행시간과 모터의 내구성이 감소하게 된다.

10. 내성이 강한 프로펠러가 있지만 충격은 모터로 전달된다. 그러므로 모터와 프로펠러 중 어느 쪽이 사용자에게 더 중요한지 알아야 한다.

11. 코드 실행시간이 짧다는 점을 감안하면 모터에 반응할 시간을 주고 갑작스러운 전기 변화로 인해 모터가 과열되지 않도록 지연 시간을 짧게 두는 것이 좋다. 이는 암묵적으로 실시간 모드에서는 필요하지 않을 것이다.

12. 모터의 속도에 비례하는 모터의 추력과 비틀림력이 밖으로 나오게 할 수 있기 때문에 항상 프로펠러를 적절히 조여야한다.

13. 가능하다면 반드시 배터리 모니터를 사용한다.

14. 일반적으로는 BLDC 모터가 스핀 회전 방향을 변경하지 않는다. 드론을 가동하기 위해 미리 정해진 회전 방향의 모터를 조합해 사용한다. 일부 ESC는 직렬로 연결되어 있고, 다른 ESC는 교차해야 한다. 이렇게 함으로써 직렬로 연결된 것들은 한 방향으로 회전하고 교차된 것들은 반대방향으로 회전하게 된다.

15. 드론이 비행할 때는 각 모터의 속도를 직접 제어하지 않지만 드론의 자세(위치 및 방향)는 각 모터의 속도에 의해 간접적으로 조절된다.

16. 비개방형 ESC의 경우 Opt, 그렇지 않을 경우 BEC를 사용하여 올바르게 작동하게 한다.

17. 브러시리스 모터의 방향을 바꾸고 싶다면(예를 들면, 직진과 후진 기능이 있는 카트) 가역성 ESC를 사용한다.

가역성 ESC는 작동범위(일반적으로는 1000~2000)가 중립점을 가지도록 교정할 수 있다. 이렇게 하면 최대 좌측 속도는 1000, 중립점 또는 부동점은 1500, 최대 우측속도는 2000이 된다. 최대 달성 가능한 속도가 분할되었지만 이제는 회전 방향이 가변적인 모터를 갖게 되었음을 유의하자.

1. 무선 제어 모터 보정 목적은 사용 중인 모터와 호환되는 무선 제어 장치를 만드는 것이다. [Listing 5-11]의 코드를 사용하면 RC 입력과 RC 출력간의 차이도 이해할 수 있다.

📵 [Listing 5-11] BLDC 모터로 무선 입력 송신

```
/////////////////////// DECLARATION ///////////////////////
//                  Paste the header here
//                      See appendix

/////////////////// place your code here ///////////////////

// verify or add those lines
int radio_roll, radio_pitch, radio_yaw, radio_throttle, aux_1,
```

```
aux_2;
uint16_t radio[6]; // the radio in this example has 6 channels
uint32_t time, timemod;

//////////////////////// INITIALIZATION ////////////////////////

void setup(){

// add the following lines to the setup, they register the
// channels to be controlled this line sets the BLDC frequency
// of the first 4 channels

    hal.rcout->set_freq( 15, 490); //0xFF 0x0F->b'00001111'

// the following lines enable each of the first 4 channels
    hal.rcout->enable_ch(0);
    hal.rcout->enable_ch(1);
    hal.rcout->enable_ch(2);
    hal.rcout->enable_ch(3);

// since we will only use the first channel for this example,
// we write a ZERO on it (this value may vary for other engines,
// see datasheets)
    hal.rcout->write(0,900);

}

//////////////////////// EXECUTION ////////////////////////

void loop(){

    time=hal.scheduler->micros();

// modulation to write every 3.5 milliseconds if you have
// servomotors, for BLDC motors this operation can be omitted
// and simply send directly the radio input to the motor

    timemod=time%3500;

// read radio channels
    for (uint8_t i = 0; i <6; i++)
```

```
    {radio[i] = hal.rcin->read(i);}
// using throttle channel to test an engine
    radio_throttle = radio[2];

// write the radio signal to the chosen motor according to the
// selected time base
    if(timemod==0)
    {
    hal.rcout->write(0,radio_throttle);

// it is possible that in some pixhawk models the value to be
// written to the motor must be converted in this way
// hal.rcout-> write (0, uint16_t (radio_throttle));
    }
}

AP_HAL_MAIN(); // Ardupilot function call
```

2. **키보드 모터 보정** [Listing 5–12]는 브러시리스 모터의 최소 시동 값을 수동으로 찾도록 설계되었기 때문에 매우 유용하다. 이것은 3개의 증가 키와 3개의 감소 키를 사용하여 수행되는데, 이 키에서 속도의 증가와 감소는 백단위, 십단위, 일단위로 전송된다. 이렇게 하면 나중에 알 수 있듯이 컨트롤러의 설계에 유용한 모터의 시작 값을 찾을 수 있다.

📓 [Listing 5–12] 키보드로 BLDC 모터 보정

```
////////////////////////// DECLARATION //////////////////////////
//                    Paste the header here
//                       See appendix

////////////////// place your code here //////////////////

// add these lines

char readk;
// value to increase or decrease, and to be sent to the
```

```
// selected motors
int incr=0;

///////////////////////// INITIALIZATION /////////////////////////

void setup(){
   hal.rcout->set_freq( 15, 490); //0xFF 0x0F->b'00001111'

   hal.rcout->enable_ch(0);
   hal.rcout->enable_ch(1);
   hal.rcout->enable_ch(2);
   hal.rcout->enable_ch(3);

   hal.rcout->write(0,900);
}

///////////////////////// EXECUTION /////////////////////////

void loop(){
    readboard();
}

//             auxiliar functions

static void readboard(){
    readk= hal.console->read();

// q increases from 100 in 100 w of 10 in 10 and e of 1 in 1
// a reduces from 100 in 100 s to 10 in 10 and d to 1 in 1
// it is possible that in some pixhawk models the value to be
// written to the motor must be converted in this way
// hal.rcout-> write (0, uint16_t (incr));
if (readk=='q')
{
    incr=incr+100;
    hal.rcout->write(0,incr);
    hal.scheduler->delay(200);
}

if (readk=='w')
```

```
{
    incr=incr+10;
    hal.rcout->write(0,incr);
    hal.scheduler->delay(200);

}

if (readk=='e')
{
    incr=incr+1;
    hal.rcout->write(0,incr);
    hal.scheduler->delay(200);
}

if (readk=='a')
{
    incr=incr-100;
    hal.rcout->write(0,incr);
    hal.scheduler->delay(200);

}

if (readk=='s')
{
    incr=incr-10;
    hal.rcout->write(0,incr);
    hal.scheduler->delay(200);
}
    if (readk=='d')
    {
      incr=incr-1;
      hal.rcout->write(0,incr);
      hal.scheduler->delay(200);

    }

}

AP_HAL_MAIN(); // Ardupilot function call
```

⑪ 코드 최적화

이번 챕터는 이전 챕터에서 배치될 수 있지만 모터에 쓰는 코드를 개선하는 데 도움이 되기 때문에 실용성을 위해 이번 챕터에 통합하고 마지막 챕터에 연결하기로 했다.

⑫ 모터에 송신하기 위해 단순화된 기능

이미 알아차렸을 수도 있지만 모터에 송신하는 것은 반복하면 지루한 절차다.(그렇지만 이 책에서는 교육적인 목적을 위해 이 형식을 유지할 것이다.) 그 때문에 모터로 송신하는 단축된 방식은 다음과 같다.

이 첫 번째 최적화는 비교기에서 모터에 송신하는 코드를 제거하고 모든 비교기가 끝난 뒤에 모터에 송신하는 코드를 한 번만 작성함으로써 코드를 향상시킨다. 이 최적화는 다음과 같이 관련성은 없지만, 예시로 나타나 있다. [Listing 5-13] 참조.

📋 **[Listing 5-13] 키보드로 BLDC 모터 보정, 첫 번째 최적화**

```
//////////////////////// DECLARATION ////////////////////////
//                  Paste the header here
//                    See appendix

/////////////////// place your code here //////////////////

// add these lines

char readk;
// value to increase or decrease, and to be sent to the
// selected motors
int incr=0;
```

```
/////////////////////// INITIALIZATION ///////////////////////
void setup(){

    hal.rcout->set_freq( 15, 490); //0xFF 0x0F->b'00001111'

    hal.rcout->enable_ch(0);
    hal.rcout->enable_ch(1);
    hal.rcout->enable_ch(2);
    hal.rcout->enable_ch(3);

    hal.rcout->write(0,900);

}

/////////////////////// EXECUTION ///////////////////////
void loop(){
    readboard();
}

//            auxiliar functions
static void readboard(){
    readk= hal.console->read();

// q increases from 100 in 100 w of 10 in 10 and e of 1 in 1
// a reduces from 100 in 100 s to 10 in 10 and d to 1 in 1
// it is possible that in some pixhawk models the value to be
// written to the motor must be converted in this way
// hal.rcout-> write (0, uint16_t (incr));

    if (readk=='q')
    {
        incr=incr+100;
    }

    if (readk=='w')
    {
    incr=incr+10;
```

```
    }
    if (readk=='e')
    {
        incr=incr+1;
    }

    if (readk=='a')
    {
        incr=incr-100;
    }

    if (readk=='s')
    {
        incr=incr-10;
    }
    if (readk=='d')
    {
        incr=incr-1;
    }

    hal.rcout->write(0,incr);
    hal.scheduler->delay(200);

}

AP_HAL_MAIN(); // Ardupilot function call
```

이제는 송신 프로세스를 개선시키는 두 번째 최적화를 코딩해 볼 것이다. 두 개의 모터를 사용하고 있다고 가정했을 때 다음과 같이 코드를 업데이트 해야 한다.

```
    hal.rcout->write(0,incr);
    hal.rcout->write(1,incr);
    hal.scheduler->delay(200);
```

만약 10개의 모터를 사용하고 있고 다른 프로세스들에서도 입력값을 업데이트해야 한다면 어떻게 될까? 모터 송신을 용이하게 하는 기능이 필요하다는 점에 유의하여야 한다. 이 기능은 [Listing 5-14]에서 확인할 수 있다.

[Listing 5-14] 키보드로 BLDC 모터 보정, 두 번째 최적화

```
///////////////////////// DECLARATION /////////////////////////
//                    Paste the header here
//                        See appendix

/////////////////// place your code here ///////////////////
// add these lines
char readk;
// value to increase or decrease, and to be sent to the
// selected motors
int incr=0;
// motor label
int mot1,mot2,mo3,mot4;

///////////////////////// INITIALIZATION /////////////////////////

void setup(){

   hal.rcout->set_freq( 15, 490); //0xFF 0x0F->b'00001111'

   hal.rcout->enable_ch(0);
   hal.rcout->enable_ch(1);
   hal.rcout->enable_ch(2);
   hal.rcout->enable_ch(3);

   hal.rcout->write(0,900);
}

///////////////////////// EXECUTION /////////////////////////

void loop(){
    readboard();
```

```
}

// auxiliar functions

static void r.eadboard(){
    readk= hal.console->read();

// q increases from 100 in 100 w of 10 in 10 and e of 1 in 1
// a reduces from 100 in 100 s to 10 in 10 and d to 1 in 1
// it is possible that in some pixhawk models the value to be
// written to the motor must be converted in this way
// hal.rcout-> write (0, uint16_t (incr));
if (readk=='q')
{
    incr=incr+100;
}

if (readk=='w')
{
    incr=incr+10;
}

if (readk=='e')
{
    incr=incr+1;
}

if (readk=='a')
{
    incr=incr-100;
}

if (readk=='s')
{
    incr=incr-10;
}

if (readk=='d')
```

```
{
    incr=incr-1;
}

mot1=incr;
mot2=incr;
mot3=incr;
mot4=incr;
    tomotors (mot1,mot2,mot3,mot4);

}

static void tomotors(int m1, int m2, int m3 int m4){

    hal.rcout->write(0,m1);
    hal.rcout->write(1,m2);
    hal.rcout->write(2,m3);
    hal.rcout->write(3,m4);

    hal.scheduler->delay(200);

}

AP_HAL_MAIN(); // Ardupilot function call
```

🔟 표준형 DC 모터(브러시드 모터)로 입력

모터를 사용할 줄 안다고 해서 기체를 이용할 수 있다고 보장할 수 없다. 그렇게 하기 위해서는 다음의 절차를 완료해야 한다.

1. **모터의 용도** 이에 대해서는 이번 챕터에서 배울 것이다.

2. **제어 조정** 비록 다음 챕터에서 제어 조정의 기초에 대해서 배울 것이지만 적절한 조정은 프로젝트마다 다르다.

3. **배분 매트릭스의 정의** 1, 2단계에서 알 수 있듯이 적절한 선택은 프로젝트마다 다르다.

언급했다시피, 픽스호크는 표준 DC 브러시 모터에 요구하는 것과 호환되는 PWM 신호를 생성하지는 않지만 항공기가 아닌 다른 유형의 로봇을 사용할 때 이 연결이 어떻게 이루어지는지를 나타내는 것은 중요하다. 연결 방식에는 3가지 방식이 있다. [그림 5-14] 참조.

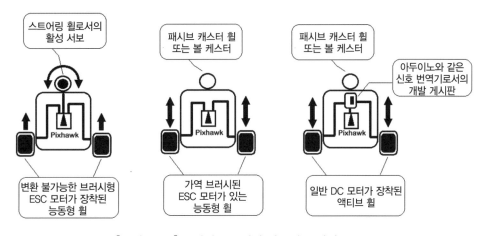

[그림 5-14] 브러시드 모터와 아두이노 연결 종류

1. 브러시드 DC 모터에는 브러시드 ESC를 직접 사용해야 한다.

2. PWM 서보와 PWM 듀티 사이클 사이에 중간 변환 회로를 사용해야 한다.

마이크로 컨트롤러, 마이크로프로세서, FOGA 또는 기타 프로그래밍이 가능한 장치가 사용될 수 있지만 여기서는 `pulseInt()`가 있는 아두이노를 사용한다. 이 경우에는 명령어를 처리하는데 적어도 10 마이크로초가 걸린다는 것을 알아야 한다. 그러므로 명령어의 양이 1000~2000일 경우에는 한 번에 1개씩 처리하지 않고 한 번에 10개씩 처리한다. 또 다른 옵션으로는 두 개 이상의 DC 모터를 사용하고 싶을 때 `attachInterrupt()` 함수를 사용할 수 있다. 바퀴에 두 개 또는 네 개의 모터가 달려서 구동하는 카트를 예로 들 수 있다.

3. 임베디드 회로를 사용한다. 웹에 "Servo to PWM converter", "픽스호크 브러시드 모터", 또는 "DC 모터 RC 입력"을 검색해 본다. 그 예로 https://core-electronics.com.au/pololu-trex-jr-dualmotor-controller-dmc02.html를 참조.

한편 DC 모터도 회전 방향을 결정하기 위해서 신호가 필요하다. 이 경우 픽스호크에서 보내는 서보형 PWM 신호 외에 동일한 오토파일럿의 GPIO 레일에서 보내는 논리 신호를 사용할 수 있다. 또한 PWM 출력만 사용하려는 경우 매핑이 도움이 될 수 있다. 브러시드 ESC를 사용할 경우 ESC에 가역 방향의 모터도 있다는 점에 유의해야 한다.

다음의 코드는 두 개의 파일로 구성되어 있다. 모터를 구동하여 픽스호크에 업로드하는 메인부분과 픽스호크의 RC형 PWM 신호(1000~2000)를 DC 모터(0~255)의 PWM 듀티 사이클 유형에 쓰기 위해 단순히 아두이노를 해석 프로그램으로 사용하는 부분이다. 이 책에서는 아두이노를 사용하지만, 펄스의 변화나 인터럽트를 감지할 수 있는 프로그래밍이 가능한 모든 장치들을 사용할 수 있다.

아두이노나 사용하는 장치가 두 PWM 유형 사이에서 해석 프로그램으로만 사용된다는 것을 알아야 한다. 표준 DC 모터를 사용하기 위해서는 픽스호크가 직접 읽기 센서, GPS, 데이터 저장 등의 모든 차량의 제어를 직접 수행한다. [Listing

5-15]와 [Listing 5-16]을 참조.

아두이노를 사용하는 것을 선호한다면, pulseInt 명령어가 이 일을 가장 간단하게 처리하지만 보다 효율적인 방법이 있다. www.benripley.com/diy/arduino/three-ways-to-read-a-pwmsignal-with-arduino/를 참조.

[Listing 5-15] 픽스호크 코드, 브러시드 DC 모터로 송신

```
/////////////////////// DECLARATION ///////////////////////
//                      Paste  the  header  here
//                           See  appendix

/////////////////// put your code here ///////////////////

/////////////////////// INITIALIZATION ///////////////////////

void setup(){

    hal.rcout->set_freq( 15, 50); //0xFF 0x0F->b'00001111'
    hal.rcout->enable_ch(0);
    hal.rcout->enable_ch(1);
    hal.rcout->enable_ch(2);
    hal.rcout->enable_ch(3);

}
/////////////////////// EXECUTION ///////////////////////

// HERE a sequence is written to each motor from 1 to 4
// (numbered 0 to 3 by programming convention) NOTE that this
// code abuses of the delay command, the correct action is to
// use the timer based on milliseconds or microseconds lapses or
// the real time, see the use of time section or the real time
// section to know how to to do it ALSO NOTE that a brushed
// motor does not operate at such high frequencies with
// respect to a BLDC, for this reason it is convenient to
// update the signal every 50 hz modifying the setup
// set_freq, in order to write to the motors every 20
```

```
// milliseconds, the delay given in this example is 500
// milliseconds so there is no problem in the execution and
// the DC motor should operate correctly

void loop(){
    hal.rcout->write(0,1000);
    hal.rcout->write(1,1000);
    hal.rcout->write(2,1000);
    hal.rcout->write(3,1000);

    hal.scheduler->delay(500);

    hal.rcout->write(0,1200);
    hal.rcout->write(1,1200);
    hal.rcout->write(2,1200);
    hal.rcout->write(3,1200);

    hal.scheduler->delay(500);

    hal.rcout->write(0,1500);
    hal.rcout->write(1,1700);
    hal.rcout->write(2,1300);
    hal.rcout->write(3,1100);

    hal.scheduler->delay(500);

    hal.rcout->write(0,1900);
    hal.rcout->write(1,1860);
    hal.rcout->write(2,1390);
    hal.rcout->write(3,1300);

    hal.scheduler->delay(500);
    hal.rcout->write(0,2000);
    hal.rcout->write(1,2000);
    hal.rcout->write(2,1000);
    hal.rcout->write(3,1000);

    hal.scheduler->delay(500);
```

```
}

AP_HAL_MAIN(); // Ardupilot function call
```

[Listing 5-16] 아두이노 코드, 브러시드 DC 모터로 전송

```
double chan[4];

void setup() {
    pinMode(2,INPUT);
    pinMode(3,INPUT);
    pinMode(4,INPUT);
    pinMode(5,INPUT);
    Serial.begin(9600);

}

void loop() {

// the RC PWM from the pixhawk motor ports is read
// command arduino pulseInt

 chan[0]=pulseIn(2,HIGH);
 chan[1]=pulseIn(3,HIGH);
 chan[2]=pulseIn(4,HIGH);
 chan[3]=pulseIn(5,HIGH);

 // once read, then is printed, but it can be scaled with a
 // mapping function so that the range 1000-2000 can be
 // translateby the arduino as -255 to 255
 // once done this, data can be sent to the required DC
 // brushed motors by connecting to the arduino a direction
 // pin (-1 or 1) and an speed pin (0 to 255), observe that
 // this establish a zero reference at 1500 RC from pixhawk
 // and 0 at arduino
 Serial.print(chan[0]);
 Serial.print(",");
```

```
Serial.print(chan[1]);
Serial.print(",");
Serial.print(chan[2]);
Serial.print(",");
Serial.println(chan[3]);
}
```

아두이노Arduino의 시리얼 플로터를 사용하면 [그림 5-15]와 같은 픽스호크가 전송하는 신호를 확인할 수 있다. 이러한 신호를 모터로 직접 전송하려면 필요한 전력계뿐만 아니라 해당하는 매핑이 있는지 반드시 확인해야 한다.

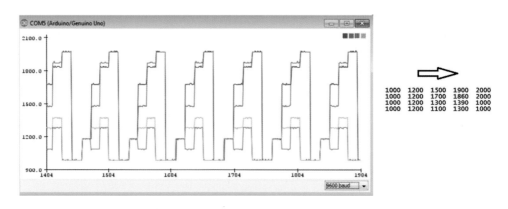

[그림 5-15] 픽스호크 오토파일럿에서 전송되고 아두이노에서 송신된 RC 출력 신호

다음의 코드는 부가적인 코드이다. 이 코드의 목적은 두 개의 픽스호크 PWM 신호를 아두이노로 연결된 두 개의 DC 모터로 전송하는 것이다. 예제에서는 아두이노-1Arduino-one과 L298 드라이버를 사용했다. 그러므로 각각의 모터는 픽스호크로부터 RC PWM을 수신하기 위해 한 개의 디지털 입력, 듀티 사이클 속도 신호용으로 한 개의 디지털 출력, 방향 신호를 송신하기 위해 두 개의 디지털 출력 핀이 필요하다.

아두이노-1에는 14개의 디지털 핀만 있고 각각의 모터를 위해 네 개의 디지털 핀이 필요하므로 최대 세 개의 DC 브러시드 모터가 있는 응용 프로그램에만 이 코드를 사용할 수 있다. [Listing 5-17] 참조.

[Listing 5-17] 아두이노 코드, DC 브러시드 모터로 송신

```
// 2 channel for reading PWM RC 1000-2000 from the pixhawk
   double cha[2];
// 2 outputs for DC brushed motors PWM duty cycle 0-255
   double mo[2];
// 2 ouputs for motor sign or spin direction
   double simo[2];

void setup() {

// pins to receive the signals generated in the RC output from
// the pixhawk
pinMode(2,INPUT);
pinMode(4,INPUT);

// available pins to generate PWM type duty cycle in Arduino-uno
// 3 5 6 9 10 11

// in this case for two motors we choose the pins 10 and 11
pinMode(10, OUTPUT);
pinMode(11, OUTPUT);

// the L298 needs in addition to the PWM, two signals for the
// direction of rotation of each motor

pinMode(5, OUTPUT);
pinMode(6, OUTPUT);
pinMode(7, OUTPUT);
pinMode(8, OUTPUT);

Serial.begin(9600);
}

void loop() {

// spin sense by default
simo[0]=0;
simo[1]=0;
```

```
// reading of the pixhawk connected to digital pins 2 and 4
cha[0]=pulseIn(2,HIGH);
cha[1]=pulseIn(4,HIGH);

// mapping of the pixhawk RC PWM 1000-2000 to the arduino dutyc
// cycle PWM -255 to 255 (the sign is separated later)
mo[0] = map(cha[0],1000, 2000, -255, 255);
mo[1] = map(cha[1],1000, 2000, -255, 255);

// here the sign is separated, if the value is positive it is
// sent 1, if it is negative stays at zero

if (mo[0]>=0)
{
    simo[0]=1;
}

if (mo[1]>=0)
{
    simo[1]=1;
}
// the absolute value is written to each motor
analogWrite(10, abs(mo[0]));
analogWrite(11, abs(mo[1]));

// the corresponding sign is written to each motor
// remember that the L298 requires two values, the original and
// the denied

digitalWrite(5,simo[0]);
digitalWrite(6,!simo[0]);

digitalWrite(7,simo[1]);
digitalWrite(8,!simo[1]);

}
```

연결부는 [그림 5-16]에 설명되어 있다.

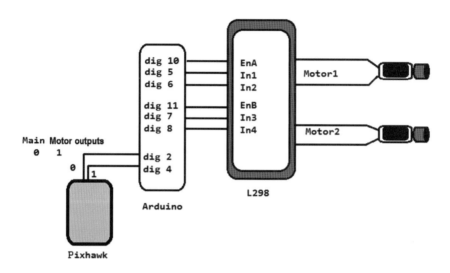

[그림 5-16] 픽스호크 오토파일럿에서 표준 DC 모터에 명령어를 전달하기 위한 해석 프로그램으로 사용된 아두이노

이 코드는 다음과 같은 방법으로 하드웨어 레벨과 소프트웨어 레벨 모두에서 향상될 수 있다.

- 사용하는 핀의 개수를 줄여 각각의 모터가 자릿수나 PWM 듀티 사이클을 위한 하나의 핀과 모터의 회전방향을 위해 하나의 핀만 사용하도록 한다.
- 아두이노의 레지스터나 인터럽트 기능을 사용한다.
- 각각의 모터에 소형의 아두이노를 브러시드 ESC처럼 사용한다.
- 아두이노 대신 마이크로 컨트롤러를 사용하여 RC에서 듀티 사이클로의 번역 과정을 향상시킨다.
- PPM 모듈레이터를 사용하여 아두이노에서 인터럽션을 읽는 수고를 줄인다.

☁ 자세한 정보는 다음 웹 사이트를 참조.

> - www.youtube.com/watch?v=63JmO4Mc8NM
> - https://github.com/xkam1x/Arduino-PWM-Reader
> - http://blog.solutions-cubed.com/using-radio-control-transmitters-for-motor-control/
> - www.instructables.com/id/Rc-Controller-for-Better-Control-Over-Arduino-Proj/
> - 스페인어로 된 유용한 텍스트: Esteban Joel Rabuffetti. "Diseño y construccion de un ROV para aplicacines de sensorizacion medioambiental."(환경 센서 응용 프로그램을 위한 ROV 설계 및 구축) www.hooked-on-rc-airplanes.com/brushed-vsbrushless-esc.html. 2016.

14 스테퍼 모터Stepper Motor

모터를 사용할 줄 안다고 해서 기체를 이용할 수 있다고 보장할 수 없다. 그렇게 하기 위해서는 다음의 절차를 완료해야 한다.

1. **모터의 용도** 이에 대해서는 이번 챕터에서 배울 것이다.

2. **제어 조정** 비록 다음 챕터에서 제어 조정의 기초에 대해서 배울 것이지만 적절한 조정은 프로젝트마다 다르다.

3. **배분 매트릭스의 정의** 1, 2단계에서 알 수 있듯이 적절한 선택은 프로젝트마다 다르다.

스테퍼 모터를 픽스호크와 아두파일럿 라이브러리와 함께 사용할 때는 이전 챕터에서 배운 논리와 비슷하게 적용된다. 회전 방향을 지시하는 것 외에 취해야 할 단계 수와 회전 속도라는 두 가지 매개 변수가 필요하다. 이 둘 모두 RC PWM 신호의 함수로 제공된다. 이같이 이러한 요건을 해석하는 아두이노 또는 다른 장치들을 사용하는 것이 편리하다.

스테퍼 모터를 픽스호크와 함께 사용하는 방법에는 두 가지 방법이 있다.

1. 속도는 일정하게 유지하고 PWM-RC 신호의 함수로 주어진 단계의 수를 변화시킨다. 이 경우, 스테퍼 모터는 위치가 제어되기 때문에 서보처럼 동작하게 된다.

2. 단계의 수(예를 들어, 전체 회전)는 일정하게 유지하고 PWM-RC 신호 함수로 실행 속도를 다르게 한다. 이 경우, 스테퍼 모터는 속도가 제어되기 때문에 BLDC 모터처럼 동작하게 된다.

이미 알아차렸을 수도 있지만 이는 BLDC로 전송하기 위한 픽스호크 표준 코드와 번역기처럼 작동하는 픽스호크에 연결된 개발보드의 코드, 총 두 개의 코드 파일을 필요로 한다.

❶ 개발보드(아두이노, 마이크로 컨트롤러 등)를 프로그래밍 하기 위해서는 다음의 프로젝트를 추천한다. http://chipkit.net/wiki/index.php?title=Driving_Steppers_from_RC_Reciever.

❷ 아두이노를 사용하여 필요한 구현을 수행했지만 더 이상 지원되지 않는 프로젝트: www.cunningturtle.com/wiki/index.php?title=Radio_Controlled_Stepper.

❸ 이해하기는 다소 복잡하지만 유용한 또 다른 프로젝트: http://chromatex.me/arduino-stepper-motor-wiring-diagram.html/easy-driver-hook-up-guide-learn-sparkfun-com-stunning-arduinostepper-motor-wiring-diagram/.

즉, 알고리즘과 코드를 다루고 싶지 않다면 RC 신호를 직접 변환하는 전자 모듈을 구입하여 스테퍼 모터에 전송할 수 있다. 이 경우, 아두파일럿 BLDC 송신 프로그램을 코딩하고, 해당 출력을 픽스호크에서 전자모듈로 연결하기만 하면된다. 예시는 www.pololu.com/product/3131에서 확인할 수 있다.

이 주제에 대해서 더 배우고 싶다면 웹사이트에서 "rc to stepper", "servo signal to stepper" 그리고 "rc to stepper Arduino"를 검색해 본다. Arduino라는 단어를 "microcontroller", "raspberry pi" 등으로 바꿔 검색해 보아도 된다.

15 서보 모터를 보조 작업에 사용

모터를 사용할 줄 안다고 해서 기체를 이용할 수 있다고 보장할 수 없다. 그렇게 하기 위해서는 다음의 절차를 완료해야 한다.

1. **모터의 용도** 이에 대해서는 이번 챕터에서 배울 것이다.

2. **제어 조정** 비록 다음 챕터에서 제어 조정의 기초에 대해서 배울 것 이지만 적절한 조정은 프로젝트마다 다르다.

3. **배분 매트릭스의 정의** 1,2단계에서 알 수 있듯이 적절한 선택은 프로젝트마다 다르다.

(1) **부품** 픽스호크, 배터리, BEC, 서보 모터

(2) **설명** 이 명령은 "BLDC로 송신" 장의 명령과 동일하지만, BLDC 모터는 490Hz를 송신 주파수로 사용하는 것과는 다르게 50Hz를 송신 주파수로 사용하며, 각 모터와 날개, 카메라의 안정장치의 추력을 리디렉션하기 위해 벡터화(벡터화에 관한 부록 참조)할 때 로봇 집게를 사용하여 물체를 집을 때 유용하다.

서보 모터가 위치를 조절하고 BLDC가 속도를 조절하지만 둘 다 대략 1000~2000 범위의 값을 가지는 같은 RC 타입의 PWM 신호를 허용한다. 이는 상업적 모델에 따라 약간 다를 수 있다. 픽스호크에는 6개의 부가적인 출력

이 있으며 이 출력은 서로 교환하여 사용할 수 있지만 서보 모터나 GPIO 포트의 보조 출력과는 동시에 사용할 수 없다. 서보 모터를 제어하는데 사용할 경우 해당 GPIO 핀(8부터 13까지)과 다른 숫자로 호출된다. [Listing 5-18] 참조.

♠ Implementation Tip

큰 코드 블록의 실행이 시스템에서 몇 밀리초밖에 걸리지 않는다는 점을 감안하면 서보 모터로 정보를 송신하는 것은 서보 모터가 타버리는 것으로 이어질 수도 있다. 그러므로 적당한 시간 간격을 두고 실행하는 것이 바람직하다. 지연을 사용해서 간단하게 테스트해 볼 수 있지만 이는 기능의 실행과 드론의 무결성을 위태롭게 만든다. 이 책의 시간관리 장을 참조하기 바란다.

서보 모터는 픽스호크의 보조 출력에 의해 주어지는 전력보다 더 많은 전력을 요구한다. 이 때문에 서보 모터와 오토파일럿 포트의 소모량을 모두 확인한 후 BEC를 사용할 수 있다. 이를 고려하지 않으면, 서보 모터가 단순히 움직이지 않거나 오토파일럿 포트가 타버릴 가능성이 있다.

BLDC 모터를 ESC와 서보에 있는 BEC와 동시에 사용할 때 문제가 발생하는 것을 피하기 위해서는 BEC를 사용하지 않고 픽스호크를 서보 모터에 연결하여 신호 출력과 픽스호크의 접지만 사용해야 한다.

⊞ [Listing 5-18] 서보 모터로 전송

```
//////////////////////// DECLARATION ////////////////////////
//                      Paste the header here
//                         See appendix

/////////////////// place ypur code here ///////////////////

//////////////////////// INITIALIZATION ////////////////////////

//
void setup(){

// add the following lines to the setup, they register the
// channels to be controlled remember that the main lines are
// numbered from 0 to 7
   hal.rcout->enable_ch(0);
   hal.rcout->enable_ch(1);

// the next line only sets the frequency of the main outputs
// the auxiliaries are not affected since they only support
```

```
// 50hz operation
// the 3 in binary is 0000 0011 that is to say the motors 1 and
// 2 numbered as 0 and 1 the servos can also be used in the
// main outputs by modifying the corresponding channels to 50,
// for example if we want to place a servo on the 3rd main
// channel seen as 0000 0100 we should place a second command
// set_freq with first argument equal to 4 and second equal to 50

    hal.rcout->set_freq( 3, 490);

// this line enables auxiliary output number 2
// the numbering of auxiliaries is from 8 to 13, ie aux1 to aux6
// remember that the auxiliary outputs do not require the set_
// freq, as in generala servomotor operates at 50hz
    hal.rcout->enable_ch(9);

// starting the two respective BLDCs and the servo
    hal.rcout->write(0,900);
    hal.rcout->write(1,900);
    hal.rcout->write(9,900);

    hal.scheduler->delay(1000);

}

////////////////////////// EXECUTION //////////////////////////

// HERE is written a sequence to each motor from 1 to 2
// (numbered 0 to 1 by programming convention) and to a servo
// motor connected to the auxiliary channel 2 numbered 9
// NOTE that this code abuses of the delay command, the correct
// action will be to use the timer based on millis or micros
// or the realtime scheduler, see the section about use of
// times or real time to know how to do it
// ALSO NOTE that a servomotor does not operate at such high
// frequencies with respect to a BLDC, for which it is
// convenient to update the signal every 50 hz modifying the
// setup in order to write to the motors every 20 milliseconds
```

```
// the delay given in this example is 1000 milliseconds so
// there is noproblem in the execution and the servo motor
// should not be damaged

void loop(){
   hal.rcout->write(0,1000);
   hal.rcout->write(1,1000);
   hal.rcout->write(9,2000);

   hal.scheduler->delay(1000);
   hal.rcout->write(0,1200);
   hal.rcout->write(1,1200);
   hal.rcout->write(9,1500);

   hal.scheduler->delay(1000);

   hal.rcout->write(0,1500);
   hal.rcout->write(1,1700);
   hal.rcout->write(9,1000);

   hal.scheduler->delay(1000);

   hal.rcout->write(0,1900);
   hal.rcout->write(1,1860);
   hal.rcout->write(9,1200);

   hal.scheduler->delay(1000);

   hal.rcout->write(0,2000);
   hal.rcout->write(1,2000);
   hal.rcout->write(9,1000);

   hal.scheduler->delay(1000);
}

AP_HAL_MAIN(); // Ardupilot function call
```

모니터된 신호는 [그림 5-17]에 그래프로 나타나 있다. 이전의 코드와 비교해 보라.

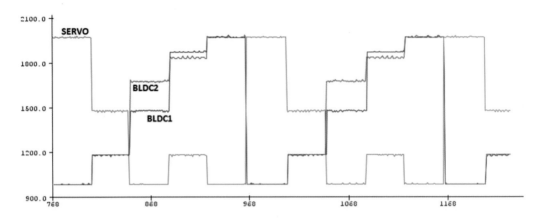

[그림 5-17] 픽스호크 오토파일럿 BLDC 및 서보 출력(메인 및 보조)을 표시하는 아두이노

16 아두이노 호환 모터 요약

다음 표에는 다양한 유형의 모터 사용에 대한 간략한 요약이 적혀있다.

[표 5-1] ArduPilot 및 Pixhawk 프로젝트의 명명법

모터의 종류	필요한 신호	필요한 코드	픽스호크에서 출력되는 신호	번역 기기에서 출력되는 신호
BLDC	RC 타입 PWM	픽스호크 코드	RC 타입 PWM	필요 없음
BDC 또는 표준	-일반적으로는 듀티사이클 타입 PWM, 때로는 RC형 PWM -회전 방향 신호	-픽스호크 코드 -아두이노, 라즈베리 파이, 마이크로 컨트롤러 등의 해석 프로그램 장치를 통해 RC형 PWM을 듀티사이클 타입 PWM로 변환하는 코드	-매핑 모드의 RC 타입 PWM -회전 방향을 위한 비 매핑 모드의 RC형 PWM, GPIO 신호	-매핑 모드의 듀티사이클 PWM과 회전 방향 -비 매핑 모드의 듀티사이클 PWM

206

모터의 종류	필요한 신호	필요한 코드	픽스호크에서 출력되는 신호	번역 기기에서 출력되는 신호
서보 모터	50Hz RC 타입 PWM	픽스호크 코드	50Hz RC 타입 PWM	필요 없음
스테퍼 모터	-일정한 속도의 펄스의 수 또는 일정한 펄스 수를 가진 속도 -회전 방향	-픽스호크 코드 -아두이노, 라즈베리 파이, 마이크로 컨트롤러 등의 해석 프로그램 장치를 통해 RC형 PWM을 펄스 수 또는 회전속도로 변환하는 코드	-매핑 모드의 RC 타입 PWM -회전방향을 위한 비 매핑 모드의 PWM RC, GPIO 신호	-매핑 모드 고정 또는 가변의 펄스 수 및 회전 방향 -비 매핑 모드 고정 또는 가변 펄스 수

17 데이터 사용 및 저장

- **부품** microSD 메모리, 메모리 카드 어댑터, Mission Planner

- **상세 설명** 이번 챕터에서 살펴볼 명령어는 오토파일럿의 SD 메모리에 데이터를 저장하게 해준다. 다음의 저장 순서를 확인하라.

  ❶ 패키지 데이터 타입 선언

  ❷ 헤더 선언(SD에 데이터를 저장하는 방법)

  ❸ 초기화

  ❹ 시퀀스 저장

선언 절차와 저장 순서에는 사용하는 명칭에 주의해야 한다. 명칭은 서로 달라야 하지만 관련성이 있어야 한다(예시 코드에서 볼 수 있듯이 글자를 바꾸거나 대문자와 소문자의 조합을 사용한다).

헤더 선언은 표준 C 또는 C^{++} 코드를 사용하지 않아 컴파일러가 오류를 감지할 수 없으므로 특히 주의해야 한다. 이 코드가 메인 프로그램(예: MainSD.pde)에 위치할 수 있지만 그 복잡성을 고려할 때 동일한 폴더 내의 보조파일(예: Data.pde)에 위치하는 것이 처리하기가 더 쉽다. [Listing 5-19]와 [5-20] 참조.

☁ Implementation Tip

데이터는 최대 13개의 패키지에 저장되며 주요 작업을 포화하거나 늦추는 것을 목표로 한다. (이 책과 함께 사용되는 픽스호크 및 아두파일럿 버전에서는 이 데이터 패키지 수가 잘 작동했다) 따라서 분리기를 보내는 것이 좋다. 그중에서도 데이터 패키지는 센서 판독 패키지, 제어 패키지, 무선 송신 패키지, 오류 패키지, 추가 데이터 패키지 등이 될 수 있다.

SD 카드를 제대로 배치하지 않은 경우 픽스호크를 사용할 수 없다. 컴퓨터로 데이터를 추출한 후 오토파일럿에 올바르게 배치해야 한다.

메모리로 전송되는 데이터와 데이터 타입을 항상 확인해야 한다. 컴파일러는 문제가 생겨도 경고를 표시하지 않는다. 오류가 있는지는 오직 비행할 때 알 수 있다. 이는 올바른 데이터를 전송하는 것이 사용자의 책임이기 때문에 발생한다. 무엇이든 저장할 수 있지만 그렇다고 그것이 올바르게 저장되어 있는 것은 아니다.

데이터 저장의 예시는 [Listing 5-19]에서 확인할 수 있다. 다음의 사항에 유의하여야 한다.

- The syntax is:

```
void WriteBlock(const void *pBuffer, uint16_t size);
```

☁ 자세한 내용은 다음 웹 사이트를 참조.

- https://github.com/ArduPilot/ardupilot/blob/master/libraries/DataFlash/DataFlash.h

[Listing 5-19] SD에 데이터 저장, MainSD.pde

```
///////////////////////// DECLARATION /////////////////////////
//                  Paste the header here
//                       See appendix
///////////////////// place your code here /////////////////////

////////////////////////// INITIALIZATION //////////////////////

void setup(){
    init_flash(); // invocation of the initialization function
                  // defined in Data.pde
}

////////////////////////// EXECUTION ///////////////////////////

void loop(){
    Save_data(); // auxiliary function defined furher in this
                 // program to store data
}

//                  Auxiliar function

static void Save_data(){
    Log_Write_Pose(); // function to save pose data defined in
                      // Data.pde
    Log_Write_Control(); // function to save control data
                         // defined in Data.pde
    Log_Write_Errors(); // function to save error data defined
                        // in Data.pde
}
AP_HAL_MAIN(); // Ardupilot function call
```

[Listing 5-20] SD에 데이터 저장, 보조 코드 Data.pde

```
// register definition, see arducopter.pde code
#define LOG_POSE_MSG 0x01
#define LOG_ERR_MSG 0x0C
#define LOG_CONTROL_MSG 0x05

// DATA PACKAGE DECLARATION
// Number of packages 3, Pose, Control and Error

static uint16_t log_num; //Dataflash

struct PACKED log_Pose{
    LOG_PACKET_HEADER;
    float    alt_barof;
    float    Roll;
    float    Pitch;
    float    Yaw;
    float    z_pos;
    float    vel_x;
    float    vel_y;
    float    vel_z;
    float    x_pos;
    float    y_pos;
    float    giroz;
    float    girox;
    float    giroy;
};

struct PACKED log_Control {
    LOG_PACKET_HEADER;
    float    time_ms;
    float    u_z;
    float    tau_theta;
    float    tau_phi;
    float    tau_psi;
```

```
    float    comodin_1;
    float    comodin_2;
    float    comodin_3; // data wildcards useful for whatever
    float    comodin_4; // you want to add
};

struct PACKED log_Errors {
    LOG_PACKET_HEADER;
    uint32_t    time_ms;
    float    error_x;
    float    error_y;
    float    error_z;
    float    voltaje;
    float    corriente;
    float    comodin_5;
    float    comodin_6;
    int    comodin_7;
    float    alt_des;
    float    x_des;
    float    y_des;
};

//              HEADER DECLARATION

static const struct LogStructure log_structure[] PROGMEM = {
        LOG_COMMON_STRUCTURES,
      {LOG_POSE_MSG, sizeof(log_Pose),
       "1", "fffffffffffff", "a_bar,ROLL,PITCH,YAW,
       Z_POS,V_X,V_Y,V_Z,X_POS,Y_POS,G_Z,G_X,G_Y"},
       { LOG_CONTROL_MSG, sizeof(log_Control),
       "2", "fffffffff", "T_MS,UZ,T_TH,T_PHI,T_PSI,TAUX,TAUY,
       S_PHI,S_PSI"},
       { LOG_ERR_MSG, sizeof(log_Errors),
       "3", "IfffffffIfff", "T_MS,E_X,E_Y,E_Z,VOLT,AMP,nav_z,
       nav_zp,con_alt,ZDES,XDES,YDES"},
};
```

```
// INITIALIZATION

static void init_flash() {
    DataFlash.Init(log_structure,sizeof(log_structure)/
    sizeof(log_structure[0]));
    if (DataFlash.NeedErase()) {
        DataFlash.EraseAll();
    }
    log_num=DataFlash.StartNewLog();
}
//   SAVING SEQUENCE DATA, BY PACKAGE, Pose, Control, Errors
// DATA TO THE RIGHT is assumed previously defined in the main
// cycle or auxiliary functions

static void Log_Write_Pose()
{
    struct log_Pose pkt = {
        LOG_PACKET_HEADER_INIT(LOG_POSE_MSG),
        alt_barof    : baro_alt,
        Roll         : ahrs.roll,
        Pitch        : ahrs.pitch,
        Yaw          : ahrs.yaw,
        z_pos        : pos.z,
        vel_x        : vel.x,
        vel_y        : vel.y,
        vel_z        : vel.z,
        x_pos        : pos.x,
        y_pos        : pos.y,
        giroz        : gyro.z,
        girox        : gyro.x,
        giroy        : gyro.y,
    };
    DataFlash.WriteBlock(&pkt, sizeof(pkt));
}

static void Log_Write_Control(){
```

```
    struct log_Control pkt = {
        LOG_PACKET_HEADER_INIT(LOG_CONTROL_MSG),
        time_ms         : (float)(hal.scheduler->millis()/1000),
        u_z             : ctrl.z,
        tau_theta       : (ctrl.x+c_pitch),
        tau_phi         : (ctrl.y+c_roll),
        tau_psi         : c_yaw,
        comodin_1          : 0,
        comodin_2          : 0,
        comodin_3       : 0,
        comodin_4       : 0,
    };
    DataFlash.WriteBlock(&pkt, sizeof(pkt));

}

static void Log_Write_Errors(){
    struct log_Errors pkt = {
        LOG_PACKET_HEADER_INIT(LOG_ERR_MSG),
        time_ms         : (hal.scheduler->millis()/100),
        error_x         : error.x,
        error_y         : error.y,
        error_z         : error.z,
        voltaje         : volt,
        corriente       : corriente_tot,
        comodin_5          : 0,
        comodin_6          : 0,
        comodin_7          : radio_throttle,
        alt_des         : ref.z,
        x_des           : ref.x,
        y_desv          : ref.y,
    };
    DataFlash.WriteBlock(&pkt, sizeof(pkt));
}
```

다음은 미션 플래너를 사용하여 데이터를 컴퓨터에 저장하는 방법과 동일한
인터페이스에서 데이터를 보는 방법에 대해서 알아본다.

> ⚠ 주의
>
> **두 경우 모두 오토파일럿에서 SD 카드를 제거하고 메모리 어댑터를 통해 읽어야 한다.**

18 Mission Planner GUI를 사용하여 SD 데이터 시각화

microSD 카드는 장치가 작동하는 동안 내비게이션 데이터를 저장하도록 프
로그래밍 할 수 있지만(이전 챕터 참조), 나중에 어떻게 이 데이터를 모니터링
이나 보고에 사용하는지가 의문이 생긴다. 이는 Mission Planner 인터페이스
로 해결할 수 있다. 정보를 얻기 위한 절차는 다음과 같다.

(1) 픽스호크에서 microSD 카드를 조심스럽게 제거한다. [그림 5-18] 참조.

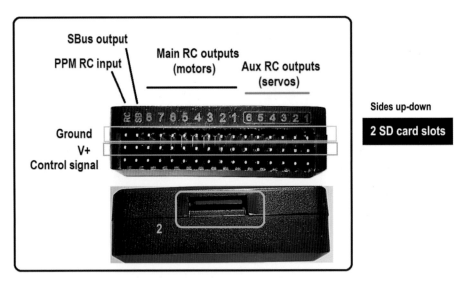

[그림 5-18] SD의 비행 데이터 시각화, 1번째 절차

(2) 데이터를 작업하려는 컴퓨터에 microSD 카드의 포트가 있거나 어댑터가 있는 경우 USB 메모리인 것처럼 해당 카드를 연결한다. APM 폴더와 그 안에 LOGS 폴더가 있는지 확인한다. [그림 5-19] 참조.

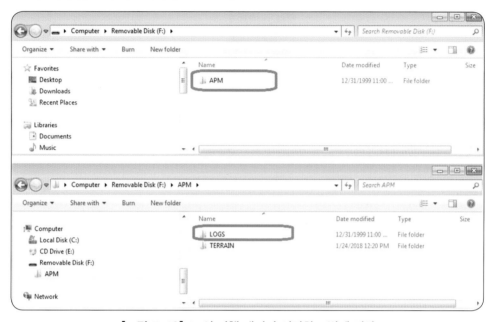

[그림 5-19] SD의 비행 데이터 시각화, 2번째 절차

(3) 저장하도록 프로그래밍한 모든 업데이트된 네비게이션 파일은 LOGS 폴더에 있다. 최신 파일을 찾으려면 LASTLOG 파일을 찾아본다. TXT(이 **예**에서는 lastlog는77이라는 파일임을 알려준다). [그림 5-20] 참조.

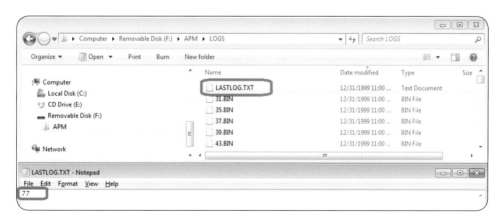

[그림 5-20] SD의 비행 데이터 시각화, 3번째 절차

(4) Mission Planner를 열고 Terminal 버튼을 클릭한다 (Connect 버튼은 절대 클릭하지 말아야 한다). [그림 5-21] 참조.

[그림 5-21] SD의 비행 데이터 시각화, 4번째 절차

(5) Log Download 버튼을 클릭한다. [그림 5-22] 참조.

[그림 5-22] SD의 비행 데이터 시각화, 5번째 절차

(6) [그림 5-23]에 보이는 메시지가 나타난다면, 무시하고 OK 버튼을 클릭한다.

[그림 5-23] SD의 비행 데이터 시각화, 6번째 절차

(7) 보조 창에서 Bin to log 버튼을 찾아 클릭한다(bin 형식은 작고, 네비게이션 정보를 포함하도록 독점적으로 설계되었다. 그러나 컴퓨터로 데이터를 추출하여 사용하기 위해서는 log 형식으로 디코딩해야 한다). **[그림 5-24]** 참조.

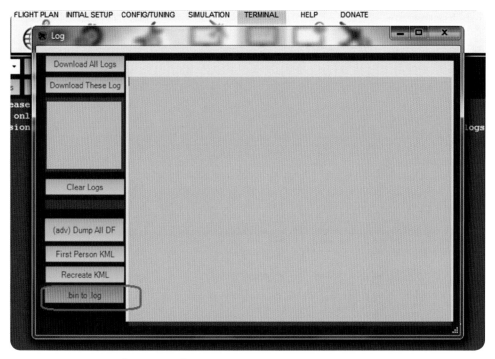

[그림 5-24] Mission Planner 로딩 커스텀 펌웨어

(8) 변환할 파일의 위치와 이름을 묻는 창이 나타날 것이다. 이 예에서는 APM/LOGS 폴더의 77 파일이다. 파일을 선택한 후 연다. [그림 5–25] 참조.

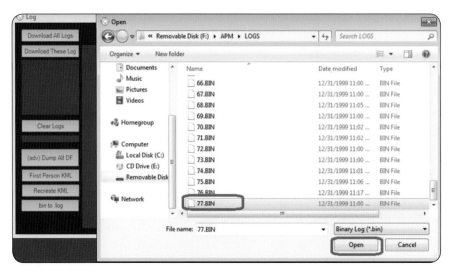

[그림 5–25] SD의 비행 데이터 시각화, 8번째 절차

(9) 다음 창에서 파일을 저장할 이름과 폴더를 지정한다(.log 파일은 이미 메모장, 스프레드시트, 방정식 편집기, 플롯 프로그램 등과 같은 편집기와 함께 사용할 수 있는 텍스트 파일임에 유의한다), [그림 5–26] 참조.

[그림 5–26] SD의 비행 데이터 시각화, 9번째 절차

(10) 마지막으로 모든 탭을 닫고 필요한 경우 Mission Planner도 닫는다. .log 파일을 찾아 내용을 확인한다. 이 예에서는 데스크탑에 compu77.log로 저장되었다.(텍스트 파일이기 때문에 사용하는 프로그램에 따라 확장자 .txt 또는 .dat로 저장하거나 이름을 바꿀 수 있다.) [그림 5-27] 참조.

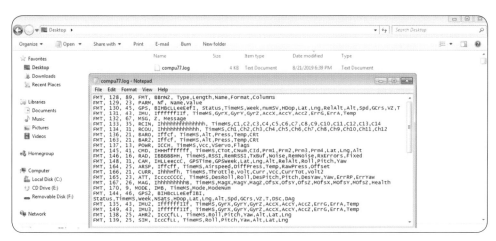

[그림 5-27] SD의 비행 데이터 시각화, 10번째 절차

(11) 스프레드시트 또는 방정식 편집기가 없거나, .log 파일에 저장된 데이터에 대한 바른 해석만 원하는 경우 다음 절차를 수행한다.

❶ Mission Planner를 연다. Terminal 탭으로 이동하여 log Brouse 버튼을 클릭한다. [그림 5-28] 참조.

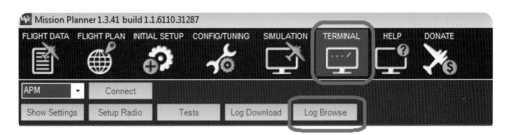

[그림 5-28] SD의 비행 데이터 시각화, 선택 절차 ❶

❷ .log 파일은 검색하고, 선택하고, 연다. [그림 5-29]를 참조한다.

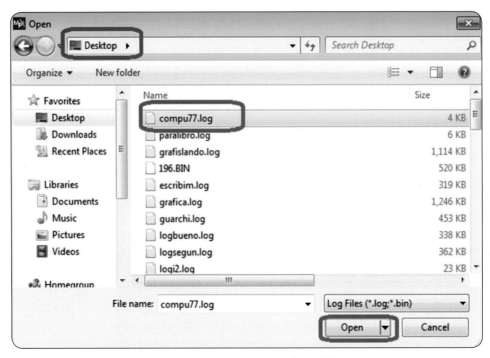

[그림 5-29] SD의 비행 데이터 시각화, 선택 절차 ❷

❸ [그림 5-30]에 나타난 것과 같은 창이 나타날 것이다. 원하는 데이터는 1부터 n까지의
번호가 매겨진 패키지 형태로 나타난다.(13개의 패키지까지는 잘 작동한다는 점을 기
억하라.)

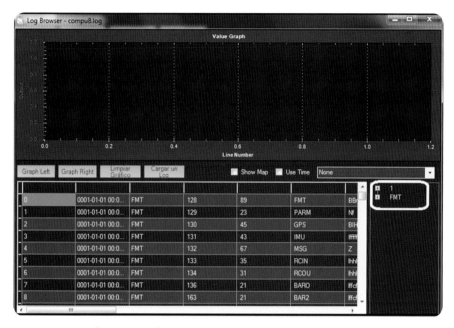

[그림 5-30] SD의 비행 데이터 시각화, 선택 절차 ❸

❹ 패키지 번호를 클릭하면 사용 가능한 데이터가 나타난다. [그림 5-31] 참조.

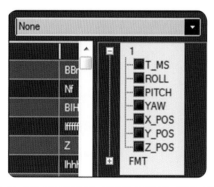

[그림 5-31] SD의 비행 데이터 시각화, 선택 절차 ❹

❺ 원하는 데이터를 선택하고 시각화한다. 그래프를 마우스 오른쪽 버튼으로 클릭하면 이미지 타입으로 저장할 수 있다. [그림 5-32] 참조.

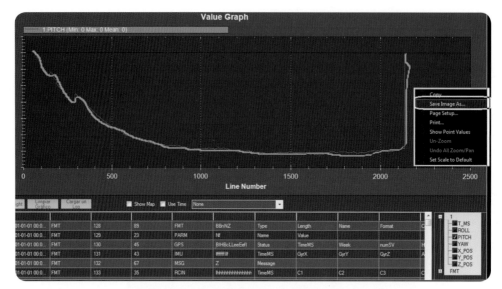

[그림 5-32] SD의 비행 데이터 시각화, 선택 절차 ❺

19 시간 관리

아두파일럿 라이브러리에서 시간을 사용하는 방법에는 다섯 가지가 있다. [표 5-2] 참조.

[표 5-2] 아두파일럿 라이브러리 시간 관리

타입	통상적인 아두파일럿 명령어	특징
Delay	`hal.scheduler->delay(time)`	시스템을 완전히 멈춘다.
시스템 시계	`hal.scheduler->millis()` `hal.scheduler->micros()`	어떤 움직임도 멈추지 않고 작동되기 때문에 시스템의 시계를 사용하며, 실시간의 기반이다.
비활성 주기	`for, while, do while, if`	delay의 근거가 되며 같은 단점이 있다.
Accumulator	`var = var+1`	어떤 프로세스도 멈추지 않지만, 한 프로세스가 막히면 accumulator 도 막힌다. 실시간의 또다른 기반이다.
실시간	스케줄러 순서	업무를 병행할 수 있게 하며 가장 강력한 시간 관리 방식이다.

1. **delay 사용(아날로그 형식의 알람 사용)** 이 경우 delay 기능을 통해 지연이 끝날 때까지 걸리는 시간을 설정할 수 있다. 이 시스템은 정한 시간만큼 완전히 비활성 상태로 남아있기 때문에 가장 권장되지 않는다. 일단 지연 시간이 끝나면 시스템은 정상적인 업무 수행으로 돌아간다. 일반적으로 지연은 물리적 작업이 실행될 수 있는 시간을 주기 위해 사용된다.(예를 들어, 명령이 모터에 연속적으로 전송될 경우 delay는 모터가 유연하게 반응할 수 있는 시간을 제공한다.) [Listing 5-21]을 참조.

[Listing 5-21]은 delay를 사용한 시간 관리의 예를 보여준다. 다음의 사항에 유의하여야 한다.

[Listing 5-21]은 delay를 사용한 시간 관리의 예를 보여준다. 다음의 사항에 유의하여야 한다.

- The syntax is:

```
void delay(unit16_t miliseconds);
void delay_microseconds(unit16_t microseconds);
```

☁ 자세한 내용은 다음 웹 사이트를 참조.

- https://github.com/ArduPilot/ardupilot/blob/master/libraries/AP_HAL/Scheduler.h

📖 [Listing 5-21] 밀리초와 마이크로초 단위의 딜레이를 사용한 시간 관리

```
///////////////////////// DECLARATION /////////////////////////
//                      Paste the header here
//                          See appendix

//////////////////// place your code here ////////////////////

///////////////////////// INITIALIZATION /////////////////////////

void setup(){
    // copy the basic setup see appendix
}
///////////////////////// EXECUTION /////////////////////////

// HERE the previous functions for reading orientations are used
// and each reading is separated in a period of 3000
// milliseconds or 3s note that the system does not do
// anything during that time only the data displaying

void loop(){
    ahrs.update();
    roll = ahrs.roll;
    pitch = ahrs.pitch;
    yaw = ahrs.yaw;
```

```
hal.console->printf("%f\t %f\t %f\t\n",roll,pitch,yaw);
hal.scheduler->delay(3000);

}

AP_HAL_MAIN(); // Ardupilot function call
```

2. **전역 측정기(시계 사용의 아날로그 방식) 사용** 이 경우 명령을 호출할 때까지 시스템을 켠 후 정확한 경과시간을 알 수 있다. 그 주요 기능 중 하나가 속도계산이며 이 방법은 accumulator와 함께 실시간의 기초가 된다. [Listing 5–22] 참조.

[Listing 5–22]에서는 시스템 시계를 사용한 시간 관리의 예를 보여준다. 다음의 사항에 유의하여야 한다.

- The syntax is:

```
vmillis( );
micros( );
```

☁ 자세한 내용은 다음 웹 사이트를 참조.

- http://ardupilot.org/dev/docs/learning-ardupilot-the-example-sketches.html

📖 **[Listing 5–22]** 시스템 시계를 사용한 시간 관리

```
/////////////////////////// DECLARATION ///////////////////////////
//                      Paste the header here
//                          See appendix

/////////////////// place your code here ///////////////////

// integers that contain time, their variable types are without
// sign because time is always positive and also of value 32
// which can reach a maximum value of 4,294,967,296 milliseconds,
// a type 16 could be used but it would be useful just one
```

```
// minute or approximately 65536 milliseconds

uint32_t timec, timecmod;

/////////////////////// INITIALIZATION ///////////////////////

void setup(){
    // copy the basic setup see appendix

}

/////////////////////// EXECUTION ///////////////////////

// HERE the previous functions for reading orientations are used
// and each reading is separated in a period of 3000
// milliseconds or 3s note that the system continues with
// its normal tasks and data display is done just when the
// global time module equals 3s

void loop(){

    timec=hal.scheduler->millis();
    timecmod=timec%3000;

    ahrs.update();
    roll = ahrs.roll;
    pitch = ahrs.pitch;
    yaw = ahrs.yaw;

    if(timecmod==0)
    {
        hal.console->printf("%f\t %f\t %f\t\n",roll,pitch,yaw);
    }

}

AP_HAL_MAIN(); // Ardupilot function call
```

3. **비활성 사이클 사용** 비활성 시간을 생성하기 위해 논리 구조 또는 순차 구조(for, if, where)의 조합을 사용한다. 딜레이의 기초이지만, 이벤트 카운트(예를 들어, 프로그램이 코드 라인을 통과한 횟수)에 의해 실행되기 때문에 필요없는 것은 아니다.

4. **accumulator(카운터의 아날로그 형식) 사용** accumulator라고 불리는 변수를 증가시키려면 이벤트 카운트를 수행해야 한다(**예**: 프로그램이 코드 라인을 통과한 횟수). 단점은 프로그램의 길이에 따라서(코드가 길수록 acumulator의 업데이트에 시간이 많이 걸린다.) 따라서 어떤 작업이 차단되면 accumulator도 차단된다. 이 방법은 전역 측정기와 함께 실시간의 기초가 된다.

5. **실시간 스케줄러(크로노미터의 아날로그 형식) 사용** 가장 강력한 시간 관리 방법 중 하나로 업무에 따라 순위를 매겨서 우선순위를 정한다. 그 중요성을 감안할 때 이 책의 다음 챕터에서 언급 될 것이다.

🔟 챕터 요약

이 챕터에서는 다음의 아두파일럿 라이브러리 고급 기능에 대해서 배웠다.

- 유무선 UART 직렬 통신
- 픽스호크 오토파일럿을 아두이노와 같은 다른 개발 카드와 연결하는 방법
- 코드를 최적화하는 방법
- 시간 관리하는 여려가지 방법
- 비행 데이터를 저장하고 사용하는 방법
- 오토파일럿과 함께 다양한 유형의 모터를 사용하는 방법

다음 챕터에서는 차량을 제어하는 방법, 그 중에서도 쿼드콥터를 제어하는 방법에 대해 배울 것이다. 이를 위해 이전에 봤던 명령들을 사용할 것이며, 다른 종류의 로봇도 유사한 방법으로 다룰 수 있도록 이러한 종류의 차량을 모델링하고 제어하는 기본적인 방법을 배울 것이다.

원활한 비행 모드를 통한 쿼드콥터 제어

이 챕터에서는 이전에 습득한 지식을 바탕으로 기체를 프로그래밍하는 방법에 대해서 배울 것이다. 또한 이론과 실제를 연결하는데 매우 유용한 자동 제어, 모델링 및 할당 행렬로 알려진 도구의 기본 원리에 대해서 배울 것이며, 이 모든 것은 구체적인 사용사례인 쿼드콥터와 함께 다뤄질 것이다. 이 챕터가 끝나면 다른 종류의 로봇 비행체와 함께 배운 기술을 사용할 수 있게 될 것이다.

먼저 픽스호크에 [Listing 6-1]의 코드를 로드한다. 이 코드는 리모컨의 신호를 전송하여 드론의 BLDC 모터에 분배한다.

[Listing 6-1] 원격제어 수신 및 조합하여 차량의 각 엔진에 송신

```
///////////////////////// DECLARATION /////////////////////////
//                  Paste the header here
//                     See appendix

///////////////////// place your code here /////////////////
// add or verify those lines

uint16_t radio[6];
float m1,m2,m3,m4;
int radio_roll, radio_pitch, radio_yaw, radio_throttle, aux_1,
aux_2;
```

```
/////////////////////////// INITIALIZATION ////////////////////////

void setup(){
// verify or add those lines
    hal.rcout->enable_ch(0);
    hal.rcout->enable_ch(1);
    hal.rcout->enable_ch(2);
    hal.rcout->enable_ch(3);
    hal.rcout->set_freq( 15, 490);
}
/////////////////////////// EXECUTION ////////////////////////////////

void loop(){

///// starting BLDC in zero

    hal.rcout->write(0,0);
    hal.rcout->write(1,0);
    hal.rcout->write(2,0);
    hal.rcout->write(3,0);

///// reading all the radio channels, radio must be in mode 2
///// or helicopter mode

    for (uint8_t i = 0; i < 6; i++)
        {radio[i] = hal.rcin->read(i);}

///// assignment of each channel
    radio_roll = (radio[0]-1500)/3;
    radio_pitch = (radio[1]-1510)/3;
    radio_throttle = radio[2];
    radio_yaw = (radio[3]-1510)/2;
    aux_1 = radio[4];
    aux_2 = radio[5];

///// values to write from
///// remote control to each engine through its corresponding
///// allocation matrix type X (see further sections), notice
```

```
///// the saturation to the engines so that they do not exceed
///// the minimum and maximun security values

    m1 = satu((radio_throttle-radio_roll+radio_pitch+
    radio_yaw),1700,1100);
    m2 = satu((radio_throttle+radio_roll-radio_pitch+
    radio_yaw),1700,1100);
    m3 = satu((radio_throttle+radio_roll+radio_pitchradio_
    yaw),1700,1100);
    m4 = satu((radio_throttle-radio_roll-radio_pitchradio_
    yaw),1700,1100);

// emergency stop using a two-position auxiliary lever,
// when the lever is on, it is written to each motor
// otherwise, the motors are switched off
    if (aux_1<1500)
    {
        hal.rcout->write(0,uint16_t(m1));
        hal.rcout->write(1,uint16_t(m2));
        hal.rcout->write(2,uint16_t(m3));
        hal.rcout->write(3,uint16_t(m4));
    }

    else
    {
        hal.rcout->write(0,900);
        hal.rcout->write(1,900);
        hal.rcout->write(2,900);
        hal.rcout->write(3,900);
    }

    hal.scheduler->delay(50);
}

//          Auxiliar functions

AP_HAL_MAIN(); // Ardupilot function call
```

```
///     saturation function

static float satu(float nu, float maxi, float mini){
    if(nu>=maxi) nu=maxi;
    else nu=nu;
    if(nu <= mini) nu=mini;
    else nu=nu;
    return nu;
}
```

> ❊ **Note**
>
> 모터에 RC PWM 신호를 보내는 임의적이지 않은 방법은 이 장의 후반에 다룰 할당 행렬이라
> 는 것을 사용한다.

[Listing 6-1]의 코드는 픽스호크 X 구성 타입의 변형에 해당한다. 이를 사용하려면 [그림 6-1]과 같이 모터가 오토파일럿에 제대로 연결되어 있는지의 여부와 회전방향을 확인해야 한다.

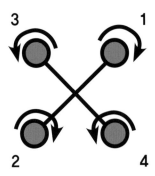

[그림 6-1] 픽스호크 X 변형 타입의 모터 구성

코드 로딩이 끝나면 원격제어 레버의 방향이 올바른지 확인한다. 이를 위해 쿼드콥터형 드론을 조립하고 프로펠러가 없는 상태에서 드론을 손에 올려 다음 사항을 점검한다(할당 행렬 섹션 참조).

오로지 스로틀만 바꿔봄으로써 모든 모터는 서로 비슷한 방식으로 속도를 변경해야 한다(모든 모터가 거의 동일한 속도를 가져야한). [그림 6-2] 참조.

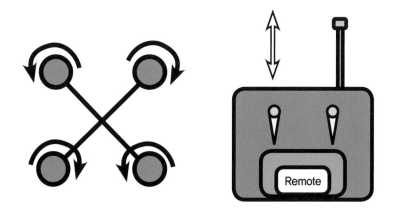

[그림 6-2] 스로틀 레버 조작 시 모터 변화

요 레버를 한 방향으로 움직일 때는 반대 방향으로 회전하는 모터(대각선)보다 두 개의 모터가 더 빨리 움직여야 한다. 요 레버를 다른 방향으로 움직일 때 회전방향이 반대인 모터는 첫 번째 모터에 비해 더 빨리 회전해야 한다. [그림 6-3] 참조.

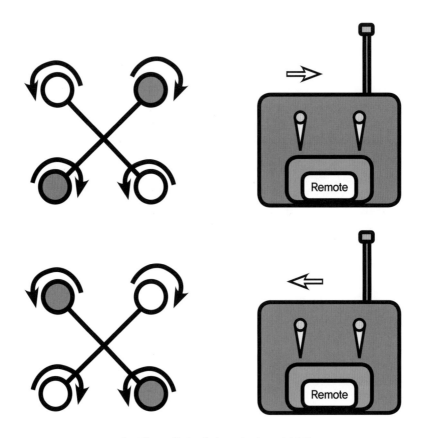

[그림 6-3] 요 레버 조작 시 모터 변화

X와 Y(롤과 피치)에서 전진 레버를 움직일 때 두 개의 모터가 반대편(후면 vs 정면, 왼쪽 vs 오른쪽)을 제어한다는 것을 알아두어야 한다. 레버를 오른쪽으로 움직이고자 할 때 그림에 표시된 것과 반대되는 방향으로 움직인다면 명령이 반전되어 관련 채널의 부호를 변경해야 한다. [그림 6-4] 참조.

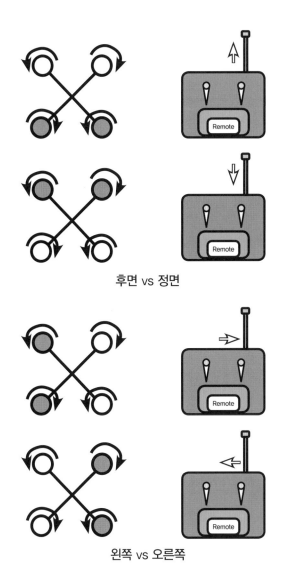

후면 vs 정면

왼쪽 vs 오른쪽

[그림 6-4] 롤과 피치 레버 조작 시 모터 변화

이전의 단계로 리모컨을 보정했다. 이제 각 BLDC의 시작 값을 찾아야 한다.

❶ 에어로펜듈럼aeropendulum (유간 질량이 BLDC 모터인 고체 진자)을 조립한다.
http://aeropendulum.arizona.edu/를 참조하여 설계 한다.

❷ 모터에서 진자 중심까지의 거리는 쿼드콥터의 팔의 길이와 같아야 한다.

❸ 추가된 중량은 조립된 드론 무게(모터 포함)의 1/4과 같아야한다.

❹ 키보드를 사용하여 모터를 테스트하기 위한 코드 파일 중 하나를 로드한다.(아두이노가 있는 파일 또는 이전에 설명한 픽스호크가 있는 파일)

❺ 각 모터가 회전하기 시작할 대 도달한 값과 진자를 올리는데 필요한 값을 기록한다.
(구체적으로 말하면, 움직임이 없는 범위에서 PWM 단위를 하나씩 증가시키고, 어느 단위를 들기 시작했는지 기록한다.) 이 값을 모터가 회전하기 위해 시작하는 값(대부분 모터의 경우 약 1100)과 혼동하지 말아야 한다. 그러나 각 모터에 대해 두 값을 모두 등록하는 것이 가장 좋다.

이 순간 모터에 보낼 코드는 두 그룹의 값을 가지고 있다. 나중에 원격 제어와 관련된 값(사용자의 수동 개입 포함)과 드론이 최소한 이륙할 수 있도록 보장하는 최소 리프팅 값을 사용하여 반자동 작동을 개발할 수 있다.

다음으로 다른 중요한 값인 자동 제어를 제공하는 자세 제어, 고도 및 평면 위치를 설계할 것이다.

1 멀티콥터의 기본 모델링

이 챕터는 간소화 되었지만 드론과 일반적인 차량을 프로그래밍하는 데 필수적인 역할을 하기 때문에 적절한 수학적 지식이 없다면 **"할당 행렬"** 챕터를 읽어라.

1. **참조 프레임** 이 첫 번째 단계에는 참조된 소스에 따라 다중 입자 모델링을 수행하기 위한 세 가지 기준 프레임(베이스, 월드, 참조된 소스에 따라 글로벌 또는 관성 프레임)을 식별한다.

드론의 움직임에 대해 글로벌 레퍼런스를 사용하는데 방의 중심, 특정한 코너, 착륙 플랫폼 등이 될 수 있다.

동체, 근접, 기동, 기체 또는 비 관성 계통은 참조된 소스에 따라 달라진다. 근접 참조 계통은 일반적으로 기체 무게 중심의 대략적인 위치에 놓인다. 로컬 프레임을 정하기 위한 몇 가지 기준은 [표 6-1]에 나타나 있다.

[표 6-1] 일반적인 동체 구조 선택 기준

동체 구조를 둘 위치 선택	기준
기하학적 중심	기체가 반지름 대칭이 높고 중량이 반지름 중심과 다소 균형을 이룰 때 사용한다.
질량 중심	이 센터는 바퀴달린 로봇과 함께 사용하는 것이 일반적이다. 적당한 속도 변화에 따라 기체의 모양이나 관성이 바뀔 때 사용한다.(예 느리게 4중 보행하는 로봇)
무게 중심	급격한 속도변화(예 롤러코스터 자동차 또는 곡예 쿼드롭터)로 기체의 형태나 관성이 바뀔 때 사용한다.
부양 중심	수상 기체에 이용한다.
압력 중심	공기 역학적 변화가 심한 기체나 물체(예 난류 조건의 물체 또는 항공기)에 사용한다.
기준점	땅이나 무거운 하중에 고정된 로봇 팔의 밑부분처럼 고정된 몸체에 사용한다.

추진, 프로펠러, 모터 또는 엔진 프레임은 각 프로펠러 또는 모터의 추력과 토크를 설명하는 기준 프레임이다. 모든 기체에는 추진 프레임이 있다는 점에 유의해야 한다. 바퀴 달린 로봇의 경우 바퀴 프레임이라고 한다.

모든 프레임은 다음과 같은 방식으로 연관되어 있다. [그림 6-5] 참조.

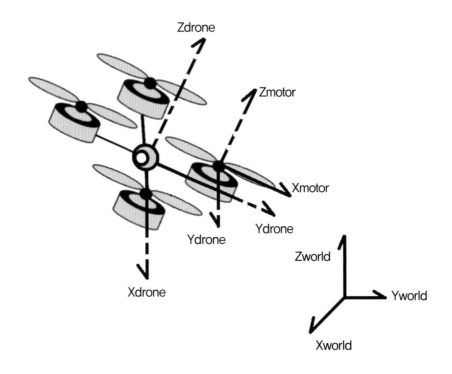

[그림 6-5] 쿼드콥터 좌표 프레임

추진 프레임은 각 프로펠러의 추력과 토크가 그에 상응하는 영향이 무게 중심에 전달 되면서 어떤 영향을 미치는지 나타낸다.

모든 모터의 동등한 동적 영향이 전달되면 동체 구조는 기체가 전체적으로 이동하면서 기본 프레임과 극적으로 연관된다.

2. **추진 행렬** 할당 행렬, 믹서, 또는 속도(기체 분석 센터의 속도와 관련된 작동기의 속도) 사이의 행렬 관계라고도 한다. 추진 행렬은 중력 중심(또는 다른 중심)과 프로펠러와 모터(트리콥터, 옥토콥터 등) 사이의 동적 연결을 설정한다. 할당 행렬은 의도적인 힘과 모멘트들(3차원 데카르트의 공간에는 세 개의 힘과 세 개의 토크만 존재 한다는 것을 기억해야 한다.)과 개별적으로 모터에 보내지는 것 사이에 관계를 정립하기 위해 사용된다. 그러므로 차체 프레임에서 분석을 수행한다.

추진 행렬의 중요성을 더 잘 이해하기 위해 다음의 수치를 분석해 볼 것이다. [그림 6-6]에서 중심 추력에 프로펠러 반지름에 따른 중심 토크가 더해지면서 각 블레이드의 추력이 프로펠러의 중앙으로 어떻게 이동하는지에 유의하여야 한다.

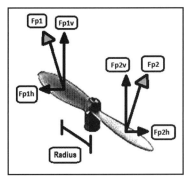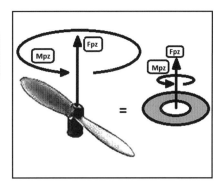

[그림 6-6] 프로펠러에서의 힘과 모멘트

각 프로펠러가 드론의 중심을 향해 가는 과정을 반복해보자. 각 프로펠러의 추력과 토크는 기체 중앙에서 추력력과 비틀림 쌍 3개로 작동한다는 점에 유의해야 한다. 또한 X와 Y의 힘이 0과 같다는 점(비슷하게, 프로펠러와 기체의 균형이 잘 맞아야 하며 이러한 효과가 상호 취소 되어야 한다는 점을 고려할 때의 동일한 축의 토크)에 유의해야 한다. [그림 6-7] 참조.

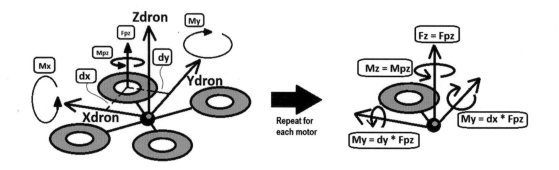

[그림 6-7] 멀티콥터에서의 몸체의 힘과 모멘트

이 그래픽 추정을 행렬로 표현하면 다음과 같다.

$$\begin{bmatrix} F_x \\ F_y \\ F_z \\ \tau_x \\ \tau_y \\ \tau_z \end{bmatrix} = \begin{bmatrix} F_x \\ F_y \\ F_z \\ \tau_\phi \\ \tau_\theta \\ \tau_\psi \end{bmatrix} = P_{6xn} \begin{bmatrix} m_1 \\ m_2 \\ m_3 \\ \vdots \\ m_n \end{bmatrix}_{nx1}$$

m은 각 모터의 속도를 나타낸다. 추력력과 모터의 토크가 속도에 비례한다는 것에 유의해야 한다.

할당 행렬은 시스템 제어기의 이론적 설계와 작업의 실제 실행 사이를 연결한다. 일단 토크와 힘이 드론이나 기체의 중심부로 변환되면 다음 작동을 수행하여 각 모터를 프로그래밍 할 수 있다.

$$\begin{bmatrix} m_1 \\ m_2 \\ m_3 \\ \vdots \\ m_n \end{bmatrix}_{nx1} = P^{-1} \begin{bmatrix} F_x \\ F_y \\ F_z \\ \tau_x \\ \tau_y \\ \tau_z \end{bmatrix}$$

여기서 네 가지 문제점을 알 수 있다.

1. 가장 중요한 문제는 모터와 중력 중심과의 상호작용은 고려되지만 모터 자체끼리의 상호작용은 고려되지 않는다는 것이다.(지상 효과, 소용돌이, 흡입 등). 이것은 대부분 설계할 때 무시되거나 최소화된다. 그러나 이 책에서는 이 문제는 전문화된 설계나 공격적인 작업이나 물체 근처에서 행해지는 작업에서 고려되고 탐구되어야 한다고 가정할 것이다.

2. 모터가 데카르트의 이동성 정도보다 많거나 적을 경우 컴퓨터 최적화 및 의사 역행렬 문제가 발생한다. 쿼드콥터의 경우 이러한 문제는 나중에 제어 설계 장에서 볼수 있듯이 롤과 피치 각도의 안정화가 XY 평면 안정화에 의존하게 되는 작업 의존성을 만들어서 훌륭하게 해결할 수 있다. 하지만 가능한 동작 4가지와 6개의 모터만을 가진 헥사콥터의 경우에는 이는 계산상의 문제로 바뀐다.

3. 본 챕터의 해당 부록에 기술된 것과 같은 벡터화 방법을 사용할 때 추진 행렬은 일정하지 않은 값을 가지며, 특히 모터 자체에 의존하는 값을 갖는다. 이것은 할당 행렬이 영구적으로 재계산될 것을 요구한다.

4. 일부 기체의 모터, 특히 항공기의 모터에서는 양수 작동 값만 인정하지만, 힘과 동일한 추진 행렬을 가진 제품은 대개 음수 및 양수 값을 다 가지므로 변환 값이라고도 하는 바이어스 값으로 작업을 진행해야 한다.

B 지점과 ,XY 평면 작업과 롤과 피치 사이의 상호 의존성에 따르면 쿼드콥터형 드론의 글로벌 추진 방정식은 다음과 같다(특정 버전은 다음 항에서 정의된다).

$$
\begin{bmatrix}
F_z \\
\tau_\phi \\
\tau_\theta \\
\tau_\psi
\end{bmatrix}
= P_{4x4}
\begin{bmatrix}
m_1 \\
m_2 \\
m_3 \\
m_4
\end{bmatrix}
$$

몸체 프레임에 추력과 비틀림 모멘트가 세 개 있을 뿐이기 때문에 앞 단락에서 언급된 것 또한 일리가 있다. 이렇게 하면 XY 평면에서 다른 두 개의 추력은 롤, 피치, 요 토크에 의존한다.

> **✿ Note**
>
> 모든 이동식 로봇 시스템은 할당, 추진 또는 믹서의 행렬을 가지고 있다. 임펠러의 종류가 유일하게 변하는 요인이다. 그러나 이 행렬은 항상 임펠러를 기체에서 원하는 지점(중량, 중력, 기하학, 플로팅 등)과 연관시킨다.

할당 행렬의 계산은 다음의 요인들에 의해 영향을 받는다.

1. 모터의 기하학적 형상 구성(즉, 드론의 기준 중심에 위치한 좌표 프레임에 대해서 모터를 배치하는 방식)

2. 드론의 기준 중심부에 있는 좌표 프레임의 위치. 이 경우 방향뿐만 아니라 각 축의 명칭을 정의하는 것이 매우 중요하다.

3. 모터의 수 할당

4. 모터의 회전 방향

5. 자세 각도의 양의 회전 방향(오른손 또는 왼손의 규칙을 따르거나 단순히 시계 방향 또는 시계 반대 방향 회전으로 양의 회전 방향을 정한다.)

6. 기체의 대칭

이제 단순화된 +형 쿼드콥터에서 추진 행렬을 얻는 방법에 대한 예를 살펴볼 것이다. 이 예는 쿼드콥터의 대부분이 x형이기 때문에 단순화되었다. x형 드론으로 이 예를 반복하거나 참고문헌에 있는 Quan Quan 책을 참고한다.

■ **1단계** 기체의 대칭성을 설정한다. 이는 동체 구조 배치 방법과 더불어 모터가 특정 움직임에 어떤 영향을 미치는지에 영향을 준다. 이것은 IMU 센서의 요 각도에 있는 기준 영점 또는 다른 모델에서의 나침반의 북쪽을 나타내는 오토파일럿의 가이드 마크를 기반으로 수행된다. [그림 6-8] 참조.

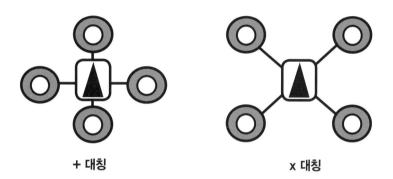

+ 대칭   x 대칭

오토파일럿 기준 라벨

[그림 6-8] 추진 또는 할당 행렬을 얻기 위한 과정 1단계

■ **2단계** 각 모터에 번호를 부여한다. 이는 모터가 오토파일럿에 연결되는 방식에도 영향을 미친다. [그림 6-9] 참조.

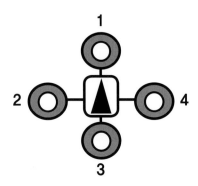

[그림 6-9] 추진 또는 할당 행렬을 얻기 위한 과정 2단계

■ **3단계** 모터의 회전방향을 선택한다. 자동 회전 기술을 만들어 낼 것이 아니라면 드론의 모터의 절반은 시계 방향으로, 나머지 절반은 시계 반대 방향으로 회전해야 한다는 점에 유의해야 한다(홀수 개의 모터가 장착된 기체를 다룰 때는 모터 중 하나를 벡터라이저로 사용한다. 추력 벡터링에 대한 부록을 참조한다). 일반적으로 이를 달성하는 방법은 여러 가지가 있지만 가장 일반적인 방법은 대각선 순서[그림 6-10]이다. 어떤 모터가 일정한 회전 방향을 가져야 하는가에 대한 효율성 연구가 있다. 실험을 해 보아도 좋지만 이 예에서와 어느 정도 표준화를 위해 [그림 6-10]에 나타난 회전방향을 선택할 것이다.

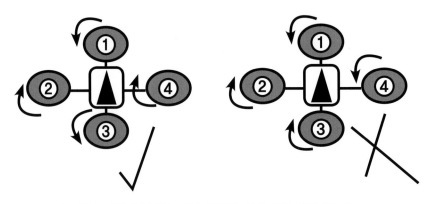

[그림 6-10] 추진 또는 할당 행렬을 얻기 위한 과정 3단계

■ **4단계** 기하학적 구성을 선택한다. 이 경우 팔을 기체 중심과 동일한 거리에 놓고 사각 각도(0도 및 90도)를 사용하여 기체 중심과 동일한 높이에 놓는다. 심하게 불균일한 거리와 심하게 다른 각도 또는 상당히 다른 높이는 추진 행렬을 많이 변화시킨다. 그렇기는 하지만 별로 차이가 나지 않는 경우에는 기체의 작동에 영향을 미치지 않는다. [그림 6-11] 참조.

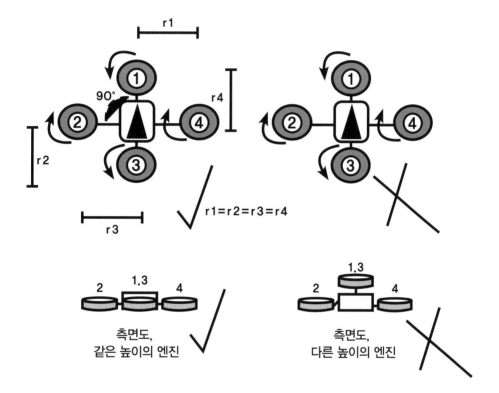

[그림 6-11] 추진 또는 할당 행렬을 얻기 위한 과정 4단계

■ **5단계** 드론의 좌표 프레임(본체 프레임)을 놓고 축에 라벨을 붙인다. 이는 기체의 이동 및 제어 설계에 영향을 미친다. 리모컨 레버의 테스트 결과에 따라 선택이 달라진다. [그림 6-12] 참조.

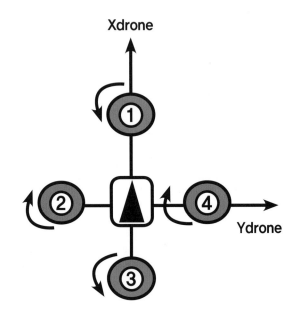

Zdrone 축이 독자 쪽을 가리킨다.

[그림 6-12] 추진 또는 할당 행렬을 얻기 위한 과정 5단계

- **6단계** 회전 프레임과 회전 방향을 연관시킨다. 이 예제에서는 피치를 드론의 X축과, 롤을 Y축과, 요를 Z축과 연결한다. 평면 축 X와 Y의 회전방향은 기체가 기울어졌을 때 축의 양의 영역을 향해 이동하는 방향이다.

Z축의 회전 방향은 자유지만, 대개 오른손 법칙을 택한다.(오른쪽 엄지손가락을 원하는 지점의 축과 같은 방향으로 향하도록 한다. 나머지 손가락들이 닫힌 주먹으로 가리키는 방향은 양의 회전 방향이다.)

이전 단계가 기체의 이동과 제어에 영향을 미치듯이 이 역시 리모컨의 레버 테스트에 따라 달라진다. 따라서 레버가 원하는 움직임에 반대되는 경우 반드시 제안된 회전 방향을 수정해야 한다. 전방향 기체의 설계에 따라 제안된 상황이 변경된다는 점과 오른손의 규칙에 따라 모든 회전축을 선택하는 것이 편리하다는 점에 유의해야 한다. [그림 6-13] 참조.

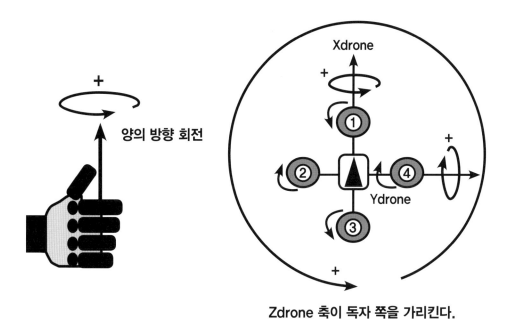

[그림 6-13] 추진 또는 할당 행렬을 얻기 위한 과정 6단계

■ **7단계** 다음의 질문에 답한다.

1. 드론의 X축에 직접 변위를 제공하는 모터는?

이 경우, Fx = 0이므로 없다. 균형이 잘 잡힘으로써 각 프로펠러는 수직력과 비틀림 모멘트만 전달하기 때문이다. 또한 기체의 균형이 잘 잡혔다고 가정할 수 있는데, 이는 기체의 전체 중량이 자동 조종 기준 표시가 있는 기하학적 중심에 집중되어 있고 팔의 길이가 동일하다는 것을 의미한다. [**그림 6-14**] 참조.

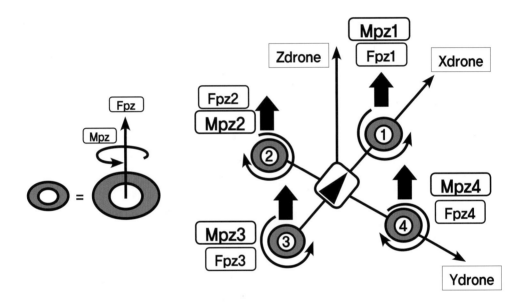

[**그림 6-14**] 추진 또는 할당 행렬을 얻기 위한 과정 7.1단계와 7.2단계

2. 드론의 Y축에 직접 변위를 제공하는 모터는?

없다. Fy = 0. 왜냐하면 균형이 잘 잡힘으로써 각 프로펠러는 수직력과 비틀림 모멘트만 전달하기 때문이다. 또한 기체의 균형이 잘 잡혔다고 가정할 수 있는데, 이는 전체 질량이 항공기의 중심과 오토파일럿의 기준 표시에 집중되어 있으며, 팔의 길이가 같다는 것을 의미한다. [그림 6-14] 참조.

3. 드론의 Z축에 직접 변위를 제공하는 모터는?

이 경우 모든 모터가 해당되며, $F_z = \omega_1 + \omega_2 + \omega_3 + \omega_4$ 이다. [그림 6-15] 참조.

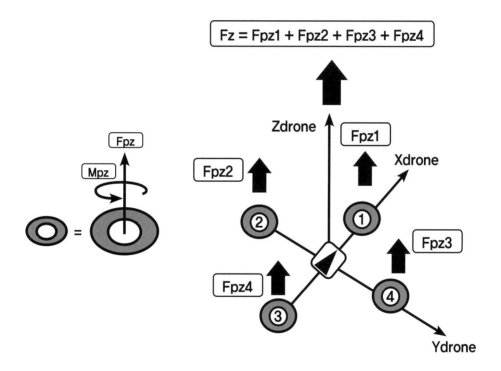

[그림 6-15] 추진 또는 할당 행렬을 얻기 위한 과정 7.3단계

4. 어느 모터가 드론의 X축을 기울여서 양의 Y축을 따라 기울어지도록 하는가?(Y의 변위는 이 형식의 기체에 대해 드론의 X축 기울기에 의해 간접적으로 발생한다는 점에 유의한다.)

w2를 증가시키고 w4를 감소시키는 모터. 이것은 $\tau_x = \omega_2 - \omega_4 .$ 를 의미한다. [그림 6-16] 참조.

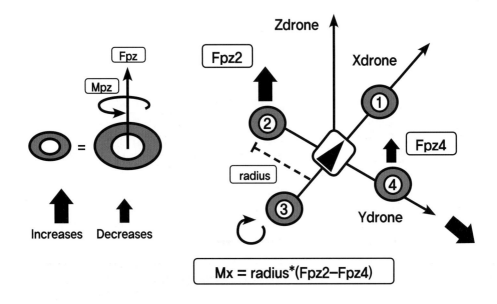

[그림 6-16] 추진 또는 할당 행렬을 얻기 위한 과정 7.4단계

5. 어느 모터가 드론의 Y축을 기율여서 양의 X축을 따라 기울어지도록 하는가?(X의 변위는 이 형식의 기체에 대해 드론의 Y축 기울기에 의해 간접적으로 발생한다는 점에 유의한다.) [그림 6–17] 참조.

w3을 증가시키고 w1을 감소시키는 모터. 이것은 $\tau_y = \omega_3 - \omega_1$. 을 의미한다. [그림 6–17] 참조.

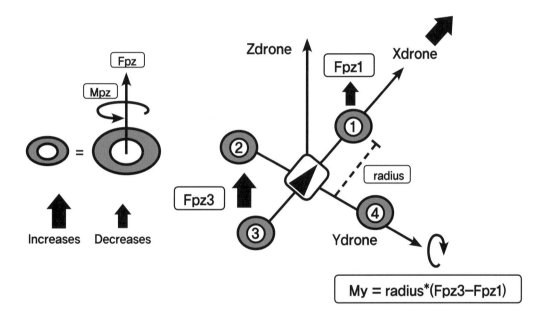

[그림 6–17] 추진 또는 할당 행렬을 얻기 위한 과정 7.5단계

6. 드론의 Z축을 요의 양의 방향으로 회전하게 하는 모터는?

w1과 w3을 증가시키고 w2와 w4는 감소시켜 $\tau_z = \omega_1 + \omega_3 - \omega_2 - \omega_4$. 가 되게 하는 모터. [그림 6-18] 참조.

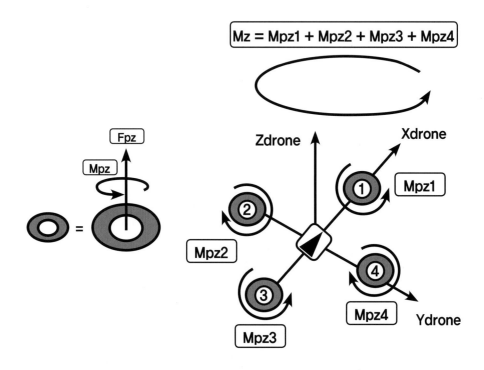

[그림 6-18] 추진 또는 할당 행렬을 얻기 위한 과정 7.6단계

원격 제어 테스트에서 레버와 이 동작을 반대로 할 경우 변경된 축의 신호도 역순으로 표시해야 한다는 점을 기억해야 한다.

■ **8단계** 얻은 방정식을 행렬 형식으로 그룹화 한다.

$$F_x = 0$$
$$F_y = 0$$
$$F_z = \omega_1 + \omega_2 + \omega_3 + \omega_4$$
$$\tau_x = \omega_2 - \omega_4$$
$$\tau_y = \omega_3 - \omega_1$$
$$\tau_z = \omega_1 + \omega_3 - \omega_2 - \omega_4$$

$$
\begin{bmatrix} F_x \\ F_y \\ F_z \\ \tau_x \\ \tau_y \\ \tau_z \end{bmatrix}
=
\begin{bmatrix}
0 & 0 & 0 & 0 \\
0 & 0 & 0 & 0 \\
1 & 1 & 1 & 1 \\
0 & 1 & 0 & -1 \\
-1 & 0 & 1 & 0 \\
1 & -1 & 1 & -1
\end{bmatrix}
\begin{bmatrix} \omega_1 \\ \omega_2 \\ \omega_3 \\ \omega_4 \end{bmatrix}
$$

단순화하면 다음과 같이 된다.

$$
\begin{bmatrix} F_z \\ \tau_x \\ \tau_y \\ \tau_z \end{bmatrix}
= P_{4x4}
\begin{bmatrix} m_1 \\ m_2 \\ m_3 \\ m_4 \end{bmatrix}
=
\begin{bmatrix}
1 & 1 & 1 & 1 \\
0 & 1 & 0 & -1 \\
-1 & 0 & 1 & 0 \\
1 & -1 & 1 & -1
\end{bmatrix}
\begin{bmatrix} \omega_1 \\ \omega_2 \\ \omega_3 \\ \omega_4 \end{bmatrix}
$$

할당 행렬을 올바르게 선택하는 것이 중요하다는 점을 기억하기 위해 앞의 예에서 모터에 번호를 매기는 방법은 4가지, 모터의 회전방향을 선택하는 방법은 2가지, 양의 XYZ축을 선택하는 방법은 24가지, 그리고 항공기의 양의 축 회전 방법에는 6가지가 있다는 점을 유념해야 한다.

이런 식으로 결합 이론에 의해 이러한 유형의 드론에 대해서만 할당 행렬을 선택할 수 있는 몇 가지 방법이 있고 그 중 하나만 옳은 방법이다. 만약 틀린 선택을 하게 된다면, 그 기체는 부정확하거나 심지어 재앙적인 행동을 하게 될 것이다.

2 동축 모터 분석을 포함한 바이콥터

바이콥터 또는 PVTOL^{Planar Vertical Takeoff and Landing}은 수직의 Z축과 수평의 Y
축만을 따라 이동하도록 설계된 드론이다. 실제 바이콥터는 모든 3차원에서
움질일 수 있지만 X축에서 앞뒤로 전진하는 것을 막기 위해 같은 축을 공유하
지만 반대방향으로 회전하는 커플링 모터로 판매되는 동축 모터로 다음의 예
를 분석해볼 것이다. [그림 6-19] 참조.

$$\omega_2 = -\omega_3$$
$$\omega_1 = -\omega_4$$

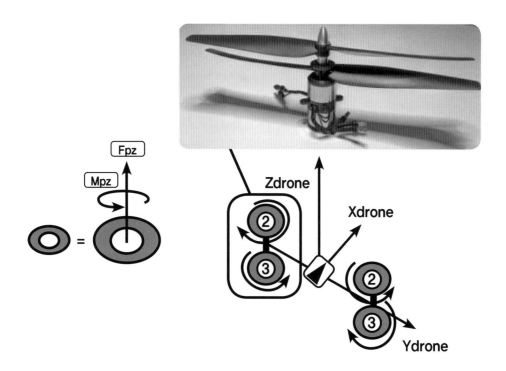

[그림 6-19] 동축 바이콥터의 할당 행렬을 얻기 위한 참조

이렇게 하면 회전 반대방향으로 인해 토크는 상쇄되고 추력은 중첩된다. 이러한 기준과 기체의 양쪽에 모터가 하나씩 있는 것처럼 분석을 적용하면 다음과 같은 결과를 얻는다.

$$
\begin{aligned}
F_x &= 0 \\
F_y &= 0 \\
F_z &= 2(\omega_2 + \omega_4) \\
\tau_x &= 2(\omega_2 - \omega_4) \\
\tau_y &= 0 \\
\tau_z &= 0
\end{aligned}
$$

X의 토크는 드론의 X축에 필요한 기울기이기 때문에 드론의 양의 Y축으로 전진한다는 것을 기억해야 한다. 이 경우 모터 2의 속도를 높이고 모터 4의 속도를 줄임으로써 이를 달성할 수 있다. 드론의 Y축에는 직접적인 변위가 없으며 이는 드론을 X축에 기울여야만 가능하다.

방정식을 행렬 형태로 그룹화하고 승수 2를 생략함으로써 다음과 같은 결과를 얻는다.

$$
\begin{bmatrix} F_x \\ F_y \\ F_z \\ \tau_x \\ \tau_y \\ \tau_z \end{bmatrix} = \begin{bmatrix} 0 & 0 \\ 0 & 0 \\ 1 & 1 \\ 1 & -1 \\ 0 & 0 \\ 0 & 0 \end{bmatrix} \begin{bmatrix} \omega_2 \\ \omega_4 \end{bmatrix}
$$

단순화 하면 결과는 다음과 같다.

$$
\begin{bmatrix} F_z \\ \tau_x \end{bmatrix} = \begin{bmatrix} 1 & 1 \\ 1 & -1 \end{bmatrix} \begin{bmatrix} \omega_2 \\ \omega_4 \end{bmatrix}
$$

$$\begin{bmatrix} \omega_3 \\ \omega_1 \end{bmatrix} = \begin{bmatrix} -\omega_2 \\ -\omega_4 \end{bmatrix}$$

임을 기억해야 한다.

따라서 동축 기체의 경우 두 가지의 할당 행렬이 있다. 즉, 자동차의 중심에 관한 모터의 영향과 관련된 작용의 할당 행렬과 카피모터를 다루며 원치 않는 자기 회전 효과를 만회하기 위해 사용되는 반대 행렬이 있다.

힘과 모멘트는 크기가 중첩되지만 이는 제어기로 조정할 수 있는 단순한 스케일링 요인이기 때문에 생략된다.

기체 중심부의 제어 분석은 모터의 절반만 사용하여 이루어졌다는 점에 유의해야 한다. 이는 카피모터(이 경우 1과 3)가 액션모터(이 경우 2와 4)와 멀리 떨어져 있지 않은 경우에만 가능하다.

추진 또는 할당 행렬의 작용 부분은 차동 바퀴형 로봇과 유사하다는 점에 유의해야 한다.

동축 계통의 카피모터가 없으면 드론의 X축에 대한 토크 외에 모터 2의 속도를 높이고 모터 4의 속도를 줄이면 Z축에도 토크가 붙는다. [그림 6-20] 참조.

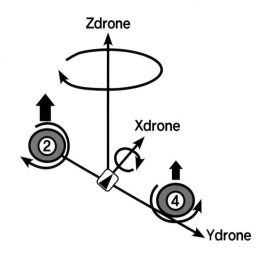

[그림 6-20] 비동축 바이콥터의 할당 행렬을 얻기 위한 참조

그러므로 다른 시스템을 가지게 된다.(드론의 Z축에 대한 오른손 회전 법칙을 떠올려라.)

$$\begin{bmatrix} F_z \\ \tau_x \\ \tau_z \end{bmatrix} = \begin{bmatrix} 1 & 1 \\ 1 & -1 \\ -1 & 1 \end{bmatrix} \begin{bmatrix} \omega_2 \\ \omega_4 \end{bmatrix}$$

이것은 의사역행렬 문제를 의미하며 따라서 더 복잡한 계산 최적화 문제를 의미한다. 엔진이 더 많고 독립적인 동작이 4개밖에 되지 않는 헥사콥터와 달리, 이 경우에는 실현 가능한 동작(그 중 2개만이 독립적인 동작으로 사용할 수 있다.)보다 모터가 적어서 로봇이 미숙하게 작동하는 문제가 발생한다.

픽스호크가 권장하는 X형 멀티로터의 추진 행렬은 [그림 6-21]과 같다. 픽스호크 개발자들은 다음과 같은 쿼드콥터를 권장한다(모터 번호와 그들의 회전 방향 및 오토파일럿과의 연결에 주목한다).

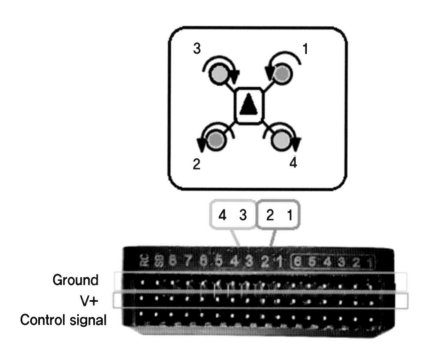

Ground
V+
Control signal

[그림 6-21] 픽스호크 X 타입 쿼드콥터의 할당 행렬을 얻기 위한 참조

4개 모터의 작용이 모든 축에 관여하고 전력은 +구성(이 +구성을 한 번 더 살펴봐서 두 개의 모터만 어떤 동작에서 어떻게 작동하는지 관찰해 본다.)보다 조금 더 균일하게 분배되기 때문에 X구성이 더 바람직하다는 점에 유의해야 한다.

표시된 이동 기준(원격 제어 레버와의 호환성에 의해 설정됨)에 따라 이 드론과 관련된 추진 또는 할당 행렬을 스스로 추론할 수 있다. [그림 6-22] 참조.

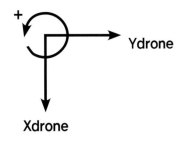

[그림 6-22] 양의 방향으로의 진전에 대한 참조(사용자에 따라 다를 수 있음)

앞서 언급한 할당 행렬은 다음과 같다(2번에서 2의 제곱근 조건은 각 팔과 각 사인 및 코사인 적용에 대한 약 45도 각도의 결과):

$$\begin{bmatrix} F_z \\ \tau_x \\ \tau_y \\ \tau_z \end{bmatrix} = \begin{bmatrix} 1 & 1 & 1 & 1 \\ \dfrac{-\sqrt{2}}{2} & \dfrac{\sqrt{2}}{2} & \dfrac{\sqrt{2}}{2} & \dfrac{-\sqrt{2}}{2} \\ \dfrac{\sqrt{2}}{2} & \dfrac{-\sqrt{2}}{2} & \dfrac{\sqrt{2}}{2} & \dfrac{-\sqrt{2}}{2} \\ 1 & 1 & -1 & -1 \end{bmatrix} \begin{bmatrix} \omega_1 \\ \omega_2 \\ \omega_3 \\ \omega_4 \end{bmatrix}$$

예를 들어 3번 모터의 경우 [그림 6-23] 참조.

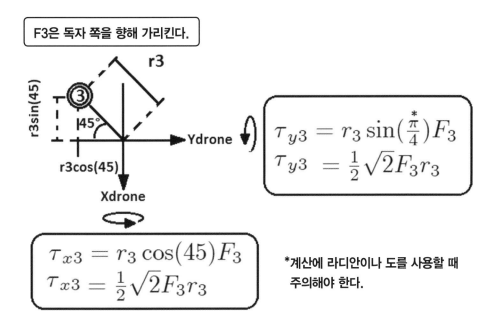

F3은 독자 쪽을 향해 가리킨다.

$$\tau_{y3} = r_3 \sin\left(\frac{\overset{*}{\pi}}{4}\right)F_3$$
$$\tau_{y3} = \frac{1}{2}\sqrt{2}F_3 r_3$$

$$\tau_{x3} = r_3 \cos(45)F_3$$
$$\tau_{x3} = \frac{1}{2}\sqrt{2}F_3 r_3$$

*계산에 라디안이나 도를 사용할 때 주의해야 한다.

[그림 6-23] 할당 행렬 추론을 위한 기하학적 설명

토크와 추력은 모터 속도의 일부라는 것에 유의해야 한다. 또한 팔의 길이와 관련된 방사형 용어도 정규화 된다(다른 팔의 대칭에 의해 값 1로 간주되며 제어에 의해 극복될 수 있는 값이기 때문에 계산에 끌어들일 필요가 없다).

또한 모터 속도와 프로펠러의 추진력 사이의 비례상수가 정규화 된다는 점에 유의해야 한다. 이것은 사실상 비례상수가 모든 방정식의 상수이기 때문에 발생한다. 그러나 관심 있는 독자로서 비례상수를 계산하거나 추정하기 위해 좀 더 공식적인 방법을 수행해야 한다.

$$F_3 \approx \kappa\omega_3 \quad \kappa \approx 1 \quad r_3 \approx 1$$

$$\tau_{x3} \approx \frac{\sqrt{2}}{2}\omega_3 \quad \tau_{y3} \approx \frac{\sqrt{2}}{2}\omega_3$$

이 과정은 각 모터에 대해 반복해야 하며 결과는 사실상 각 모터의 구성요소의 합에 해당한다는 점을 기억해야 한다.

정규화는 프로그래밍과 제어에서 매우 흔한 과정이다. 이는 주어진 값의 부호를 얻는 것으로 구성되는데, 1, −1 또는 0으로 변형되며, 주어진 값이 일정하고 높은 대칭을 나타내거나 방정식의 시스템에서 많이 사용되는 조건에서만 수행된다. 이렇게 하면 조정기가 존재에 대한 사전 지식 없이 그것을 흡수할 수 있다고 가정할 수 있다. 연이은 계산 중에 시간이 많이 걸리는 항을 줄여 단순하게 만드는 것이 정규화의 목적이다.

규모를 정규화 한다.(항상 할 수는 없지만, 이 예에서는 근삿값이 방정식의 많은 항에 나타났고, $\sqrt{2}/2$가 약 0.707로 1로 반올림이 되어 1에 근사하는 값을 얻음으로써 대칭에 의해 그리고 제어효과로 인해 수행되었다. 제어효과에 대해서는 나중에 살펴볼 것이다.)

$$\begin{bmatrix} F_z \\ \tau_x \\ \tau_y \\ \tau_z \end{bmatrix} = \begin{bmatrix} 1 & 1 & 1 & 1 \\ -1 & 1 & 1 & -1 \\ 1 & -1 & 1 & -1 \\ 1 & 1 & -1 & -1 \end{bmatrix} \begin{bmatrix} \omega_1 \\ \omega_2 \\ \omega_3 \\ \omega_4 \end{bmatrix}$$

이러한 방식으로 각 모터에 반드시 적용되어야 하는 믹서는 다음과 같다.(규모는 생략되었다는 점에 유의해야 한다. 믹서는 수학적으로 부호 함수를 적용하는 것과 동일하다.)

$$\begin{bmatrix} \omega_1 \\ \omega_2 \\ \omega_3 \\ \omega_4 \end{bmatrix} = signum\left(\begin{bmatrix} 1 & 1 & 1 & 1 \\ -1 & 1 & 1 & -1 \\ 1 & -1 & 1 & -1 \\ 1 & 1 & -1 & -1 \end{bmatrix}^{-1} \begin{bmatrix} F_z \\ \tau_x \\ \tau_y \\ \tau_z \end{bmatrix} \right)$$

행렬로 만들면 다음과 같다.

$$
\begin{bmatrix} \omega_1 \\ \omega_2 \\ \omega_3 \\ \omega_4 \end{bmatrix} = \begin{bmatrix} 1 & -1 & 1 & 1 \\ 1 & 1 & -1 & 1 \\ 1 & 1 & 1 & -1 \\ 1 & -1 & -1 & -1 \end{bmatrix} \begin{bmatrix} F_z \\ \tau_x \\ \tau_y \\ \tau_z \end{bmatrix}
$$

0이 아닌 요 변동이 발생하거나 원하는 경우에 대한 추진 행렬과 평면 다중 입자의 일반적인 경우

$$
\begin{bmatrix} \omega_1 \\ \omega_2 \\ \omega_3 \\ \omega_4 \end{bmatrix} = \begin{bmatrix} -\tau_x + \tau_y + \tau_z + F_z \\ \tau_x - \tau_y + \tau_z + F_z \\ \tau_x + \tau_y - \tau_z + F_z \\ -\tau_x - \tau_y - \tau_z + F_z \end{bmatrix}
$$

이제 드론이 직선으로 가고자 하지만 바람이 드론을 직선으로 가지 못하게 막는 경우라고 가정해보자. [그림 6-24] 참조.

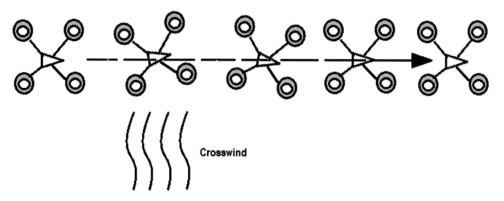

Crosswind

[그림 6-24] 요 변수가 할당 행렬 또는 제어 구성 요소를 수정하는 문제

두 가지의 옵션이 있다.

1. 이미 살펴본 것과 같이 기본 할당 행렬을 사용할 수 있지만 각 토크에 도입되는 투영 항과 함께 사용하면 제어 입증에 유용하다.

$$\boxed{\begin{bmatrix} F_z \\ \tau_\phi \\ \tau_\theta \\ \tau_\psi \end{bmatrix}} = P_{4x4} \begin{bmatrix} m_1 \\ m_2 \\ m_3 \\ m_4 \end{bmatrix}$$

$$\begin{bmatrix} F_z \\ \tau_\phi \sin\psi - \tau_\theta \cos\psi \\ \tau_\phi \cos\psi + \tau_\theta \sin\psi \\ \tau_\psi \end{bmatrix} = P_{4x4} \begin{bmatrix} m_1 \\ m_2 \\ m_3 \\ m_4 \end{bmatrix}$$

2. 일정한 추진 행렬을 사용하는 대신 측정된 요 각도에 의존하고 다음의 형식을 사용하는 일반 버전을 사용할 수 있다. [그림 6-25] 참조.

$$\begin{bmatrix} F_z \\ \tau_\phi \\ \tau_\theta \\ \tau_\psi \end{bmatrix} = \boxed{P(\psi)_{4x4}} \begin{bmatrix} m_1 \\ m_2 \\ m_3 \\ m_4 \end{bmatrix}$$

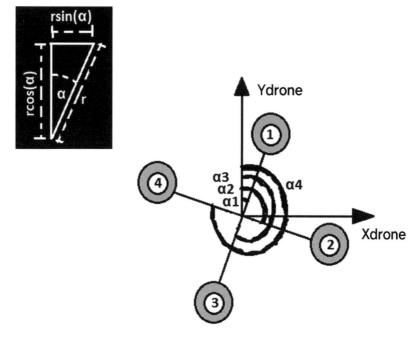

[그림 6-25] 각 팔에 대한 각도가 할당 행렬 구성 요소에 미치는 영향

$$\begin{bmatrix} F_z \\ \tau_x \\ \tau_y \\ \tau_z \end{bmatrix} = \begin{bmatrix} 1 & 1 & 1 & 1 \\ A_y r_1 \cos(\alpha_1) & A_y r_2 \cos(\alpha_2) & A_y r_3 \cos(\alpha_3) & A_y r_4 \cos(\alpha_4) \\ A_x r_1 \sin(\alpha_1) & A_x r_2 \sin(\alpha_2) & A_x r_3 \sin(\alpha_3) & A_x r_4 \sin(\alpha_4) \\ R_h & R_h & R_h & R_h \end{bmatrix} \begin{bmatrix} \omega_1 \\ \omega_2 \\ \omega_3 \\ \omega_4 \end{bmatrix}_*$$

[표 6-2] 참조.

[표 6-2] 요에 의존하는 할당 행렬에서 할당 조건 및 가능한 값

조건	값
모터가 오른손 법칙으로 회전한다.	Rh = 1 (Rh는 오른손을 의미한다)
모터가 오른손 법칙과 반대로 회전한다.	Rh = −1
모터가 양의 Y축으로 전진하기 위해서는 속도를 증가시켜야 한다.	Ay = 1 (Ay는 'Y축 방향으로'라는 의미이다.)
모터가 양의 Y축으로 전진하기 위해서는 속도를 감소시켜야 한다.	Ay = −1
모터가 양의 X축으로 전진하기 위해서는 속도를 증가시켜야 한다.	Ax = 1 (Ax는 'X축 방향으로'라는 의미이다.)
모터가 양의 X축으로 전진하기 위해서는 속도를 감소시켜야 한다.	Ax = −1

* 인덱스의 올바른 사용은 Ay1, Ay2에서 Ayn까지이다. 같은 원리가 Ax와 Rh에도 적용된다. 변수는 모든 모터에 적용되기 때문에 다른 색인을 과도하게 사용하면 가독성을 잃게 된다. 또한 X라고 불린 축과 Y라고 불린 축에 따라 투영이 달라질 수 있다는 점에 유의해야 한다.

이 예에서는 모터 1과 3만 오른손 규칙에 따라 회전한다고 가정한다. 대칭이 되도록 반지름을 1로 정규화하고 다음의 대칭 쿼드콥터의 각도의 정의를 사용한다.

$$\alpha_1 = \psi$$
$$\alpha_2 = \psi + 90$$
$$\alpha_3 = \psi + 180$$
$$\alpha_4 = \psi + 270$$

이렇게 하면 표시된 조건과 값을 대체함으로써 일반적인 방정식이 다음과 같이 된다(드론의 기준 축을 정의하는 방법에 따라 삼각형 항이 달라진다는 것을 기억해야 한다).

$$
\begin{bmatrix} F_z \\ \tau_x \\ \tau_y \\ \tau_z \end{bmatrix} = \begin{bmatrix} 1 & 1 & 1 & 1 \\ -\cos(\psi) & \cos(\psi+90) & \cos(\psi+180) & -\cos(\psi+270) \\ -\sin(\psi) & -\sin(\psi+90) & \sin(\psi+180) & \sin(\psi+270) \\ 1 & -1 & 1 & -1 \end{bmatrix} \begin{bmatrix} \omega_1 \\ \omega_2 \\ \omega_3 \\ \omega_4 \end{bmatrix}_{**}
$$

** 모터가 속도를 증가시켜야 하는 시기와 속도를 감소시켜야 하는 시기를 정하기 위해, 즉 Ax와 Ay를 요 각도의 함수 및 요의 기준 값으로 정하기 위해 사분면 논리(아마 아크탄젠트 함수)를 확립할 필요가 있다는 점에 유의해야 한다. 그러나 이 부분은 선택이 비행체의 한 사분면(약 90도)에 걸친 이동에 유효하기에 여기서 생략되었는데, 이 이동범위를 넘어서지 않으려는 경우에만 유용하다.

수학적으로는 동등하지만 제어의 투영에 기반하는 첫 번째 형태는 벡터의 값이 업데이트되기 때문에 효율이 더 높은 반면, 두 번째 형태에서는 행렬을 연속적으로 업데이트해야 하고 역행렬과 같은 까다로운 행렬 연산을 수행해야 한다. 이는 또한 단일 행렬 또는 무한 값을 얻을 수 있다.

그러나 이것이 멀티콥터의 할당 행렬의 조건을 계산하는 일반적인 방법이기 때문에 이 책에서는 두 번째 방법에 대해서 배운다(참조 섹션의 Quan Quan 책 참조).

3 속도의 운동학적 관계

여기서 운동학적 이동에 제한을 부과하고 글로벌 프레임과 로컬 프레임을 직접적으로 상호 연관시킨다. 이러한 방정식은 이전의 방정식이며 동적 방정식을 찾을 필요가 있다.

가장 먼저 어떤 각도가 어떤 평면 축과 관련될 것인가에 대한 규약을 확립해야 한다. 이 경우 추친 행렬로(Y축의 세타각 또는 피치, X축의 파이각 또는 롤)부터의 규약을 준수해야 한다.

두 번째는 오일러 각도에 대한 시퀀스를 설정하는 것이다. 이 경우 ZYX를 제시된 순서로 사용하여 어느 정도 표준화를 갖도록 한다. 단 사용자에게 맞는 것으로 자유롭게 선택할 수 있다(이것은 방정식에 영향을 미치고 이 책에 나와 있는 결과는 사용자가 선택한 모델에 맞게 수정되어야 한다는 것을 잊지 말아야 한다).

$$R = R_{z_\psi} R_{x_\phi} R_{y_\theta}$$

$$R = \begin{bmatrix} c\psi\,c\theta - s\phi s\psi\,s\theta & -c\phi s\psi & c\psi\,s\theta + s\phi s\psi\,c\theta \\ s\psi\,c\theta + s\phi c\psi\,s\theta & c\phi c\psi & s\psi\,s\theta - s\phi c\psi\,c\theta \\ -c\phi s\theta & s\phi & c\phi c\theta \end{bmatrix}$$

선형대수학 책이나 관련 웹페이지에서 회전 행렬 및 회전 순서에 관한 주제를 참고한다. 또한 표기법 $c*$, $s*$, $t*$ 등은 로봇 분야에서 각각 $\cos(*)$, $\sin(*)$, $\tan(*)$의 약어라는 것에 유의한다. 이렇게 하면 변환 속도 사이의 관계는 간단해진다.

$$\begin{bmatrix} \dot{x} \\ \dot{y} \\ \dot{z} \end{bmatrix} = R \begin{bmatrix} \dot{x}_b \\ \dot{y}_b \\ \dot{z}_b \end{bmatrix}$$

> **⚠ 주의**
>
> 구한 R 행렬을 나중에 드론 프레임과 전역 프레임의 추력 힘 사이의 관계를 설정하는 데에도 유용하게 사용된다.

일단 프레임과 변환 속도 사이의 관계를 확립하고 나면, 각 속도 사이의 관계를 정해야 한다. 이는 오일러 각도에 의한 강체의 3차원 운동학을 이용하여 행해진다(참조문헌 섹션의 Beer와 J의 Dynamics 참조). 또한 이는 유사 속도 관계라고도 하며 기하학적으로 벡터 계승에 의해, 그리고 평균 속도 행렬 속성에 의해 얻을 수 있다. 웹에 오일러 각도 기울기 속도를 검색해보는 것도 좋다.

오일러 각도가 정해져 있는 순서가 양쪽 운동 관계를 규정하기 때문에 자신의 관례를 따를 때는 주의해야 한다. 실제로 기하학적 연산을 사용하지 않고 분석적 연산을 사용하여 운동 관계를 찾으려면 다음과 같은 방정식이 필요하다(병진 운동학적 관계를 위한 회전 행렬에 따라 달라진다).

$$\dot{R} = \frac{dR}{dt} = \omega \times R = \hat{\omega}R = \begin{bmatrix} 0 & -\omega_{zB} & \omega_{yB} \\ \omega_{zB} & 0 & -\omega_{xB} \\ -\omega_{yB} & \omega_{xB} & \end{bmatrix} R$$

따라서 p, q, r의 조건은 회전행렬의 역행렬과 그 다음 해당 항에 대한 해결을 통해 확인할 수 있다.

$$\begin{bmatrix} 0 & -\omega_{zB} & \omega_{yB} \\ \omega_{zB} & 0 & -\omega_{xB} \\ -\omega_{yB} & \omega_{xB} & \end{bmatrix} = \dot{R}R^{T}$$

** 키워드: 벡터 기울기 속도, 대칭 행렬(스큐 행렬) 곱으로 표현된 외적, 회전 행렬의 역행렬

비행이 부드러운 편이라 각도 변동이 작을 때, 전역 프레임에 대한 국부 프레임의 속도 관계는 단순한 등가(작은 각도의 근사치)인 경향이 있다는 점에 주목한다. 이 때문에 곡예와 같은 각도 변화가 큰 비행 모드를 수행하려면 이 섹션을 적절히 수정해야 한다.

$$\begin{bmatrix} p \\ q \\ r \end{bmatrix} = \begin{bmatrix} c\theta & 0 & -c\phi s\theta \\ 0 & 1 & s\phi \\ s\theta & 0 & c\phi c\theta \end{bmatrix} \begin{bmatrix} \dot{\phi} \\ \dot{\theta} \\ \dot{\psi} \end{bmatrix}$$

$$\begin{bmatrix} p \\ q \\ r \end{bmatrix} = \begin{bmatrix} 1 & 0 & 0 \\ 0 & 1 & 0 \\ 0 & 0 & 1 \end{bmatrix} \begin{bmatrix} \dot{\phi} \\ \dot{\theta} \\ \dot{\psi} \end{bmatrix}$$

4 동적 변환 방정식

동적 변환 방정식은 뉴턴의 두 번째 법칙을 회전 프레임에 적용시키는 것으로 구성된다(항공기의 추력은 항공기 자세에 비례하여 효과가 다르다). 이는 독자의 편의와 센서와의 호환성을 위해 고정 프레임에서 수행된다(드론의 변형은 전 세계를 기준으로 측정된다). 기초 방정식은 뉴턴의 제 2법칙에 해당하는 방정식이다.

$$F = ma$$

그 다음 이 방정식은 가속도가 위치의 두 번째 도함수와 동일하다는 것에 유의하며 위치의 관점에서 표현된다. 뉴턴의 표기법이 도함수를 다시 쓰는데 사용된다는 것에 유의한다. 이는 편의상 행해지며, 동적 시스템과 제어 이론에서 흔히 발견할 수 있다.

$$F = ma = m\frac{d^2\xi}{dt^2} = m\ddot{\xi}$$

이제 3차원 데카르트 공간 위치를 고려하면, X, Y, Z 축의 구성요소를 가진 벡터의 쓰임새을 알 수 있다. 이는 높은 대칭성으로 인해 쿼드콥터 모델링에 대한 점 질량의 개념을 가정한다.

$$\begin{bmatrix} F_x \\ F_y \\ F_z \end{bmatrix} = F = m\ddot{\xi} = m \begin{bmatrix} \ddot{x} \\ \ddot{y} \\ \ddot{z} \end{bmatrix}$$

자유 낙하 시 몸체의 개념을 추가할 때(즉, 중력의 요소를 추가하는 것) 이 구성 요소가 고정 프레임의 Z축에만 영향을 미친다는 점에 유의해야 한다.

$$F + \underline{mG} = m\ddot{\xi} \rightarrow \begin{bmatrix} F_x \\ F_y \\ F_z \end{bmatrix} + \begin{bmatrix} 0 \\ 0 \\ -mg \end{bmatrix} = m \begin{bmatrix} \ddot{x} \\ \ddot{y} \\ \ddot{z} \end{bmatrix}$$

고정 프레임에 위치하고 있다는 것에 유의해야 한다. 이렇게 드론이나 베이스 프레임의 힘과 고정 프레임의 힘 사이의 관계를 찾아야 한다(힘은 드론이나 베이스 프레임에 의해 생성되지만 모델은 고정 프레임이나 월드로 만들어진다). [그림 6-26] 참조.

$$F = \underline{R}F_B$$

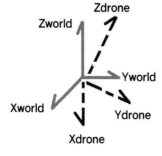

[그림 6-26] 월드 프레임과 차량 프레임을 연관시키기 위해 회전 행렬이 필요한 이유

$$F_{xB} = 0$$
$$F_{yB} = 0$$
$$F_{zB} = u$$

이는 드론이 움직이기 위해서는 기울어져야 하기 때문에 생긴다. 오일러 각도에 기초한 회전 행렬을 통해 각 관성 축 또는 고정 프레임에 드론(z 몸체 축에 위치)의 고유한 추력을 투사하는 행렬을 적용시켜야 한다(롤, 피치 및 요. bedford의 역학을 참조한다).

$$F + mG = m\ddot{\xi} \rightarrow RF_B + mG = m\ddot{\xi} = R\begin{bmatrix} 0 \\ 0 \\ u \end{bmatrix} + \begin{bmatrix} 0 \\ 0 \\ -mg \end{bmatrix} = m\begin{bmatrix} \ddot{x} \\ \ddot{y} \\ \ddot{z} \end{bmatrix}$$

5 동적 회전 방정식

동적 회전 방정식은 뉴턴의 두 번째 법칙을 회전 프레임(오일러의 두 번째 운동 법칙)에 적용한 것이다. 이는 판독기의 편리성과 센서와의 호환성을 위해 동체 구조에서 수행된다(센서에 의해 수행되는 회전 측정은 차체 또는 드론 프레임에 관한 것이다).

이러한 방정식을 찾는 데는 적어도 세 가지의 방법이 있지만 이 책은 오일러 각도에 근거한 방법을 사용할 것이다. 다른 두 가지 방법(회전 매트릭스에 기반한 방법과 쿼터니온에 기반한 방법)을 연구하려면 참조 섹션에서 Quan Quan 책을 찾아본다.

동체 구조에 대해 이야기 할 때 각 속도는 이른바 비인공학적 관계를 이루기 때문에 각도 자체보다 얻기 쉽다. 사실 각 속도는 사실 신체의 각 속도와 고정된 프레임의 각 속도를 연결하는 각속도의 운동적 관계의 직접적인 기능이다(후자는 오일러 각도로 표현된다).

이와 같이 신체의 각속도 단위로 정의되는 오일러 운동 방정식은

$$J\dot{\omega} + \underline{\omega \times (J\omega)} = J\alpha + \omega \times (J\omega) = \tau$$

로 드론의 관성 행렬이다.(관성은 질량과 회전에 비례한다는 점에 유의한다.) 이것이 회전 운동에서 뉴턴의 제 2법칙과 맞먹는다는 점에 유의해야 한다.

$\omega \times (J\omega)$항은 원심력의 벡터적으로 표현한 것이며, 머들 또는 스칼라적 표현은 $J\omega\hat{}2$이다. 나중에 이 항은 사용자의 적용을 위해 버려진다. 그러나 만약 공격적인 궤도를 찾고 있다면 이는 설계에 포함되어야 한다.

또한 다음 사항에 유의해야 한다.

$$\tau = \begin{bmatrix} \tau_p \\ \tau_q \\ \tau_r \end{bmatrix} \quad \omega = \begin{bmatrix} \omega_{xB} \\ \omega_{yB} \\ \omega_{zB} \end{bmatrix} = \begin{bmatrix} p \\ q \\ r \end{bmatrix}$$

pqr 표기법을 사용하는데 이는 항공기 분야에서 매우 흔하기 때문이다. 이 방정식은 몸체 레벨에서 직접 이루어지기 때문에 비교적 간단하며 토크의 변환 또는 회전 행렬이 필요하지 않다는 점에 주목한다. 또한 대칭성(이상적으로 균형잡히고 교차된 형태의 기체의 중심을 기준으로 한다.) 때문에 중력 항을 포함하지 않는다.

고정 프레임에 해당하는 오일러 각도와 몸체 프레임에 해당하는 pqr 변수 간의 관계를 설정할 필요가 있다(몸체 프레임에서 측정은 이루어지지만, 이 프레임에 관하여 원하는 변수가 설계되었다는 점에 유의한다).

이는 다음과 같다.(이전에 정의됨):

$$
\begin{bmatrix} \dot{\phi} \\ \dot{\theta} \\ \dot{\psi} \end{bmatrix} = A\omega = A \begin{bmatrix} p \\ q \\ r \end{bmatrix}
$$

그 다음 원하는 변수에서가 아니라 속도에서 직접적인 관계를 찾을 수 없기 때문에 관계가 비인공적이라고 명시한다.

각도가 작고 동작이 곡예적이거나 공격적이지 않을 때(낮은 속도),

$$
A = \begin{bmatrix} 1 & 0 & 0 \\ 0 & 1 & 0 \\ 0 & 0 & 1 \end{bmatrix}; \begin{bmatrix} \tau_p \\ \tau_q \\ \tau_r \end{bmatrix} \approx \begin{bmatrix} \tau_\phi \\ \tau_\theta \\ \tau_\psi \end{bmatrix}; \omega \times (J\omega) \approx 0
$$

처음 두 관계는 작은 각의 삼각함수의 특성 때문이다. 마지막은 낮은 속도를 가지고 있지만 작은 값의 제곱은 훨씬 작은 값이므로 무시할 수 있다.

이러한 근사치를 고려하면, 주 회전 방정식은 상당히 간단하고 평범하다.

$$
J\dot{\omega} + \omega \times (J\omega) = \tau \rightarrow J \begin{bmatrix} \ddot{\phi} \\ \ddot{\theta} \\ \ddot{\psi} \end{bmatrix} = \begin{bmatrix} \tau_\phi \\ \tau_\theta \\ \tau_\psi \end{bmatrix}
$$

이는 고정 프레임의 관점에서 방정식을 직접 수행하는 것과 같다(이는 평탄한 비행에만 유효하다는 점을 기억해야 한다. ⓔ: 롤링과 피치에서 과도한 경사에 도달하지 않고 45도 이하의 비교적 낮은 속도일 때).

** 두 좌표 프레임에서의 확장 버전과 설명된 버전을 사용하는 것이 더 선호되는 이유를 참조 섹션의 Jinhyun et al에서 참조한다.

요약하면 컨트롤을 설계하는 등식의 동적시스템, 따르고자 하는 궤적을 제한하는 운동 방정식의 시스템 그리고 컨트롤을 모터로 프로그래밍하는 힘과 토크의 할당 방정식의 시스템에 대해서 배웠다. [그림 6-27] 참조.

$$\begin{bmatrix} F_z \\ \tau_\phi \\ \tau_\theta \\ \tau_\psi \end{bmatrix} = P_{4x4} \begin{bmatrix} m_1 \\ m_2 \\ m_3 \\ m_4 \end{bmatrix} \quad \text{할당 방정식} \atop \text{이론-실용 링크}$$

$$R = \begin{bmatrix} c\psi c\theta - s\phi s\psi s\theta & -c\phi s\psi & c\psi s\theta + s\phi s\psi c\theta \\ s\psi c\theta + s\phi c\psi s\theta & c\phi c\psi & s\psi s\theta - s\phi c\psi c\theta \\ -c\phi s\theta & s\phi & c\phi c\theta \end{bmatrix} \quad \text{오일러 행렬} \atop \text{고정 및 몸체 프레임 관계}$$

$$\begin{bmatrix} \dot{x} \\ \dot{y} \\ \dot{z} \end{bmatrix} = R \begin{bmatrix} \dot{x}_b \\ \dot{y}_b \\ \dot{z}_b \end{bmatrix} \quad \text{변환 운동학}$$

$$\omega = \begin{bmatrix} \omega_{xB} \\ \omega_{yB} \\ \omega_{zB} \end{bmatrix} = \begin{bmatrix} p \\ q \\ r \end{bmatrix} = \begin{bmatrix} c\theta & 0 & -c\phi s\theta \\ 0 & 1 & s\phi \\ s\theta & 0 & c\phi c\theta \end{bmatrix} \begin{bmatrix} \dot{\phi} \\ \dot{\theta} \\ \dot{\psi} \end{bmatrix} \quad \text{회전 운동학}$$

$$R \begin{bmatrix} 0 \\ 0 \\ u \end{bmatrix} + \begin{bmatrix} 0 \\ 0 \\ -mg \end{bmatrix} = m \begin{bmatrix} \ddot{x} \\ \ddot{y} \\ \ddot{z} \end{bmatrix} \quad \text{변환 역학}$$

$$J\dot{\omega} + \omega \times (J\omega) = \tau \quad \text{회전 역학}$$

[그림 6-27] 쿼드콥터 비선형 방정식 모음

이 책의 예시와 같이 시스템을 소프트 모드, 즉 작은 기울기 각도와 비공격적 또는 곡예적 동작으로 작동하고자 하는 경우 방정식의 모음은 [그림 6-28]과 같이 된다.

$$
\begin{bmatrix} F_z \\ \tau_\phi \\ \tau_\theta \\ \tau_\psi \end{bmatrix} = P_{4x4} \begin{bmatrix} m_1 \\ m_2 \\ m_3 \\ m_4 \end{bmatrix} \quad \text{할당 방정식} \\ \text{이론–실용 링크}
$$

$$
R = \begin{bmatrix} c\psi c\theta - s\phi s\psi s\theta & -c\phi s\psi & c\psi s\theta + s\phi s\psi c\theta \\ s\psi c\theta + s\phi c\psi s\theta & c\phi c\psi & s\psi s\theta - s\phi c\psi c\theta \\ -c\phi s\theta & s\phi & c\phi c\theta \end{bmatrix} \quad \text{오일러 행렬} \\ \text{고정 및 몸체 프레임 관계}
$$

$$
\begin{bmatrix} \dot{x} \\ \dot{y} \\ \dot{z} \end{bmatrix} = R \begin{bmatrix} \dot{x}_b \\ \dot{y}_b \\ \dot{z}_b \end{bmatrix} \quad \text{변환 운동학}
$$

$$
\begin{bmatrix} p \\ q \\ r \end{bmatrix} = \begin{bmatrix} 1 & 0 & 0 \\ 0 & 1 & 0 \\ 0 & 0 & 1 \end{bmatrix} \begin{bmatrix} \dot{\phi} \\ \dot{\theta} \\ \dot{\psi} \end{bmatrix} \quad \text{회전 운동학}
$$

$$
R \begin{bmatrix} 0 \\ 0 \\ u \end{bmatrix} + \begin{bmatrix} 0 \\ 0 \\ -mg \end{bmatrix} = m \begin{bmatrix} \ddot{x} \\ \ddot{y} \\ \ddot{z} \end{bmatrix} \quad \text{변환 역학}
$$

$$
J \begin{bmatrix} \ddot{\phi} \\ \ddot{\theta} \\ \ddot{\psi} \end{bmatrix} = \begin{bmatrix} \tau_\phi \\ \tau_\theta \\ \tau_\psi \end{bmatrix} \quad \text{회전 역학}
$$

[그림 6-28] 쿼드콥터 선형 강도 방정식의 모음

요약하자면 [표 6-3] 참조.

[표 6-3] 쿼드콥터 그리고 일반적으로 거의 모든 다른 기체에서의 방정식 요약

방정식	쓰임새
추진, 할당 또는 믹서	프로그래밍(실제)과 제어(이론) 사이의 링크. 국부 기준 프레임(ex. 중력 중심)에서 원하는 모터에 통신한다.
운동학 또는 속도와 움직임의 방정식	지역 및 전역 이동 변수 간의 연결. 공격적이거나 곡예적 또는 전방향적인 움직임을 보이는 멀티콥터에서는 센서의 국소 측정(몸체 속도)과 글로벌 측정(오일러 각속도)사이의 관계를 설정한다. 제어기 내부에서는 원하는 또는 측정된 변수를 피드백 할 수 있다.
역학 또는 힘의 방정식	기체의 정확한 작동을 위해 극복해야 할 영향을 분석할 수 있으므로 국소 기준 프레임에서 이론적 힘과 토크 설계의 프레임 워크를 확립할 수 있다. 바퀴 달린 로봇과 같은 경우, 이 디자인은 종종 무시되어 운동학에 더 큰 중요성을 부여한다. 강력한 제어 장치의 경우, 엔진이 다룰 수 있는 한, 이 분석은 보통 무시해도 될 정도로 강력하다. 또한 그것들은 물체나 시스템의 행동을 수학적으로 표현할 것이기에 시뮬레이션을 하기 위한 중요도가 높은 방정식이다.

6 비행 모드

비행 모드를 제어 방법 또는 분리 작업과 혼동하지 말아야 한다. 비행 모드는 일반적인 목적을 제공한다. 분리된 작업은 어떤 특정한 목적을 달성할 것인지에 대해 대답한다. 제어 방법은 목표 달성을 위해 어떤 도구를 사용할 것인지에 대한 것이다.

[그림 6-29]는 요구되는 분리 과제를 달성하기 위해 서로 다른 제어 방법을 가진 곡예 비행 모드에 적용되는 비행 모드, 제어 방법 및 분리 작업 간의 관계를 보여준다(각 과제를 달성하기 위한 수많은 방법이 있을 수 있다).

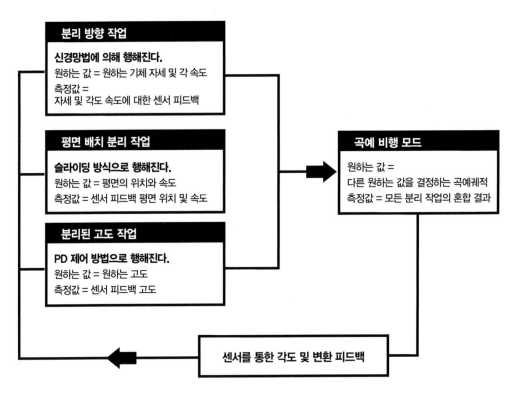

[그림 6-29] 제어 방법, 작업 계획, 비행 모드 간의 관계의 예

현재 비행 모드는 공격성 정도로 구분하여 크게 세 가지로 분류된다. **[표 6-4]** 참조.

1. **소프트** 목표는 드론이 급격한 각도 변화가 없이 XYZ 공간에서 '**전체**' 이동성을 통해 비행기와 같은 원활한 비행을 수행하는 것이다.

2. **운동역학적** 목표는 드론이 XYZ 공간에서 '**전체**' 이동성을 유지하면서 상당한 각도 변화가 있지만 느린 비행을 수행하는 것이다. 이러한 느리지만 상당한 변화의 목적은 환경과의 상호작용을 달성하는 것이다. (🔴 물체 이동)

3. **공격적** 목표는 드론이 공간 이동성과 각도를 모두 갖춘 비행은 물론 빠른 실행을 통해 공격적이거나 복잡한 움직임이 발생할 수 있도록 하는 것이다.

[표 6-4] 비행의 경직성에 따른 비행 모드 분류

비행 모드	데카르트 공간에서 원하는 위치 값	데카르트 XYZ 공간에서 원하는 속도 값	원하는 방향 값, 틸트 각 또는 경사라고도 함	원하는 각속도 값
변수의 공통 이름	X, Y, Z	Vx, Vy, Vz	롤, 피치, 요	Wx, Wy, Wz
소프트 Rogelio Lozano / Khalil	어떤 값이든 상관없음.	어떤 값이든 상관없음.(완만한 값)	0, 어떤 값도 취할 수 있는 요는 제외한다.	0
운동역학적	어떤 값이든 상관없음.	어떤 값이든 상관없음.	모든 값(보안 및 이동성 범위 내에서)	0 또는 낮은 값 (연속 궤적을 따를 수는 없지만 차례차례는 가능하다.)
공격적	어떤 값이든 상관없음.	어떤 값이든 상관없음.	어떤 값이든 상관없음.	상관없음(항공기가 저항하지 않는 한 모든 궤적을 따를 수 있다.)

* 비행 모드는 궤적을 계획하는 것과 상호 관련된다.

이제 크게 세 가지 종류의 비행 모드에 대해서 알게 되었으니, 이제는 각각의 세 가지 종류의 비행 모드에서 가장 많이 사용되는 하위 종류 및 주요 특징들에 대해서 배울 것이다.

이러한 하위 종류는 어느 정도의 비행 자동화를 포함한다(이는 리모컨이나 자율 모드 또는 반의존성의 센서 등을 사용하는 경우 또는 제어가 GPS에 의존적일 때 리모컨 레버를 누른 후 자동 모드를 사용하는 경우이다).

자세한 설명은 다음의 링크와 [표 6-5] 참조.

- http://ardupilot.org/copter/docs/flight-modes.html#full-listof-flight-modes
- http://ardupilot.org/plane/docs/flight-modes.html

[표 6-5] 아두파일럿 라이브러리 웹페이지 분류에 따른 비행 모드의 하위 종류

이름	호버 제어(고도)	자세 제어(방향)	평면 제어(X, Y)
ACRO	반자동(리모컨 사용)	반자동(리모컨 사용)	없음
LOITER	자동	자동	자동
AUTO(loiter와 비슷하지만 궤적을 따른다.)	자동	자동	자동
RTL(이륙한 지점으로 돌아오는 방법)	자동	자동.	자동
ALT HOLD	자동	반자동(리모컨 사용)	없음
POS_HOLD	자동	반자동(리모컨 사용)	자동(리모컨이 비활성화 되면)

7 분리된 작업

4가지의 주요 업무가 있다.

1. **방향** 이를 각 또는 자세 제어(자세와 고도를 혼동하지 말아야 한다.)라고도 한다. 원하는 방향 값을 달성하기 위해 기체의 공간 방향을 제어한다.

2. **위치** 이를 조종 장치 또는 평면 조종이라고 한다. 비행기의 위치 또는 지면에 대한 위치(일반적으로 XY 평면)를 제어한다. 평면 멀티콥터(모터가 표준 쿼드콥터와 같이 같은 평면에 정렬되어 있는 경우)의 경우, 위치 작업은 방향에 따라 달라진다. 단, 선형 작동 또는 작은 각도 비행에서 이러한 의존성의 분리가 발생한다(다음 섹션을 참조한다).

3. **고도** 이를 부유 제어 또는 배회라고 한다. 단순히 비행 고도를 조절한다.

4. **원격 제어** 이는 무선 또는 유선 장치를 통해 드론을 수동으로 제어한다.

또한 종속적 또는 선택적인 두 가지 작업이 있다.

1. **궤도** 이는 위치, 방향, 고도의 연속이다.

2. **모터** 각 모터의 직접적인 제어이다. 이는 추진 매트릭스를 통해 고도, 위치 및 방향의 기능으로 수정되기 때문에 종속적인 작업으로 취급한다. 현재 직접 및 독립적인 모터 제어기를 만들고자하는 시도가 있지만 복잡성, 비용, 무게, 부피가 포함될 것을 고려할 때 대부분의 상용 드론은 모터를 의존적으로 작동시킨다.

이러한 분리된 작업 또는 특정 목적의 조합이 비행 모드의 기초를 형성한다는 점에 유의해야 한다. 이것이 일반적인 목적이다. 즉, 비행 모드는 분리된 작업의 연속이다(참조 섹션의 쿼드콥터에 대한 Kumar의 MOOCs를 참조한다).

[표 6–6]은 각 작업의 주요 특징을 보여준다.

[표 6–6] 비행 제어의 일반적인 작업

작업	순위	동의어	수동 또는 자동	제어 루프 형식
원격 제어	1	수동 제어 고도와 관련된 스로틀(가스라고도 한다.), 루더와 관련된 요, 원격 롤, 원격 피치에서 분리 가능하다.	수동이나 선택적으로 자동으로 작동할 수 있다.	사용자에 의해 중단된다.
자세	2	방향, 각	자동	컴퓨터나 오토파일럿에 의해 중단된다.
고도	3	배회, 상승, 높이, 수직	자동	컴퓨터나 오토파일럿에 의해 중단된다.
평면	4	수평, 표면, 조종 장치	자동	컴퓨터나 오토파일럿에 의해 중단된다.
궤도	5	경로 계획	자동 또는 수동 (리모컨 사용)	컴퓨터나 오토파일럿에 의해 중단된다(리모컨을 사용하는 경우에는 사용자에 의해서 중단된다).
모터	6(나머지 업무들에 의존적이므로)	작동기, 엔진 제어	자동	열려있음.

나중에 컨트롤러 구현 장에서 살펴보겠지만 전체적인 제어는 분리된 작업들을 합한 것과 같고 이는 비행 모드를 정의한다.

즉, [그림 6-30]을 참조.

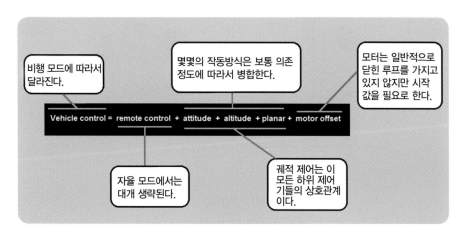

[그림 6-30] 제어 구성 요소

[그림 6-31]은 +구성에서 쿼드콥터의 자세, 고도 및 평면 이동에 상응하는 올바른 방식을 위해 모터에 원하는 자동 영향을 보여준다. 이러한 영향은 프로펠러 없이 기체를 원하는 영역에서 멀리 이동시킬 때 모터의 영향을 관찰하거나 느껴야만 테스트할 수 있다는 점에 유의해야 한다. 구성이 변경되거나, 더 많거나 적은 모터가 사용되거나, 모터의 숫자 시퀀스 또는 회전 방향이 다를 경우, 원하는 효과를 시각화하기 위해 이러한 변경을 고려해야 한다.

또한 롤링 효과와 피치 효과의 회전 방향이 반드시 XY 평면의 회전 방향과 일치해야 하는 것은 아니다. 이는 사용된 센서와 원격 제어 레버 작동과의 호환성에 따라서 다르다. 그러나 이는 설계된 자동 제어 장치가 최소한 올바른 방식으로 작동하는지의 여부를 판단할 수 있는 실용적인 방법이다.

더불어 자동 제어 장치에 관해서 원격 효과는 롤, 피치 및 요에서 반대가 될 수 있다는 점에 유의해야 한다. 자동 작업의 교정은 수동 작업과는 별도로 실시되어야 한다.

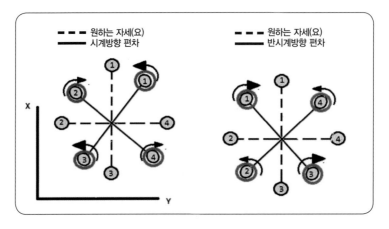

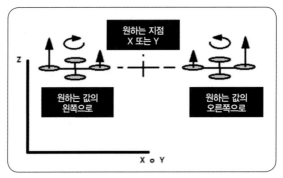

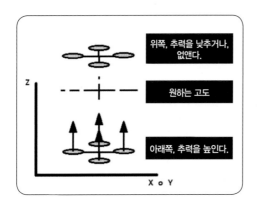

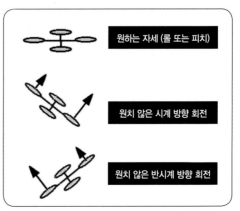

[그림 6-31] 제어 효과의 물리적 설명

8 제어 방법

작업을 완료할 수 있는 다른 방법들 중에서 다음과 같은 방법들이 있다. : 선형 또는 비선형 방법, 완고하거나 융통성있는 방법, 지적 또는 고전적인 방법, 포화 또는 연속적인 방법, 내포 또는 순차적인 방법 등.

9 폐쇄 루프 vs 개방형 루프

폐쇄 루프는 피드백에 기초하고 있는데, 이는 주어진 시스템에 기준 값을 설정한 다음 그 기준에 도달하지 못할 경우 제어를 교정하는 세 번째 조치를 취함으로써 실제 값이 기준치에 도달하는가의 여부를 확인할 수 있다는 것이다. 개방형 루프는 기본적으로 경험적으로 통제하는 비례성에 기초하고 있다. 예를 들어, 실험과 도표를 통해 프로펠러와 함께 특정 모터에 1V를 적용하면 1m 상승할 수 있고, 3V를 적용하면 3m 상승하므로, 2m에 도달하려면 2V를 적용하면 충분하다는 것을 알 수 있다.

보시다시피 개방형 루프는 모터나 프로펠러가 손상된 경우, 강한 바람이 불지 않는 경우, 배터리의 전류가 낮거나 그렇지 않은 경우 등등의 변화에 적응하지 못하는 문제가 있다.

현대 대부분의 드론에는 두 가지 유형의 제어 루프가 있다. 닫힌 루프는 위치 레벨(위치+중력 중심 또는 기타 원하는 지점)에 있다. 단, 각 모터에 원하는 속도가 정확히 전송된다는 것을 보장하는 수단을 갖기가 어렵기 때문에(각 모터에 센서를 설치하는 것이 비싸고 무겁기 때문에) 개방형 루프는 모터 레벨에 있다. [그림 6-32] 참조. 그럼에도 불구하고, 효과를 측정하고, 원하는 자세가 달성되었는지의 여부에 따라 수정할 수 있다. 현재 두 루프를 모두 폐쇄하려는 몇몇의 시도가 있다(그 중 하나는 센서가 없는 것이다. 브러시리스 모터가 일정한 위치로 회전하기 위한 일련의 단계를 반복한 다음, 이 순서의 시간을 세어 모터 측정을 결정한다는 사실에 근거한다).

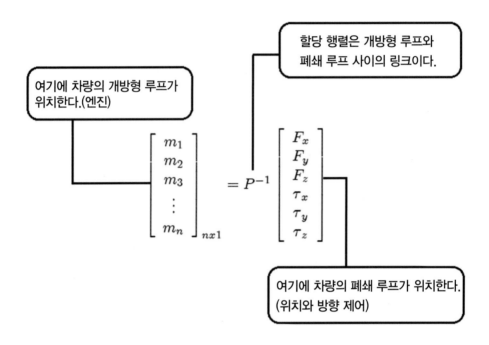

[그림 6-32] 폐쇄 및 개방형 루프와 할당 행렬과의 관계

가장 일반적으로 알려진 제어의 폐쇄 루프에는 PD가 있으며 이는 단지 우리가 사용할 것들 중 하나일 뿐이다. 왜냐하면 일체형 루프와 같은 것을 더 추가하는 것은 이론 수준에서 향상되는 것을 의미하지만 구현 수준에서 더 많은 처리 오류와 고려사항이 생긴다는 것을 의미하기 때문이다. 그러므로 우리의 단순화된 철학을 따른다면 그것은 적절하고 무엇보다도 교훈적이다. 그러나 원한다면 다른 컨트롤러와 함께 직접 실험해 봐도 좋다.

이 작업의 예를 들면, 포화상태에서 PD형 제어 장치를 사용할 것이라는 점에 유의해야 한다. 이제 도입 설명으로 넘어가자. 우리는 또한 통제력을 도입하는 가장 기본적인 방법이기 때문에 이 방법을 선택한다는 것에 주목해야 한다. 항공 기체에 대한 응용 프로그램이 잇는 다른 제어 방법에 대한 자세한 참조는 참조 섹션을 참조한다.

기체의 제어는 기체의 나머지 부분이 이 원하는 지점(강체 차체 가정)의 작동을 모방한다고 가정할 때 이 경우 무게 중심에서 단 하나의 원하는 지점에서만 수행된다.

⑩ 포화 PD 제어(소프트 모드 비행 기본 제어)

다음으로 제어 디자인에 대해 배울 것이다. 정확한 조정은 드론의 질량, 형태(관성에 영향을 미친다.), 불규칙성 또는 대칭성(관성에 영향을 주기도 한다.), 모터가 줄 수 있는 힘과 토크, 남은 배터리의 양, 사용되는 프로펠러의 종류, 환경의 상태(ex. 풍속 조건), 사용하는 엔진의 수와 질, 사용되는 센서의 수와 질, 오토파일럿이 수신하는 소음의 수준 등에 따라 달라지기 때문에 사용자의 책임이다.

자동 제어 이론과 실제에는 세 가지의 시스템이 있다. [그림 6-33] 참조. 실제 제어하고자 하는 시스템, 실제 시스템의 수학적 모델링에 의해 설계된 원하는 동작을 포함하는 주입 시스템, 그리고 변성비(이 경우 추진 또는 할당 행렬)를 통해 주입된 시스템이 실제 시스템으로 유도되는 링크 시스템이 있다.

PD는 스프링 댐퍼형 시스템이다. 실제 시스템(드론)은 시간이 지날수록 주입된 시스템(스프링 댐퍼)과 같은 역할을 하는 것이 목적이다. 링크 시스템은 보통 과소 평가되지만 링크 시스템이 없다면 물리적 구현은 존재하지 않을 것이며 시뮬레이션만 존재할 것이다. 링크 시스템은 컴퓨터 자원 최적화의 대상이므로 가장 감소된 표현이 선호된다. 이는 시스템을 실제 작동기(이 경우, 추진 또는 할당 행렬)로 모델링하는 방정식 사이의 관계이다.

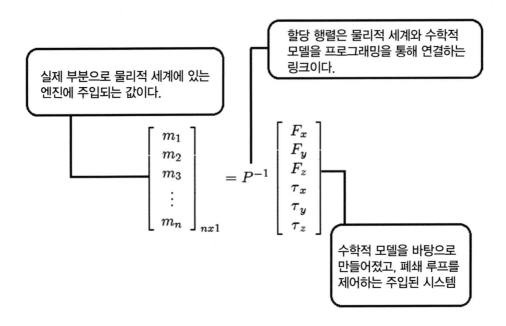

[그림 6-33] 할당 행렬을 통한 이론과 실제 사이의 관계

비례 부분은 스프링 역할을 하여 시스템이 주어진 지점으로 이동하게 한다. 단, 주입된 시스템이 가상이기 때문에 주입된 시스템이 이 지점에서 정지할 수 있도록 하는 소멸성 요소를 주입해야 하며, 작동 지점 주변에만 머물지 않아야 한다.

댐퍼와 관련된 이 분산 요소는 소위 차동 부품이다. [그림 6-34]를 참조한다. 사용자가 코드를 통해 이 효과를 프로그래밍하기 때문에 모터가 구체화시키기 전까지는 실제하지 않기 때문에 가상이라고 한다.

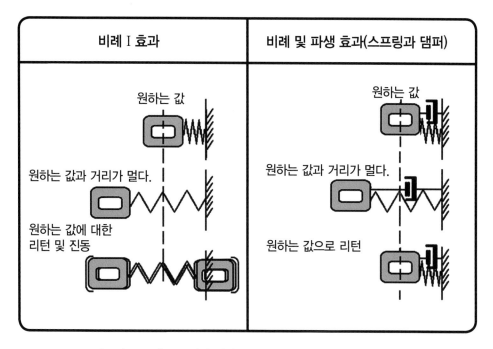

[그림 6-34] 스프링과 댐퍼를 사용한 P와 PD 컨트롤러 비유

모터를 켜고 끔으로써(항공기, 터빈 또는 프로펠러가 달린 모터의 경우) 거의 모든 동작을 주입할 수 있다. 이 경우 가상의 스프링 댐퍼 시스템을 도입하지만 상수 값이나 사인파 동작(순전히 비례하는 요소를 주입하는 경우 시스템은 사인파 신호처럼 작동한다.) 등을 삽입할 수도 있다. [그림 6-35] 참조.

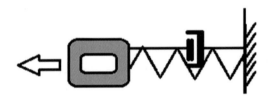

충분히 큰 지속적인 힘은
결국 시스템을 손상시킬 것이다.

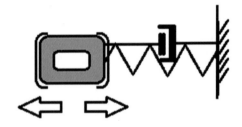

사인파는 순전히 비례적인 제어에서 처럼
어떤 지점 주위를 왔다 갔다 하게 할 것이다.

[그림 6-35] 일정한 사인파의 힘 도입 효과

일반적으로 주입된 시스템은 안정적이도록 설계되어 있으나, 제어해야 할 시스템은 대개 안정적이지 않다. 드론의 경우, 실제로는 매우 불안정한 시스템인데, 실제와 가상 시스템은 어떻게 상호 작용할까?

답은 선형과 비선형인 수학적인 안정화 방법을 통해서 할 수 있다. 가장 일반적으로 알려진 방법으로는 루트 로커스와 리아푸노프 방법이 있다. 사용 가능한 모든 방법은 추정 또는 방해나 원치 않은 현상(바람의 영향, 진동 등)의 지배에 기초한다. 첫 번째 경우에는 수학적으로 장야를 계산하려고 한다. 두 번째

경우에는 단 하나의 컨트롤러가 원치 않은 현상을 극복하기 위해 설정된다. PD의 경우 사용되는 컨트롤러는 지배형(완고한 타입이라고도 한다.)이다. 이러한 이유로 많은 항들이 이전에 생략되거나 정상화되었다. 이들은 직접적으로 보상되지는 않지만 모터의 크기(일종의 거대한 힘)에 의해 극복될 것이다. 이전의 조건을 부과함으로써 모터가 원하는 작업을 달성하기에 충분한 추력과 토크를 가지고 있다고 간단히 가정할 수 있다.

조정 과정은 P와 D의 이득이 0보다 크다는 사실과 선형 제어 책에서 찾을 수 있는 몇 가지의 다른 고려사항들을 고려함으로써 경험적으로 수행할 수 있다. 또한 게인 조정 과정을 돕기 위해 쿼드콥터의 선형화된 모델을 고려하는 것이 바람직하다. 이전에 얻은 동적 변환 및 회전 모델을 고려한다.

$$
R \begin{bmatrix} 0 \\ 0 \\ u \end{bmatrix} + \begin{bmatrix} 0 \\ 0 \\ -mg \end{bmatrix} = m \begin{bmatrix} \ddot{x} \\ \ddot{y} \\ \ddot{z} \end{bmatrix}
$$

$$
J \begin{bmatrix} \ddot{\phi} \\ \ddot{\theta} \\ \ddot{\psi} \end{bmatrix} = \begin{bmatrix} \tau_\phi \\ \tau_\theta \\ \tau_\psi \end{bmatrix}
$$

R의 정의에 따라 확장

$$
m \begin{bmatrix} \ddot{x} \\ \ddot{y} \\ \ddot{z} \end{bmatrix} = \begin{bmatrix} 0 \\ 0 \\ -mg \end{bmatrix} + \begin{bmatrix} c\psi s\theta + s\phi s\psi c\theta \\ s\psi s\theta - s\phi c\psi c\theta \\ c\phi c\theta \end{bmatrix} u
$$

$$
J \begin{bmatrix} \ddot{\phi} \\ \ddot{\theta} \\ \ddot{\psi} \end{bmatrix} = \begin{bmatrix} \tau_\phi \\ \tau_\theta \\ \tau_\psi \end{bmatrix}
$$

드론의 대칭성 때문에 다음과 같이 됨에 유의한다.

$$J = \begin{bmatrix} J_{xx} & 0 & 0 \\ 0 & J_{yy} & 0 \\ 0 & 0 & J_{zz} \end{bmatrix}$$

그리고 다음과 같은 작은 각도 근사치를 사용한다(이는 선형 근사치의 기초가 되지만, 어떤 경우에는 사인 근사치가 0이고 다른 경우에는 각도이기 때문에 주의해야 한다).

$$s(*) \approx 0 \approx *$$
$$c(*) \approx 1$$

이러한 값을 대체하면 다음을 얻게된다(이 작은각 근사치는 0이 되는 경향이 있는 반면, 요 각도는 자유로운 이동성을 가지기 때문에 롤과 피치용으로만 만들어진다).

$$m \begin{bmatrix} \ddot{x} \\ \ddot{y} \\ \ddot{z} \end{bmatrix} = \begin{bmatrix} 0 \\ 0 \\ -mg \end{bmatrix} + \begin{bmatrix} \theta c\psi + \phi s\psi \\ \theta s\psi - \phi c\psi \\ 1 \end{bmatrix} u$$

$$\begin{bmatrix} J_{xx}\ddot{\phi} \\ J_{yy}\ddot{\theta} \\ J_{zz}\ddot{\psi} \end{bmatrix} = \begin{bmatrix} \tau_\phi \\ \tau_\theta \\ \tau_\psi \end{bmatrix}$$

이러한 방식으로 가장 기본적인 비행 컨트롤러(PD의 모음)를 설계할 수 있다. 이 책에서는 독자가 이 책의 범위에 포함되지 않은 제어를 조정하는 방법을 알고 있다고 가정한다. 다항식 루트의 기하학적 위치, 상태 전이 행렬의 특성, 리아푸노프의 선형 방법 등을 이용하여 수행할 수 있다. 선형 시스템 제어에 대한 참조 섹션 또는 다른 글이나 리소스를 참조한다.

다음과 같은 표기법을 사용하면 편리하다.

$$PD_* = K_{P*}(*_d - *) + K_{D*}(\dot{*}_d - \dot{*})$$

For example

$$PD_X = K_{Px}(x_d - x) + K_{Dx}(\dot{x}_d - \dot{x})$$

$$PD_\psi = K_{P\psi}(\psi_d - \psi) + K_{D\psi}(\dot{\psi}_d - \dot{\psi})$$

계속해서, 다음과 같이 가정해보자.

$$\psi = \psi_d \approx 0$$

또한 단순한 역학 관계는 다음과 같다.

$$\begin{bmatrix} m\ddot{z} \\ J_{zz}\ddot{\psi} \end{bmatrix} = \begin{bmatrix} -mg + u \\ \tau_\psi \end{bmatrix}$$

반면에 그들의 연쇄적인 의존성에 의해 가장 복잡한 것은 다음과 같다.

$$\begin{bmatrix} m\ddot{x} \\ m\ddot{y} \\ J_{xx}\ddot{\phi} \\ J_{yy}\ddot{\theta} \end{bmatrix} = \begin{bmatrix} (\theta c\psi_d + \phi s\psi_d)u \\ (\theta s\psi_d - \phi c\psi_d)u \\ \tau_\phi \\ \tau_\theta \end{bmatrix} = \begin{bmatrix} \theta u \\ -\phi u \\ \tau_\phi \\ \tau_\theta \end{bmatrix}$$

이러한 방식으로 가해지는 첫 번째 제어 방정식은 독립 역학관계와 관련이 있다. 이 경우에는 고도와 요다.

$$u = mg + PD_Z$$
$$\tau_\psi = J_{zz}(PD_\psi)$$

이 방정식으로 대체하면.

$$\begin{bmatrix} m\ddot{z} \\ J_{zz}\ddot{\psi} \end{bmatrix} = \begin{bmatrix} -mg + u \\ \tau_\psi \end{bmatrix} = \begin{bmatrix} -mg + mg + PD_Z \\ J_{zz}(PD_\psi) \end{bmatrix}$$

이득 선택 및 이동에 대한 특정한 고려사항(정확한 속도 및 0으로 기울어지는 가속도)

$$\begin{aligned} e_z \to 0 = z_d - z \\ e_\psi \to 0 = \psi_d - \psi \end{aligned} \qquad \textbf{Therefore} \qquad \begin{aligned} z \to z_d \\ \psi \to \psi_c \end{aligned}$$

속도 오류에서도 같은 일이 일어난다.

나머지 4개의 방정식에서 u 값을 대체하고 원하는 값이 측정값에 따라 PDz 가 0인 경향을 보인다는 점을 고려하면,

$$\begin{bmatrix} m\ddot{x} \\ m\ddot{y} \\ J_{xx}\ddot{\phi} \\ J_{yy}\ddot{\theta} \end{bmatrix} = \begin{bmatrix} \theta u \\ -\phi u \\ \tau_\phi \\ \tau_\theta \end{bmatrix} = \begin{bmatrix} \theta mg \\ -\phi mg \\ \tau_\phi \\ \tau_\theta \end{bmatrix}$$

Simplifying

$$\begin{bmatrix} \ddot{x} \\ \ddot{y} \\ J_{xx}\ddot{\phi} \\ J_{yy}\ddot{\theta} \end{bmatrix} = \begin{bmatrix} g\theta \\ -g\phi \\ \tau_\phi \\ \tau_\theta \end{bmatrix}$$

롤과 피치를 위해 다음 PD를 제안한다.

$$\begin{bmatrix} \ddot{x} \\ \ddot{y} \\ J_{xx}\ddot{\phi} \\ J_{yy}\ddot{\theta} \end{bmatrix} = \begin{bmatrix} g\theta \\ -g\phi \\ \tau_\phi \\ \tau_\theta \end{bmatrix} = \begin{bmatrix} g\theta \\ -g\phi \\ J_{xx}(PD_\phi) \\ J_{yy}(PD_\theta) \end{bmatrix}$$

이러한 방식으로 정확한 이득 조정 및 각 속도가 0(원활한 비행)으로 기울어지는 경우

$$\theta \to \theta_d$$
$$\phi \to \phi_d$$

나머지 동적 방정식을 대체하는 경우

$$\begin{bmatrix} \ddot{x} \\ \ddot{y} \end{bmatrix} = \begin{bmatrix} g\theta \\ -g\phi \end{bmatrix} = \begin{bmatrix} g\theta_d \\ -g\phi_d \end{bmatrix}$$

이렇게 하면 X 및 Y 컨트롤이 원하는 롤과 피치 각도 값을 통해 수행될 수 있다는 것을 알 수 있다(이를 중첩 컨트롤이라고 한다).

$$\theta_d = \frac{PD_X}{g}$$
$$\phi_d = -\frac{PD_Y}{g}$$

대체하고 단순화하면 다음과 같다.

$$\begin{bmatrix} \ddot{x} \\ \ddot{y} \end{bmatrix} = \begin{bmatrix} g\theta_d \\ -g\phi_d \end{bmatrix} = \begin{bmatrix} PD_X \\ PD_Y \end{bmatrix}$$

그러므로 PD 이점을 적절하게 조정하면 다음과 같이 된다.

$$x \rightarrow x_d$$
$$y \rightarrow y_d$$

마지막으로 피치와 롤에 주입되어 X와 Y의 위치를 간접적으로 통제하는 제어는 다음과 같다.

$$J_{yy}(PD_\theta) = J_{yy}(K_{P\theta}(\theta_d - \theta) + K_{D\theta}(\dot{\theta}_d - \dot{\theta}))$$
$$J_{xx}(PD_\phi) = J_{xx}(K_{P\phi}(\phi_d - \phi) + K_{D\theta}(\dot{\phi}_d - \dot{\phi}))$$

확장하면

$$J_{yy}(PD_\theta) = J_{yy}(K_{P\theta}(\tfrac{1}{g}[K_{Px}(x_d-x) + K_{Dx}(\dot{x}_d-\dot{x})] - \theta) + K_{D\theta}(\tfrac{1}{g}[K_{Px}(\dot{x}_d-\dot{x}) + K_{Dx}(\ddot{x}_d-\ddot{x})] - \dot{\theta}))$$
$$J_{xx}(PD_\phi) = J_{xx}(K_{P\phi}(-\tfrac{1}{g}[K_{Py}(y_d-y) + K_{Dx}(\dot{y}_d-\dot{y})] - \phi) + K_{D\phi}(-\tfrac{1}{g}[K_{Py}(\dot{y}_d-\dot{y}) + K_{Dx}(\ddot{y}_d-\ddot{y})] - \dot{\phi}))$$

그룹화 상수(**예**: $J_{yy}K_{P\theta}\dfrac{1}{g}K_{Px} = P_X$)와 가속 궤적 정의(정속 또는 거의 일정한 속도 또는 평탄한 비행 경로를 포함한다.)

$$\ddot{x}_d = 0 \quad \ddot{y}_d = 0$$
$$\ddot{x} \rightarrow 0 \quad \ddot{y} \rightarrow 0$$

확장은 다음과 같이 간소화할 수 있다.

$$J_{yy}(PD_\theta) = P_X(x_d-x) + D_{X1}(\dot{x}_d-\dot{x}) + P_\theta(0-\theta) + D_{X2}(\dot{x}_d-\dot{x}) + D_\theta(0-\dot{\theta})$$
$$J_{yy}(PD_\theta) = P_X(x_d-x) + D_X(\dot{x}_d-\dot{x}) + P_\theta(0-\theta) + D_\theta(0-\dot{\theta})$$

비슷한 방식으로,

$$J_{xx}(PD_\phi) = -P_Y(y_d - y) - D_Y(\dot{y}_d - \dot{y}) + P_\phi(0 - \phi) + D_\phi(0 - \dot{\phi})$$

두 방정식은 모두 다음과 같이 간소화된다.

$$J_{yy}(PD_\theta) = PD_X + PD_\theta$$
$$J_{xx}(PD_\phi) = -PD_Y + PD_\phi$$

즉, 일정한 속도 또는 매끄러운 속도(눈에 띄거나 갑작스러운 가속도 변화와 선형 제어 PD, PID 등을 적용시키지 않고)로 작은 각도를 가진 선형 비행의 경우, 평면 제어에 대한 선형 분리 및 각도 제어를 독립적으로 수행할 수 있다. 이는 X와 Y의 위치에 대한 롤과 피치 각도의 상호 의존성에도 불구하고 가능하다.

요약하면, 일정한 속도, 공격적인 움직임 없이 0으로 기울어진 요, 피치 및 롤 각도로 부드럽고 선형적인 비행을 위해 다음과 같은 제어를 사용해야 한다.

$$u = mg + PD_Z$$
$$\tau_\psi = PD_\psi$$
$$\tau_\theta = PD_X + PD_\theta$$
$$\tau_\phi = -PD_Y + PD_\phi$$

이전에 배운 X 구성의 쿼드콥터를 위한 추진/할당 매트릭스를 재조정하면 모터에 주입할 제어를 얻을 수 있다. 이에 대해서는 간략하게 설명할 것이다. 양의 값에서 제어가 왔다 갔다 하는 편향 값은 (mg) 또는 기체의 중량에 의해서 주어진다는 점에 유의해야 한다. 이는 구현 코드에서 다시 언급할 것이다.

선택한 각 구성이 다른 추진 행렬을 발생시킨다는 점을 기억해야 한다. 축, 각도 및 이름(theta, X, 롤; 파이, Y, 피치; theta, X, 피치; 파이, Y, 롤 등)을 지정할 때는 주의해야 한다.

$$\begin{bmatrix} \omega_1 \\ \omega_2 \\ \omega_3 \\ \omega_4 \end{bmatrix} = \begin{bmatrix} -\tau_x + \tau_y + \tau_z + F_z \\ \tau_x - \tau_y + \tau_z + F_z \\ \tau_x + \tau_y - \tau_z + F_z \\ -\tau_x - \tau_y - \tau_z + F_z \end{bmatrix}$$

$$F_z = u \quad \tau_z = \tau_\psi \quad \tau_x = \tau_\theta \quad \tau_y = \tau_\phi$$

$$\begin{bmatrix} \omega_1 \\ \omega_2 \\ \omega_3 \\ \omega_4 \end{bmatrix} = \begin{bmatrix} -[PD_x + PD_\theta] + [-PD_y + PD_\phi] + [PD_\psi] + [mg + PD_z] \\ [PD_x + PD_\theta] - [-PD_y + PD_\phi] + [PD_\psi] + [mg + PD_z] \\ [PD_x + PD_\theta] + [-PD_y + PD_\phi] - [PD_\psi] + [mg + PD_z] \\ -[PD_x + PD_\theta] - [-PD_y + PD_\phi] - [PD_\psi] + [mg + PD_z] \end{bmatrix}$$

> ☁ **Implementation Tip**
>
> 편의와 논리적으로 시끄러운 위치 측정으로 인해 더 소음이 큰 속도 측정 때문에 P 이득이 D보다 커야하지만, 이 경우에는 D 이득은 비례 이득에 대해 더 높은 양의 값으로 조정되어야 한다(특히 XYZ 변환 변수에 해당한다. 각의 경우에는 같은 표준 원칙을 따를 수 있다).

> �֎ **Imporant Note**
>
> 이 절에서는 모터 레벨 제어를 수행하고자 한다고 가정한다. SDK 비교 명령 전용 부록에서 제어 루프는 오토파일럿의 중심(드론의 중력 중심 또는 그 근처에 위치해야 함)에서 직접 작동하기 때문에 다른 프로젝트에서는 제어 루프가 외부에 있음을 알 수 있다.

> ☁ **Implementation Tip**
>
> 중첩은 기체의 두 제어 레벨에 해당한다. 첫 번째 레벨은 고도와 제어의 각도 방정식을 포함하고 두 번째 레벨은 XY 평면 이동의 함수로 원하는 각도를 정의하는 것을 포함한다. 이전에 본 제어는 각도에 대한 XY 평면 위치에 잘못된 독립적인 문자를 전달하지만, 코드화 오류를 찾는 빠른 경로를 위한 프로그래밍 통합을 허용한다.

IMPLEMENTATION TIP: 편향

또한 이 챕터에서는 사용자가 편향 변형의 개념을 잘 알고 있다고 가정한다. 즉, 제어는 양수 값과 음수 값 사이에서 달라지지만 프로펠러는 오직 양수 값만 취할 수 있다(일반적으로 프로펠러는 회전 방향은 바꿀 수 없고 속도만 바꿀 수 있다는 점을 기억해야 한다). 이렇게 하면 다음과 같은 의문이 생긴다.

제어기가 취할 수 있는 양의 값과 음의 값을 오로지 양의 값만 가지는 프로펠러의 값과 어떻게 연관시킬 수 있을까? 답은 편향이라는 양의 값을 제어할 값에 추가하면 된다(이러한 이유로 리모컨으로 작동 고도에 도달할 때까지 완전 자동 모드를 작동하지 않는 것이 이상적이다).

편향 또는 양의 설정 값은 기체를 원하는 높이까지 올리는 원격 제어 신호이다. 이 값은 보통 기체의 무게와 관련이 있다. 그 높이로부터 제어가 음의 값으로 떨어지지 않을 범위를 얻는다. [그림 6-36]과 같은 경우, 원래의 신호는 −1과 1 사이에서 왔다 갔다 하고, 수정된 신호는 이제 1과 3 사이를 왔다 갔다 하며 수정된 신호가 계속 양의 값에 머무를 수 있도록 하기 위해 0과 1 사이의 허용 오차를 가진다. [그림 6-36] 참조.

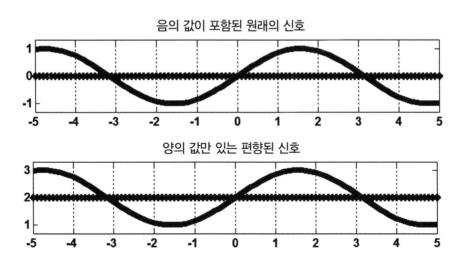

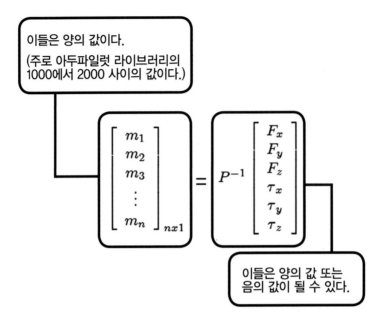

[그림 6-36] 신호 바이어싱의 영향과 모터 및 제어 레벨에서의 값 범위

이런 방법으로 모터가 인정하는 값과 제어에 의해 생성되는 값 사이의 일관성 있는 관계를 확립하기 위해 바이어스 값이 필수적이라는 것을 알 수 있다. 보다시피 이는 제어 고도 채널에 양의 값을 전송함으로써 이루어진다(사실 중력을 극복해서 기체가 이륙하기 위해서는 반드시 해야 한다).

## CHAPTER 6

IMPLEMENTATION TIP: 포화 상태

제어 값의 0을 양의 기준으로 이동시키고 모터가 이런 양의 값만 수신할 수 있도록 하는 부분을 만족시킨 후 이 값들이 항상 최소 및 최대 허용 수준의 범위에 머무르도록 해야 한다. 이를 위해, 경계라는 개념을 사용하는데 이는 임계 행동을 가진 두 한계치 사이의 신호를 포화시키는 것이다. 이는 이전에 배웠던 포화 함수를 통해 달성된다. [그림 6-37] 참조.

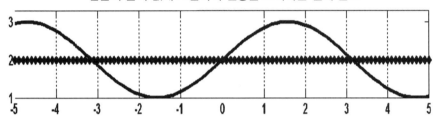

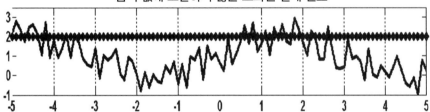

더 낮은 임계 동작은 신호가 음수가 되는 것을 방지하고 상위 동작들은 각 모터의 한계값을 초과하지 않도록 한다.

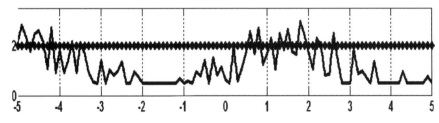

[그림 6-37] 신호 포화의 적용 및 영향

더 낮은 임계 동작은 신호가 음수가 되는 것을 방지하고 상위 동작들은 각 모터의 한계값을 초과하지 않도록 한다.

11 드론 비행 구현

• **관련된 구성 요소** 픽스호크 오토파일럿이 장착된 쿼드콥터 드론

다음 설명 코드는 이 경우처럼 순차적이 아닌 실시간 모드에서 최선의 작동을 달성했으므로 적당히 가동된다. 하지만 무인차의 제어과정을 이해하는데 유용하다. 단지 모터의 반응을 관찰하고 프로펠러를 설치하기 전에 제어가 성공적인지 아닌지 추론하기 위해서는 프로펠러 없이 테스트함으로써 이 코드를 안전하게 테스트할 수 있다.

독자에 의해 정의 되었다고 분류된 과정들은 조정과 동작이 독자가 사용하는 차량에 전적으로 의존하므로 설명된 값들은 반드시 변경될 것이다. 따로 분류되지 않은 과정들은 일반적이다.

❶ 하드웨어 초기화

❷ 수동 명령, 위치, 방향 및 속도 설정

❸ 필터링(일부 명령에 아직 포함되지 않은 경우 필요)

❹ 독자에 의해 결정되는 목표 값 정의

❺ 오류 정의

❻ 독자가 정의한 컨트롤러 정의

❼ 독자가 정의한 추진/배분 또는 작동기 믹서 행렬 정의

❽ 모터에 전송

❾ 회전 또는 2-8단계 반복

다음은 이차적, 보완적 또는 대안적인 작업이다(이 코드에 포함되지는 않지만, 이전에 설명된 프로그램과 함께 사용할 수 있어야 한다).

❶ 아날로그 수신(공간 위치 또는 다른 데이터 측정의 대체 모드)

❷ 디지털 송신/수신(ex. 페인트 스프레이 또는 기계 센서를 벽과의 충돌을 방지하기 위한 비상 정지 버튼으로 사용)

❸ 시각적 경보 사용

❹ 배터리 모니터링(제어에 특히 영향을 줄 수 있다.)

❺ 기압 측정값(고도를 측정하는 대체 모드)

❻ SD 메모리에 특정 데이터 저장(기사, 보고서, 논문 등에 유용하다.)

❼ 유·무선 직렬 통신(다른 차량과의 통신하거나 라즈베리 파이 개발 보드와 함께 조 정된 처리를 사용하는 데 특히 유용함)

🐾 [Listing 6-2] 쿼드콥터 자세 제어, 순차 모드의 전체 예제

```
Command :                        Use: Semi-automatic hover control of an
Various                          aerial vehicle
Code:
/////////////////////////// DECLARATION ///////////////////////////
//                  Paste the header code here
//                         See appendix

// verify or add this line
static AP_InertialNav_NavEKF inertial_nav(ahrs);

//////////////////////// place here your code////////////////////

// verify or add this lines

static Vector3f pos_gps;
static Vector3f vel_gps;
static AP_GPS gps;
static Compass compass;
static float refx,refy,refz,ref_px,ref_py,ref_pz,errorx,errory,
```

```
errorz,posx,posy,posz;
static float roll,pitch,yaw,err_yaw,gyrox,gyroy,gyroz,velx,
vely,velz;
static float kp_roll, kd_roll,kp_pitch,kd_pitch,kp_yaw,kd_yaw;
static float p_x,d_x,p_y,d_y,p_z,d_z;

// the reader should add the rest of the necessary variables (see
// writing to engines and see radio reading)

///////////////////////// INITIALIZATION /////////////////////

void setup(){

//          verify or add those lines

    gps.init(NULL,serial_manager);
    ahrs.set_compass(&compass);
    hal.rcout->enable_ch(0);
    hal.rcout->enable_ch(1);
    hal.rcout->enable_ch(2);
    hal.rcout->enable_ch(3);
    hal.rcout->set_freq( 15, 490);
// reseting all the engines
    hal.rcout->write(0,0);
    hal.rcout->write(1,0);
    hal.rcout->write(2,0);
    hal.rcout->write(3,0);
}

/////////////////////////// EXECUTION /////////////////////////

void loop(){

// the next function obtains position and velocity values posx,
// posy, posz, velx, vely, velz

    update_GPS();

// the required radio channels are read for semi-automatic
```

```
// operation
    radio[4] = hal.rcin->read(4);
    aux_1 = radio[4];

// this channel replaces the fact to add the term mg
    radio[2] = hal.rcin->read(2);
    radio_throttle = radio[2];
// altitude reference
    refalt=radio_throttle;

    ahrs.update();
    barometer.update();
// angular values of orientation and speed
    roll = ahrs.roll;
    pitch = ahrs.pitch;
    yaw = ahrs.yaw;

    gyro = ins.get_gyro();

    gyrox = gyro.x;
    gyroy = gyro.y;
    gyroz = gyro.z;
// gains of the controllers CAUTION, readers are responsible
// for their own and correct tuning
    kp_roll=800;
    kd_roll=350;
    kp_pitch=800;
    kd_pitch=350;
    kp_yaw=85/2;
    kd_yaw=100/2;

// in this case, since the speed measurements were very noisy, the
// differential values are greater than the proportional ones,
// that's the responsibility of the user and the employed vehicles

    d_x=80;
    p_x=35;
```

```
        d_y=80;
        p_y=35;
        d_z=80;
        p_z=35;

  // PD controllers

        err_yaw=yaw-0;
        c_roll = kp_roll * roll + kd_roll * gyrox;
        c_pitch = kp_pitch * pitch + kd_pitch * gyroy;
        c_yaw = kp_yaw * err_yaw + kd_yaw * gyroz;

  // this reference holds the altitude while varying with the remote
  // control or semiautomatic hover mode
        refx=0;
        refy=0;
        refz=posz;
        ref_px=0;
        ref_py=0;
        ref_pz=0;

        errorx=posx-refx;
        errory=posy-refy;
        errorz=posz-refz;

        error_px=velx-ref_px;
        error_py=vely-ref_py;
        error_pz=velz-ref_pz;

        cx=satu((p_x*(errorx)+d_x*(error_px)),50,-50);
        cy=satu((p_y*(errory)+d_y*(error_py)),50,-50);
        cz=satu((p_z*(errorz)+d_z*(error_pz)),80,-80);

  // z control plus manual mg
        c_gas=refalt+cz;

        // BEWARE the signs of roll, X, pitch and Y, can vary
        // according to the sense of the remote control (the lever
```

```
                // can be reversed)

// saturated propulsion matrix so that the engines never turn off
// and at the same time do not reach the maximum value of
// operation, this also is the responsibility of the reader,
// see also the section of the propulsion matrix

    m1_c=satu((-c_roll -cx +c_pitch -cy +c_yaw +cgas),1700,1100);
    m2_c=satu(( c_roll +cx -c_pitch +cy +c_yaw +cgas),1700,1100);
    m3_c=satu(( c_roll +cx +c_pitch -cy -c_yaw +cgas),1700,1100);
    m4_c=satu((-c_roll -cx -c_pitch +cy -c_yaw +cgas),1700,1100);

// writing to the motors if the auxiliary lever that serves as
// emergency stop is activated, otherwise, stop the motors
    if (aux_1<1500)
    {
        hal.rcout->write(0,uint16_t(m1_c));
        hal.rcout->write(1,uint16_t(m2_c));
        hal.rcout->write(2,uint16_t(m3_c));
        hal.rcout->write(3,uint16_t(m4_c));

    }

    else
    {
        hal.rcout->write(0,900);
        hal.rcout->write(1,900);
        hal.rcout->write(2,900);
        hal.rcout->write(3,900);

    }

    hal.scheduler->delay(50);

}

// auxiliary functions including the AP_HAL_MAIN

// saturation function
```

```
static float satu(float nu, float ma, float mi){
    if(nu>=ma) nu=ma;
      else nu=nu;
      if(nu <= mi) nu=mi;
      else nu=nu;
    return nu;
}

// update function of x, y and z via gps

static void update_GPS(void){
        static uint32_t last_msg_ms;
        gps.update();
         if (last_msg_ms != gps.last_message_time_ms())
         {
            last_msg_ms = gps.last_message_time_ms();
            const Location &loc =gps.location();
            flag = gps.status();
         }

        uint32_t currtime = hal.scheduler->millis();
        dt = (float)(currtime - last_update) / 1000.0f;
        last_update = currtime;
// a delta t is required to internally calculate velocity
// estimations
        inertial_nav.update(dt);
// this part verifies that there are at least 3 satellites to
// operate and turn on the led if true, also changes a variable
// called flag2 to update speeds
        flag= gps.num_sats();

        if(pos.x!=0 && flag >=3 && flag2==1){
            const Location &loc = gps.location();
            ahrs.set_home(loc);
            compass.set_initial_location(loc.lat, loc.lng);
            toshiba_led.set_rgb(0,LED_DIM,0); // green
```

```
        flag2 = 2;
    }
    pos_gps = inertial_nav.get_position();
    vel_gps = inertial_nav.get_velocity();
// a gps of centimetric resolution is assumed
// and its value it is transformed to meters
    posx=((pos_gps.x)/100);
    posy=((pos_gps.y)/100);
    posz=((pos_gps.z)/100);
    if(flag2==2){
        velx=((vel_gps.x)/100);
        vely=((vel_gps.y)/100);

    }
    velz=((vel_gps.z)/100);
    flag2==1;


}

AP_HAL_MAIN(); // Ardupilot function call
```

12 챕터 요약

이 챕터에서 다음과 같은 내용에 대해서 배웠다.

- PD 컨트롤러의 기초

- 쿼드콥터 모델링의 기초

- 다른 종류의 로봇 차량에서 정말 유용한 도구인 할당 매트릭스를 사용하여 이론과 실제를 연결하는 방법

- 장비의 작동을 감하면서 장비나 사용자에게 피해를 입히지 않고 컨트롤러를 테스트하는 방법

- 자동 또는 수동, 닫힘 또는 열림 루프를 포함하여 차량의 작동 내부에 존재하는 하위 컨트롤러의 종류

- 제어 분리를 포함한 시스템 및 시스템 선형화 방법

- 제어 방법, 계획 작업 및 비행 모드 간의 차이(일반적으로 이동 모드)

- 편향 및 포화 상태와 같은 제어 적정성

- 차량 제어를 위한 주요 프로세스 및 보조 프로세스 식별

이제 로봇 차량의 순차적 프로그래밍에 대한 두 번째 섹션을 마쳤다. 설명된 명령과 쿼드콥터의 예를 통해 이제 자신만의 로봇을 코드화 할 수 있다.

다음 섹션에서는 실시간 또는 병렬 프로그래밍 모드에 대해서 배우고, 다음 장을 아두파일럿 라이브러리의 실시간 작업 환경에 대한 일반성으로 시작할 것이다.

13 Part Ⅱ 참조 및 보충 사이트

❶ 메모리 또는 직렬 통신의 저장소를 포함하지 않고,쿼드콥터(이 경우에는 APM 아두파일럿(위험을 무릅쓰고 비행함))의 부분적인 비행에 필요한 아두파일럿 라이브러리의 최소 명령에 대한 매우 좋은 소개와 요약이 적혀있는 추천 웹사이트
  - https://blog.owenson.me/build-your-own-quadcopter-flightcontroller/

❷ 간략하게 설명된 아두파일럿 라이브러리와 이를 항공기(조종할 수 있는 항공기)에 적용한 세비야 대학의 논문, 스페인어로 되어있음.

- Alejandro Romero Galan, Revision y modificacion del firmware de libre acceso arducopter para su uso en el proyecto airwhale, Tesis, Universidad de Sevilla, 2015.

❸ 쿼드콥터의 설계와 모델링에 대한 멕시코의 논문과 아두파일럿 라이브러리를 활용한 일부 제어법의 구현에 관한 연구, 스페인어로 되어있음.

- Gerardo Arturo Ponce de Leon Zarate, Modelado dinamico y controlde un cuadrotor para el seguimiento de trayectorias, Tesis, CIDETEC IPN, 2016

❹ 멀티콥터의 모델링, 제어 및 구성 요소에 대한 형식적이지만 재미있고 매우 완벽한 책

- Quan Quan, Introduction to multicopter design and control, Springer, 2017.

❺ 아두이노 프로젝트를 포함한 쿼드콥터형 드론의 세계로 진입하기 위한 제작자 방식의 책

- David McGriffy, Make: Drones: Teach an arduino to fly, Maker Media, Inc., 2016.

❻ 브러시리스 모터와 ESC를 심도있게 기술한 책

- Matthew Scarpino, Motors for makers: A guide to steppers, servos, and other electrical machines, Que Publishing, 2015.

❼ 멀티콥터의 기본 모델링과 제어에 대한 참조를 제공하는 고전적인 책

- Luis Rodolfo Garcia Carrillo, Alejandro Enrique Dzul Lopez, Rogelio Lozano, Claude Pegard, Quad rotorcraft control: vision−based hovering and navigation, Springer Science & Business Media, 2012.
- Pedro Castillo, Rogelio Lozano, Alejandro E Dzul, Modelling and control of mini−flying machines, Physica−Verlag, 2006.

❽ 쿼드콥터의 모델링 및 기본 제어에 대한 MOOC(데카르트 입자 방식)

- https://es.coursera.org/learn/robotics−flight
- https://www.edx.org/course/robotics−dynamics−control−pennxrobo3x

❾ 기초 및 심화 C++ 프로그래밍 코스(프랑스어로 되어있지만 영어자막이 있음)
- https://es.coursera.org/learn/initiation-programmation-cpp
- https://es.coursera.org/learn/programmation-orientee-objetcpp

❿ 쿼드콥터의 전체 모델링과 참조 프레임을 위해 권장되는 책의 장
- Jinhyun Kim, Min-Sung Kang, and Sangdeok Park, Accurate modeling and robust hovering control for a quad-rotor vtol aircraft, Selected papers from the 2nd International Symposium on UAVs, Reno, Nevada, USA June 8-0, 2009, Springer, 2009, pp. 9-6.

⓫ 오일러 각도와 유사 속도와의 관계를 기하학적인 방법으로 이해하기 위한 참조
- Anthony Bedford, Wallace Fowler, Dinamica: Mecanica paraingenieria, vol. 1, Pearson Educacion, 2000. pp 468-470 Beer, Flori and Johnston: Mechanics for engineers: dynamics, McGraw-Hill, 2007

⓬ 위와 동일하지만 벡터적인 방법으로 이해하기 위한 참조로 스페인어로 모델링과 자동 제어에 관한 이론적인 수준을 가진 쿼드콥터에 관한 책
- Miranda, Garrido, Aguilar, Herrero, Drones: modelado y control decuadrotores, Alfaomega, 2018

⓭ 행렬 형태
- Fumio Hamano, Derivative of rotation matrix direct matrix derivation of well known formula, 2013

⓮ 또한 저자는 공격적인 움직임의 항공이나 수중 차량에 대해서 심도있게 배우고 싶은 사람에게 강체의 동적 및 운동 역학에 대한 좋은 코스를 추천한다.
- https://www.coursera.org/specializations/spacecraftdynamics- control

⓯ 아두파일럿 라이브러리의 전체 코드가 포함된 온라인 섹션
- Online section with the complete codes of the Ardupilot libraries https://github.com/ArduPilot/ardupilot/tree/master/libraries/AP_HAL

⓰ UART 타입 직렬 통신 프로세스, 마스킹 개념 및 체크썸의 기본 알고리즘에 대한 설명이 나타난 웹 페이지
- http://www.circuitbasics.com/basics-uart-communication/
- https://en.wikipedia.org/wiki/Parity_bit

Part III
실시간 모드

7. 실시간 작업 환경
8. 실시간 응용 코드와 이전 챕터 개요

실시간 작업 환경

CHAPTER 7

이 챕터에서, 링커의 개념, 스케줄러 및 그 매개변수, 작업의 현재시간 측정 방법, 스케줄러 –모드 프로그램의 부분, 실시간 시작을 위한 매우 간단하고 이해하기 쉬운 코드 데모와 같은 아두파일럿 실시간 작업 환경ArduPilot real-time working environment 라이브러리를 사용하기 위한 주요 개념을 배우게 될 것이다.

1 링커

본 바와 같이 모듈이라는 외부 기능으로 작업하는 것이 편리하다. 모듈형 프로그래밍에서 메인 프로그램의 기능은 하위 프로그램이나 모듈로 분리된다.

이러한 모든 모듈 파일을 메인 코드에 연결하려면 링커linker가 필요하다. 아두파일럿ArduPilot 라이브러리(특히 이클립스Eclipse) 인터페이스를 통한 윈도우즈에서)의 경우 링크는 자동으로 이루어지며 사용자는 모듈이 메인 파일과 같은 폴더에 위치하는지 확인하기만 하면 된다.

2 스케줄러 설명

스케줄러는 기본 시간 승수로 작동한다. 사용된 픽스호크^{Pixhawk} 버전의 경우 2.5 밀리 초가 곱해진다.

```
1    = 400 Hz
2    = 200 Hz
4    = 100 Hz
8    = 50 Hz
20   = 20 Hz
40   = 10 Hz
133  = 3 Hz
400  = 1 Hz
4000 = 0.1 Hz
```

스케줄러나 작업 스케줄러는 실시간으로 작업을 실행하는 데 가장 중요한 부분이다. 이 코드 섹션에서 세 개의 인수 시퀀스가 선언된다: 작업의 이름, 상기 작업의 예상 지속 시간 및 상기 작업의 실행 빈도 또는 주기. 이 마지막 선언은 오토파일럿^{autopilot}의 최대 주파수의 일부분으로 측정된다. 할당된 수가 많을수록 업무 수행 빈도가 낮아지고, 반대로 할당 수가 적을수록 업무 수행 빈도가 높아진다.

```
{onesecondtask,      400,  10}
```

이 예에서 작업의 이름은 onesecondtask이다. 두 번째 인수는 매초 반복됨을 나타낸다 (400 * 2.5 밀리 초 = 1000ms = 1초; 또한 2.5 밀리 초는 400Hz의 역수임을 기억하자). 마지막 인수는 10으로, 이 작업이 실행 시 10마이크로초 동안 지속하여야 함을 나타낸다. 즉, 작업은 1초마다 반복되지만 완료하는 데 10마이크로초가 걸린다.

각 작업의 최대 추정 시간이 마이크로 컨트롤러와 프로그램 가능 장치의 공통 개념인 감시기로 사용되며 작업이 지연 또는 성공적으로 수행되었는지를 판단할 책임이 있으므로 이전에 본 시스템 클럭에의 한 시간 관리보다 실시간 사용이 더 좋다. 지연의 경우, 자동으로 제거되고 시스템은 스케줄러에서 다른 이벤트의 성능을 계속 유지하며, 이는 이전에 본 시스템 클럭 시간으로는 불가능하다. 실시간 사용은 픽스호크 및 아두파일럿 라이브러리의 시간 관리를 위한 가장 강력한 방법이다.

● 실시간 작업 환경

[Listing 7-1] 및 [Listing 7-2]에서 볼 수 있듯이 스케줄러에는 코딩 체계를 포함하여 작업을 실행하기 위한 선호 모드 또는 엘리트 모드도 있다. 스케줄러에 선언되지 않은 fast 루프라는 블록은 픽스호크에게 실행의 우선순위가 fast 루프 사이클에 있으며 시간(일반적으로 항상 시간이 있는 경우)이 있으면 스케줄러에 선언된 다른 모든 작업을 실행한다고 알려준다.

그런 다음, fast 루프에서는 차량의 작동을 유지하기 위한 필수 작업(모터 쓰기 및 관성 센서 판독 값)만 선언해야 한다. 아두파일럿 라이브러리는 fast 루프라고 불리는 사이클에 실행의 우선순위를 부여하고 시스템이 문자 그대로 작동과 관련이 없는 기능에 시간 낭비를 중지할 수 있도록 한다.

3 실시간 모드 / 스케줄러 모드의 아두파일럿 일반적인 부품

fast 루프 블록과 스케줄러 선언은 원래 체계에 추가해야 한다. [그림 7–1] 및 [표 7–1] 참조.

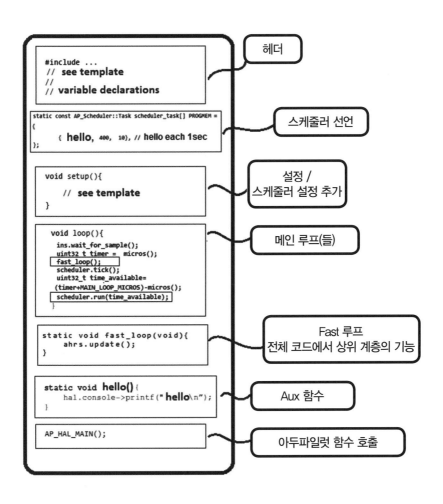

[그림 7–1] 아두파일럿 실시간 모드 프로그램의 일반적인 부분

[표 7-1] 아두파일럿 실시간 프로그램의 일반적인 부분

이름	내용	허용된 작업
헤더	라이브러리 정의	아두파일럿 라이브러리에만 사용. 변수 또는 클래스(객체)의 정의에 사용 및 작성
스케줄 선언	fast 루프 이외의 실시간으로 실행해야 하는 모든 기능	사용하지만 사용자는 실시간 스케줄러에서 실행해야 하는 기능을 나타내는 템플릿만 사용한다.
셋업	포트 또는 기능의 초기화, 한 번만 실행	초기화 메서드에만 사용
메인 루프	사용자의 메인 프로그램인 경우 먼저 fast 루프를 실행한 다음 스케줄러에 정의된 모든 것을 실행	아두파일럿 라이브러리에 정의된 클래스 사용, 자체 알고리즘 생성 및 보조 함수 사용
fast 루프	상위 계층 기능, 차량에 필수적인 작업(예: 관성 센서 읽기 및 모터 쓰기)	사용, 그러나 사용자는 이 기능에 있는 내용을 정의
보조 함수	내부 및 외부, 광범위한 코드 세그먼트 또는 루프의 여러 세그먼트에 사용되는 세그먼트 포함	메인 루프 사이클에서 나중에 사용하기 위한 생성
AP_HAL_MAIN ( )	아두파일럿 라이브러리에서 사용 가능한 모든 클래스의 호출 허용	사용

4 작업의 실행 시간 측정

스케줄러의 가장 직관적이지 않은 매개변수 중 하나는 작업의 실행 시간과 관련된 매개변수다. 문제는 그것을 어떻게 측정하느냐 하는 것이다. 이 질문에 답하기 위해 아직 실시간을 사용하지는 않지만 하나 이상의 작업 기간을 추정하는 [Listing 7-1]을 사용한다.

[Listing 7-1] 시스템 클럭 발동

```
//////////////////////// DECLARATION ////////////////////////
//                  Paste the header here
//                    see the appendix

/////////////////// place your code here ///////////////////

// Here the code of each example will be placed the respective
// defined functions, the setup cycle, the loops and fast loop
// before initializing definitions of other variables or
// libraries that are needed must be placed integers that
// contain time, these are of unsigned type because time is
// always positive and also of value 32 which equals a maximum
// of 4,294,967,296 milliseconds although a type 16 could be
// used, but that would only stores one minute or approximately
// 65536 milliseconds note that for variables that collect
// microseconds 4,294,967,296 microseconds are only 4295 seconds
// or 70 minutes

uint32_t begin=0,ending=0, timer, timemod;

///////////////////// INICIALIZATION /////////////////////

void setup(){
    // copy here the basic setup
}
```

```
///////////////////////// EXECUTION /////////////////////////
void loop(){
// a function scheme is used as required for real time
    fast_loop();
}

static void fast_loop(void){

// the current time is invoked
    timer=hal.scheduler->millis();

// you get the module between the time you want to display the
// data on the screen here every 3 seconds or equivalently 3000
// milliseconds

    timemod=timer%3000;

// if the module is exactly 3 seconds or around (2.9 seconds)

    if(timemod<=100)
    {

// displaying the value of the chronometer as at the beginning
// there are not start and end values these were initialized to 0
// in the declaration

        hal.console->printf("%d\n",ending-begin);
    }

// the fast loop must contain at least the ahrs.update

    ahrs.update();

// here starts the chronometer, we are interested in measuring
// the task a and b that we know they have about 56,000
// microseconds long
    begin=micros();
    atask();
    btask();
```

```
// here the chronometer stops
    ending=micros();
}

//          auxiliary functions

// tasks a and b last together approximately 56 milliseconds 11 +
// those are approximately 56,000 microseconds they are used
// like this to show the reader their usefulness, but in
// general it is unknown the duration of an specific task

static void atask(void){
    hal.scheduler->delay(11);
}

static void btask(void){
    hal.scheduler->delay(45);
}

// this function is defined to simplify writing

static uint32_t micros(){
    return hal.scheduler->micros();
}

AP_HAL_MAIN(); // Ardupilot function call
```

모든 터미널에서 코드 결과를 관찰하면([**그림 7-2**] 참조) 크로노미터가 56,000에서 58,000마이크로초 사이의 값을 등록한다는 것을 알 수 있다. 특정 작업의 실행 시간을 측정하는 것이 가능하다는 것을 알 수 있다. 이러한 시간을 실시간 스케줄러에 포함시키려면 약간의 간격을 두고 56,000 대신 60,000마이크로초가 소요됨을 나타낼 수 있다.

다른 경우에는 ArduCopter.pde 파일의 스케줄러를 확인하고 특정 작업(**예**: GPS 읽기)을 검색하고, 할당된 시간을 복사하면 된다(이 시간은 이미 테스트 되었으며 기능적임!).

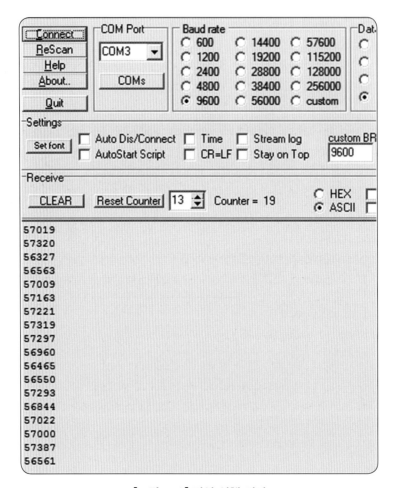

[그림 7-2] 작업 실행 시간

다른 경우에는 시리얼 터미널이 일부 작업의 정확한 작동을 방해할 수 있으므로 이 시리얼 화면에서 실행 시간을 분석하는 대신 SD 메모리에 저장하고 오프라인으로 시각화할 수 있다(예: 서보에 쓰기, 유선 또는 무선 시리얼 전송 등).

이 작업 실행 시간을 주기적으로 측정하여 지속 시간이 명확하지 않은 각 작업에 대해 평균을 취하는 것이 좋다. 완료되면 스케줄러에서 할당해야 할 시간을 알 수 있다. [Listing 7-2]에 표시된 코드는 이미 세 가지 작업을 실행하기 위해 실시간을 사용한다.

이 작업 실행 시간을 주기적으로 측정하여 지속 시간이 명확하지 않은 각 작업에 대해 평균을 취하는 것이 좋다. 완료되면 스케줄러에서 할당해야 할 시간을 알 수 있다.

[Listing 7-2]에 표시된 코드는 이미 세 가지 작업을 실행하기 위해 실시간을 사용한다.

[Listing 7-2]는 실시간 처리 예를 제공한다. 다음의 사항에 유의하여야 한다.

- **The syntax is:**

  ```
  void run(uint32_t time_available)
  ```

⏷ **더 많은 정보는 다음 웹 사이트를 참조.**

- http://ardupilot.org/dev/docs/code-overview-scheduling-your-new-code-to-run-intermittently.html
- https://github.com/ArduPilot/ardupilot/blob/master/libraries/AP_Scheduler/AP_Scheduler.h

[Listing 7-2] 실시간 스케즐러

```
//////////////////////// DECLARATION ////////////////////////
//                  Paste the header code here
//                       see appendix

///// verify or add these lines
#include <AP_Scheduler.h>
static AP_Scheduler scheduler;

/////////////////// place your code here ///////////////////

///// this is the scheduler structure definition

static const AP_Scheduler::Task scheduler_task[] PROGMEM = {
        {onesec, 400, 10}, //400 dvided by 400 is 1 s
        {threesec, 1200, 10}, // 1200 divided by 400 are 3 s
        {fivesec, 2000, 10}, // 2000 divided by 400 are 5 s
};
```

```
/////////////////////// INICIALIZATION ///////////////////////

void setup(){
    // add this line in the basic setup
scheduler.init(&scheduler_task[0],sizeof(scheduler_task)/
sizeof(scheduler_task[0]));
}
/////////////////////// EXECUTION ///////////////////////////

void loop(){

    ins.wait_for_sample();
// the inertial sensor determines the use of the scheduler
    uint32_t timer = micros();
    fast_loop(); // fast loop is ejecuted
    scheduler.tick(); // fast loop ends
    uint32_t time_available=(timer+MAIN_LOOP_MICROS)-micros();
// current time
    scheduler.run(time_available);
// execute what is defined in the scheduler
// if there is time available
}

// the fast loop is not declared in the scheduler and the tasks
// within should be only the most relevant, in this case only
// ahrs is updated but you can add the control loop and writing
// to the engines

static void fast_loop(void){
    ahrs.update();
}
// auxiliar functions

static void onesec(){
    hal.console->printf("one \n");
}

static void threesec(){
```

```
    hal.console->printf("three \n");
}

static void fivesec(){
    hal.console->printf("five \n");
}

static uint32_t micros(){
    return hal.scheduler->micros();
}

AP_HAL_MAIN(); // Ardupilot function call
```

5 챕터 요약

이 챕터에서 배운 내용은 다음과 같다.

- 링커 개념 : 아두파일럿 라이브러리가 코드 모듈을 결합하는 방식
- 아두파일럿 스케줄러의 개념 및 매개변수
- 작업의 실행 시간을 측정하는 방법
- 실시간 아두파일럿 라이브러리 프로그램의 일부
- 실시간 모드 이해를 위한 기본이지만 작동 가능한 데모

다음 챕터에서는 실시간 모듈을 포함하고 작업 실행의 우선순위를 할당하기 위해 쿼드콥터 비행에 대한 이전 코드를 수정한다.

실시간 응용 코드와 이전 챕터 개요

CHAPTER 8

이 챕터에서는 앞에서 설명한 기능을 각각의 모듈과 실시간 코드로 결합한다. 순차 코드에 추가되지 않은 일부 다른 기능은 단순히 보조 작업의 할당 및 계층화에서 실시간 모드의 다기능성을 입증하기 위해 포함된다.

[Listing 8-1]의 메인 코드에서 스케줄러는 코드의 보조 모듈에 정의된 내부 및 외부 기능을 모두 호출한다는 점에 유의한다. 또한, 메인 코드에는 가장 중요한 함수만 배치된다. 이 경우 엔진에 쓰고 방향을 읽는다(프로펠러 없이 테스트하지 않은 상태에서는 프로펠러와 함께 사용해서는 안된다).

[Listing 8-1] 실시간 모드의 전체 예인 쿼드콥터 포즈 제어

```
/////////////////////// DECLARATION ///////////////////////
//              Paste the header code here
//                   see appendix

// verify or add this line
static AP_InertialNav_NavEKF inertial_nav(ahrs);

/////////////////// place your code here ///////////////////

//         verify or add those lines

Vector3f gyro;
static float baro_alt;
int radio_roll, radio_pitch, radio_yaw, radio_throttle, aux_1,
aux_2, aux_3;
```

```
uint16_t radio[6];
float c_roll, c_pitch, c_yaw, volt, corriente_tot;
static Vector3f pos;
static Vector3f ref;
static Vector3f ref_p;
static Vector3f error;
static Vector3f error_p;
static Vector3f ctrl;
static Vector3f vel;
static Vector3f pos_gps;
static Vector3f vel_gps;
static Vector3f off;
static uint8_t flag=0,flag2=1;
uint8_t mode_flight=1;
bool flag_aux1=true;
// the reader should verify the necessary variables

/////////////////////// INITIALIZATION ///////////////////////

// secondary tasks defined in the scheduler

static const AP_Scheduler::Task scheduler_task[] PROGMEM = {
        {update_GPS, 8, 90}, // update GPS positions
        {update_Baro, 40, 100}, // update barometer altitude
        {Trajectory, 40, 20}, // update trajectory to follow
        {Read_radio, 4, 20}, // remote control reading
        {Flight_modes, 4, 50}, // update the flight mode
        {Read_battery, 400, 50}, // battery reading
        {Save_data, 20, 100}, // saving data into SD
};

void setup(){

//          verify or add those lines

    gps.init(NULL,serial_manager);
    ahrs.set_compass(&compass);
```

```
    hal.rcout->enable_ch(0);
    hal.rcout->enable_ch(1);
    hal.rcout->enable_ch(2);
    hal.rcout->enable_ch(3);
    hal.rcout->set_freq( 15, 490);
scheduler.init(&scheduler_task[0],sizeof(scheduler_task)/
sizeof(scheduler_task[0]));
    toshiba_led.init(); battery.set_monitoring(0,AP_
    BattMonitor::BattMonitor_TYPE_ANALOG_VOLTAGE_AND_CURRENT);
    battery.init();
    init_flash();
// setting the motors
    hal.rcout->write(0,0);
    hal.rcout->write(1,0);
    hal.rcout->write(2,0);
    hal.rcout->write(3,0);

}

///////////////////////// EXECUTION /////////////////////////

void loop(){

    ins.wait_for_sample();
    uint32_t timer = micros();
    fast_loop();
    scheduler.tick();
    uint32_t time_available=(timer+MAIN_LOOP_MICROS)-micros();
    scheduler.run(time_available);

}

static void fast_loop(void){
    ahrs.update();
    compass.read();
    gyro = ins.get_gyro();

    c_roll = phi_p * ahrs.roll + phi_d * gyro.x;
```

```
    c_pitch = th_p * ahrs.pitch + th_d * gyro.y;
    c_yaw = psi_p * (ahrs.yaw-0) + psi_d * gyro.z;

    // writing to motors
    float m1_c, m2_c, m3_c, m4_c;
    float c_gas=radio_throttle+ctrl.z;

    m1_c=satu((-c_roll -ctrl.x +c_pitch -ctrl.y +c_yaw+radio_
    yaw +cgas),1700,1100);
    m2_c=satu(( c_roll +ctrl.x -c_pitch +ctrl.y +c_yaw+radio_
    yaw +cgas),1700,1100);
    m3_c=satu(( c_roll +ctrl.x +c_pitch -ctrl.y -c_yaw-radio_
    yaw +cgas),1700,1100);
    m4_c=satu((-c_roll -ctrl.x -c_pitch +ctrl.y -c_yaw-radio_
    yaw +cgas),1700,1100);
// emergency stop

    if (radio_throttle>1149)
    {
        hal.rcout->write(0,m1_c);
        hal.rcout->write(1,m2_c);
        hal.rcout->write(2,m3_c);
        hal.rcout->write(3,m4_c);
    }

    else
    {
        hal.rcout->write(0,1000);
        hal.rcout->write(1,1000);
        hal.rcout->write(2,1000);
        hal.rcout->write(3,1000);
    }
}
//          auxiliary functions
// saturation function
static float satu(float nu, float ma, float mi){
```

```
    if(nu>=ma) nu=ma;
      else nu=nu;
      if(nu <= mi) nu=mi;
      else nu=nu;
    return nu;
}

static uint32_t micros(){
    return hal.scheduler->micros();
}

static void Read_battery(){
    battery.read();
    volt=battery.voltage();
    corriente_tot=battery.current_total_mah();
}

static void Save_data(){
    Log_Write_Pose();
    Log_Write_Control();
    Log_Write_Errors();
}

AP_HAL_MAIN(); // Ardupilot function call
```

1 모듈 radio.pde

[Listing 8-2]에는 Read_radio() 함수가 포함되어 있다.

[Listing 8-2] 쿼드콥터의 실시간 호버링 제어를 위한 모듈 radio.pde

```
static void Read_radio(){
    for (uint8_t i=0;i<=6; i++)
    {radio[i]=hal.rcin->read(i);}
    radio_roll=(radio[0]-1500)/3;
    radio_pitch=(radio[1]-1500)/3;
    radio_throttle=radio[2];
    if(radio_throttle>=1149 && radio_throttle<1152){
        off.z=pos.z;

    }

    radio_yaw=(radio[3]-1500)/2;
    aux_1=radio[4];
    aux_2=radio[5];
}
```

❷ 모듈 control.pde

이 control.pde 파일은 Flight_mode( ) 함수를 포함하고 있다. [Listing 8-3]을 참조. 이 기능은 작동되는 보조 레버에 따라 다른 제어 모드를 활성화한다. 기본적으로 이러한 비행 모드는 X, Y, Z 축의 제어 장치를 수정한다.

[Listing 8-3] 쿼드콥터의 실시간 호버링 제어를 위한 모듈 control.pde

```
static void Flight_modes(){

if(aux_1<1600){
    if(flag_aux1){
        ref.x=pos.x;
        off.x=pos.x;
        ref.y=pos.y;
        off.y=pos.y;
        ref.z=pos.z;
        mode_flight =2;
    }
    if(aux_2>=1600) {
        mode_flight =3;
    } else { mode_flight =2;}

}

else{
    mode_flight =1;
    flag_aux1=false;
}

switch(mode_flight) {
case 1: // just attitude
    ctrl.x=0;
    ctrl.y=0;
    ctrl.z=0;
```

```
        ref_p.x=0;
        ref_p.y=0;
        ref_p.z=0;
        break;
case 2: // hover
        error.x=pos.x-ref.x;
        error.y=pos.y-ref.y;
// check remote control levers to coincide with the signs
        error.z=ref.z-pos.z;
        error_p.x=vel.x-ref_p.x;
        error_p.y=vel.y-ref_p.y;
        error_p.z=ref_p.z-vel.z;
        ctrl.x=satu((p_x*(error.x)+d_x*(error_p.x)),50,-50);
        ctrl.y=satu((p_y*(error.y)+d_y*(error_p.y)),50,-50);
        ctrl.z=satu((alt_p*(error.z)+alt_d*(error_p.z)),80,-80);
        break;
case 3: // trajectory following
        error.x=pos.x-ref.x;
        error.y=pos.y-ref.y;
        error.z=ref.z-pos.z;
        error_p.x=vel.x-ref_p.x;
        error_p.y=vel.y-ref_p.y;
        error_p.z=ref_p.z-vel.z;
        ctrl.x=satu((p_x*(error.x)+d_x*(error_p.x)),50,-50);
        ctrl.y=satu((p_y*(error.y)+d_y*(error_p.y)),50,-50);
        ctrl.z=satu((alt_p*(error.z)+alt_d*(error_p.z)),80,-80);
break;
        default:
        break;
}
}
```

8
CHAPTER

다음의 조합에 유의하여야 한다(원격 제어 신호가 값 1590–1580 사이에서 보조 OFF 위치를 진동하므로 OFF가 1600 미만임을 나타냄).

```
Aux_1 = 0    if  signal    < 1600
Aux_1 = 1    if  signal    >= 1600
Similarly
Aux_2 = 0    if  signal    < 1600
Aux_2 = 1    if  signal    >= 1600
```

이렇게 하면 상태기계를 재구성할 수 있다(이 상태기계가 주입된 제어 장치에만 영향을 미치고 미리 설계된 궤적이 사용되었는지를 알 수 있다). **[표 8-1]**과 **[그림 8-1]**을 참조한다.

[표 8-1] 비행 작업 및 보조 레버 관련 조합 상태

상태	작업	조합 AUX1 AUX2
A	자동 자세로 수동 이륙	(1, 0) , (1, 1)
B	자동 자세가 있는 자동 호버	(0, 0)
C	자동 자세에 따른 자동 궤적	(0, 1)

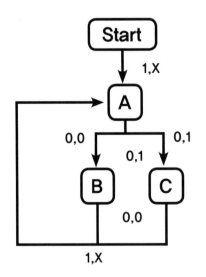

- **Start A:** 방향 + 수동 고도(이륙)
  자동 호버 또는 XY 위치 없음.
- **Start B:** 방향 + 자동 고도 그리고
  현재 XY 위치 유지 (호버링).
- **Start C:** 자세 + 표고 + 자동 XY 위치 (궤도 추적).

[그림 8-1] 비행 작업의 상태기계

B와 C 상태에서는 이 코드를 사용하는 동안 표시된 코드에 정지 상태가 포함되어 있지 않으므로 스로틀 레버를 움직이지 마시오. 실제 드론에서 항상 + 참조값을 유지하도록 되어있다. 이 참조값은 AUX_1 레버를 교환하는 시점의 스로틀 레버 위치값이다.

또한, B 또는 C 상태가 실행중일 동안 기체가 지면에서 어떤 동작을 할지 고려하지 않기 때문에 항상 디지털 값 1에서 AUX_1 레버로 기체의 시동을 건다. 마지막으로 모터를 끄려고 할 때 주의하여야 한다.

자세 제어가 항상 활성화되어 있으므로 계속 회전할 것이다. 대신, 쿼드콥터를 움직이지 않거나 중단 버튼까지의 긴 연장 장치를 사용하여 지상에서 시도한다.

비상 정지 또는 착륙 상태가 없다. 일반 제어 장치에는 항상 존재하는 리모컨의 상호 작용이 포함되어 있기 때문이다(사용자는 항상 리모컨을 통해 이 상태에 접근할 수 있음). 차량을 착륙시키기 위해 사용자는 스로틀 레버(호버 작업의 원격 제어)를 명령한다.

또한, 지형이 평평하지 않으면 엔진이 계속 회전하므로 이 제어 장치는 위험하므로 각 변동에 따라 달라지는 자세 제어는 항상 존재함을 주의하여야 한다. 어떠한 경사도 없이 매끄러운 표면에 제안된 코드를 사용하는 것이 가장 좋다.

그리고, 이 제어기는 옆바람이 없다고 가정했으므로, 이것을 밀폐된 공간에서 시도해 보는 것이 좋다. 또 다른 옵션은 세 번째 보조 레버를 사용하거나 상태 1에 대해 aux1과 aux2의 1,0 및 1,1 조합을 불명확하게 사용하는 대신 모터에 0을 쓰기 위한 조합 중 하나로 D 상태를 프로그래밍 할 수 있다.

3 모듈 Data.pde

data.pde 모듈은 내부 Save_data( ) 함수의 Log_Write 함수를 포함한다.
[Listing 8-4] 참조.

[Listing 8-4] 쿼드콥터의 실시간 호버링 제어를 위한 모듈 data.pde

```
static uint16_t log_num; //Dataflash

struct PACKED log_Pose{
    LOG_PACKET_HEADER;
    float alt_barof;
    float Roll;
    float Pitch;
    float Yaw;
    float z_pos;
    float vel_x;
    float vel_y;
    float vel_z;
    float x_pos;
    float y_pos;
    float giroz;
    float girox;
    float giroy;
};

struct PACKED log_Control {
    LOG_PACKET_HEADER;
    float time_ms;
    float u_z;
    float tau_theta;
    float tau_phi;
    float tau_psi;
    float comodin_1;
    float comodin_2;
```

```
        float comodin_3; // comodines para indice de desempeño
        float comodin_4;
};

struct PACKED log_Errors {
        LOG_PACKET_HEADER;
        uint32_t time_ms;
        float error_x;
        float error_y;
        float error_z;
        float voltaje;
        float corriente;
        float comodin_5;
        float comodin_6;
        int comodin_7;
        float alt_des;
        float x_des;
        float y_des;

};

//declaration
static const struct LogStructure log_structure[] PROGMEM = {
            LOG_COMMON_STRUCTURES,
            {LOG_POSE_MSG, sizeof(log_Pose),
            "1", "ffffffffffff", "a_bar,ROLL,PITCH,YAW,Z_POS,
            V_X,V_Y,V_Z,X_POS,Y_POS,G_Z,G_X,G_Y"},
        { LOG_CONTROL_MSG, sizeof(log_Control),
            "2", "fffffffff", "T_MS,UZ,T_TH,T_PHI,T_PSI,
            TAUX,TAUY,S_PHI,S_PSI"},
        { LOG_ERR_MSG, sizeof(log_Errors),
            "3", "Iffffffffffff", "T_MS,E_X,E_Y,E_Z,VOLT,AMP,nav_z,
            nav_zp,con_alt,ZDES,XDES,YDES"},
};
// initialization
static void init_flash() {
```

```
    DataFlash.Init(log_structure,sizeof(log_structure)/
    sizeof(log_structure[0]));
    if (DataFlash.NeedErase()) {
        DataFlash.EraseAll();
    }
    log_num=DataFlash.StartNewLog();

}

// saving data

static void Log_Write_Pose()
{
    struct log_Pose pkt = {
        LOG_PACKET_HEADER_INIT(LOG_POSE_MSG),
        alt_barof    : baro_alt,
        Roll         : ahrs.roll,
        Pitch        : ahrs.pitch,
        Yaw          : ahrs.yaw,
        z_pos        : pos.z,
        vel_x        : vel.x,
        vel_y        : vel.y,
        vel_z        : vel.z,
        x_pos        : pos.x,
        y_pos        : pos.y,
        giroz        : gyro.z,
        girox        : gyro.x,
        giroy        : gyro.y,
    };
    DataFlash.WriteBlock(&pkt, sizeof(pkt));
}
    static void Log_Write_Control(){
      struct log_Control pkt = {
            LOG_PACKET_HEADER_INIT(LOG_CONTROL_MSG),
            time_ms      : (float)(hal.scheduler->millis()/1000),
            u_z          : ctrl.z,
```

```
        tau_theta   : (ctrl.x+c_pitch),
        tau_phi     : (ctrl.y+c_roll),
        tau_psi     : c_yaw,
        comodin_1   : 0,
        comodin_2   : 0,
        comodin_3 : 0,
        comodin_4 : 0,
    };

    DataFlash.WriteBlock(&pkt, sizeof(pkt));
}

static void Log_Write_Errors(){
    struct log_Errors pkt = {
        LOG_PACKET_HEADER_INIT(LOG_ERR_MSG),
        time_ms     : (hal.scheduler->millis()/100),
        error_x     : error.x,
        error_y     : error.y,
        error_z     : error.z,
        voltaje     : volt,
        corriente   : corriente_tot,
        comodin_5     : 0,
        comodin_6    : 0,
        comodin_7   : radio_throttle,
        alt_des     : ref.z,
        x_des       : ref.x,
        y_des       : ref.y,
        };
        DataFlash.WriteBlock(&pkt, sizeof(pkt));
}
```

■4 모듈 Pose.pde

pose.pde 모듈은 Trajectory( ), update_Baro( ) 및 update_GPS( ) 함수를 포함한다. [Listing 8-5] 참조.

[Listing 8-5] 쿼드콥터의 실시간 호버링 제어를 위한 모듈 Pose.pde

```
# define LED_DIM 0x11 // LED variable definition
static float dt; // delta of time

static uint32_t last_update; // inertial navigation variable

///////                    GPS
static void update_GPS(void){
    static uint32_t last_msg_ms;

    gps.update();

    if (last_msg_ms != gps.last_message_time_ms())
    {
        last_msg_ms = gps.last_message_time_ms();
        const Location &loc =gps.location();
        flag = gps.status();
    }

    uint32_t currtime = hal.scheduler->millis();
    dt = (float)(currtime - last_update) / 1000.0f;
    last_update = currtime;
    inertial_nav.update(dt);
    if(pos.x!=0 && flag >=3 && flag2==1){
        const Location &loc = gps.location();
        ahrs.set_home(loc);

        compass.set_initial_location(loc.lat, loc.lng);
        toshiba_led.set_rgb(0,LED_DIM,0);
        flag2 = 2;

    }
```

```
    pos_gps = inertial_nav.get_position();
    vel_gps = inertial_nav.get_velocity();

    pos.x=((pos_gps.x)/100)-off.x;
    pos.y=((pos_gps.y)/100)-off.y;
    pos.z=((pos_gps.z)/100)-off.z;

    if(flag2==2){
        vel.x=((vel_gps.x)/100);
        vel.y=((vel_gps.y)/100);
    }
    vel.z=((vel_gps.z)/100);

}

static void update_Baro() {
    barometer.update();
    baro_alt=barometer.get_altitude();

}

static void Trajectory(){
    if(mode_flight==3 && s_time<=360){
    //posic
    ref.x=(-3*cos(s_time*(3.1416/180))+3)+off.x; // starts
    where it is currently placed
    ref.y=(-3*sin(s_time*(3.1416/180)))+off.y;
    ref.z=pos.z;
    //veloc

    ref_p.x=0; // remember the soft-flight mode but you can
               // paste here the time derivative
    ref_p.y=0;
    ref_p.z=0;
    }
}
```

다음으로, 이전 코드의 상호 의존성을 제시한다. [그림 8-2] 참조. 이러한 상호 작용은 순차적 프로그래밍 방식과 관련하여 모듈화 및 내부, 외부 기능의 개념을 통해 단순화되고 이해하기 쉽다.

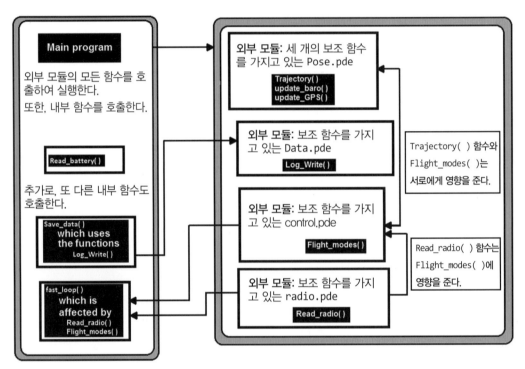

[그림 8-2] 모듈과 메인 코드 관계

5 챕터 요약

이 챕터에서 배운 내용은 다음과 같다.

> • 모듈로 구분된 실시간 모드에서 전체 프로그램을 코드화하는 방법
> • 각 모듈을 나머지 프로그램과 연결하는 방법
> • 상태기계로 비행 작업을 표현하는 방법

완료한 것은 사실이지만 부록을 읽는 것이 좋다. 거기에서 유사한 라이브러리 및 해당 명령에 대한 비교 방법을 읽을 수 있다. 또한, 장기 운영을 위한 테더 차량, 라이브러리 버전 설치 프로세스, 헤더 및 코드 설정 섹션의 전체 코드, 쿼드콥터 설계 방법 그리고 이 책에서 더 많은 것을 검색하고 싶다면 유용한 키워드 집합에 대해서도 새로운 종류의 차량을 설계하고 싶다면 전 방향성 및 추력 벡터링에 대해 배우게 될 것이다.

6 Part Ⅲ 참조 및 보충 사이트

❶ 픽스호크 디자인을 상세히 기술한 흥미로운 기사다(자동조종기를 설계하고 싶다면 유용함): Lorenz Meier, Petri Tanskanen, Lionel Heng, Gim Hee Lee, Friedrich Frundorfer, Marc Pollefeys, "PIXHAWK: Onboard Computer Vision을 이용한 자율 비행을 위한 마이크로 항공 차량 설계", Autonomous Robots 33 (2012), no.1-2, 21-39.

❷ 자신의 오토파일럿autopilot을 만들고자 하는 사람들을 위해 이전 기사를 보완하는 흥미로운 기사다. 실시간으로 작업의 설계에 대한 설명을 제공한다.: J. Rogelio Guadarama- Olvera,Jose J. Corona-Sanchez, Hugo Rodriguez-Cortes, "4중 헬리콥터용 비선형 컨트롤러의 하드 실시간 구현," Journal of Intelligent & Robotic Systems 73(2014), No. 1-4, 81 8197.

❸ 실시간 설계에 대한 대규모 온라인 과정
  • https://es.coursera.org/learn/real-time-systems.

❹ 웹 페이지에서는 C⁺⁺에서의 모듈 사용 및 **"링크"**에 대해 설명한다. 아두파일럿 라이브러리에 연결된 컴파일러는 작업 폴더의 이름이 기본 파일과 같은 경우, 이미 자동으로 링크된다는 점에 유의하여야 한다. 이 텍스트에서 단어 모듈은 메인 프로그램의 독립적인 하위 구성 요소인 www.slotparadise.com/c-libraries-linking-compiling/과 동의어다.

❺ 상태 시스템과 해당 로보틱 응용 프로그램에 대해 자세히 알고 싶다면 다음 책을 읽어 보시오: Vojtech Spurny et al. "Cooperative autonomous search, grasping, and delivering in a treasure hunt scenario by a team of unmanned aerial vehicles," Wiley Online Library, 2018.

❻ 다음 웹 페이지에서는 아두파일럿 라이브러리의 실시간 사용에 관해 설명한다.
  • http://ardupilot.org/dev/docs/code-overview-schedulingyour-new-code-to-run-intermittently.html?highlight=scheduler

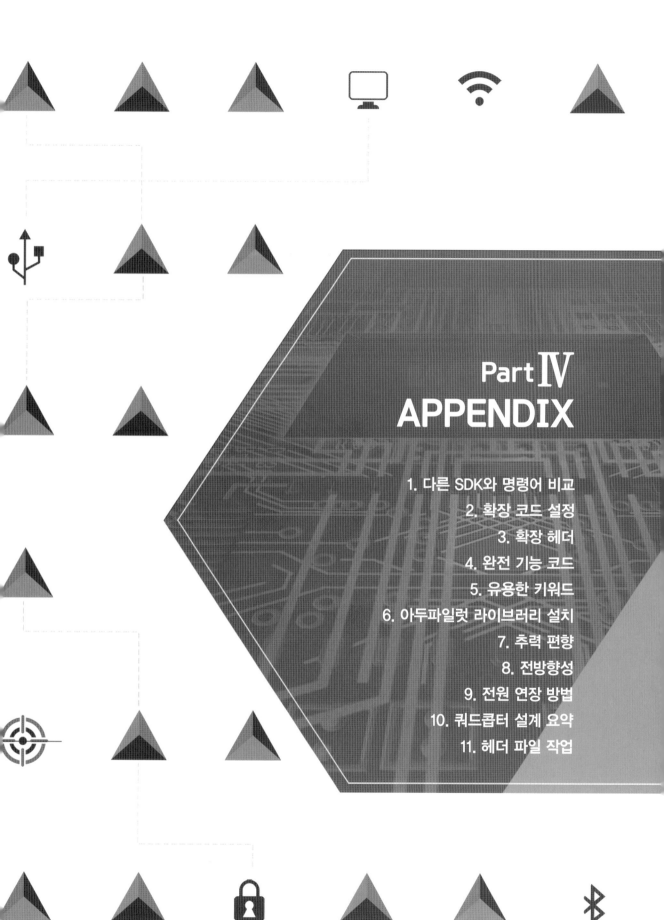

Part IV
APPENDIX

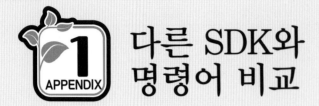

다른 SDK와 명령어 비교

[표 A1-1] 다른 SDK와 비교

작업	C⁺⁺에서 아두파일럿 명령어	파이썬에서 드론킷 명령어	PX4 C⁺⁺ 메시지 ROS-kind 논리
화면 인터페이스: 읽고 쓰기	hal.console-> printf() hal.console-> read()	Print input() or raw_input()	PX4_INFO
원격 제어 판독 또는 RC 입력	hal.rcin-> read()	vehicle.channels [channel]	manual_ control_ setpoint.msg
모터 또는 RC 출력에 쓰기	hal.rcout-> write()	모터에 연결하지않고 차량에만 연결: send_ned velocity (vx,vy,vz, duracion)	actuator_ controls.msg to vehicle actuator_ direct.msg test_motor.msg to motors
아날로그 판독	ch=hal. analogin-> channel(channel) read=ch-> voltage_ average()	EXTERNAL, for example, analog ports on Raspberry Pi	adc_report.msg

작업	C++에서 아두파일럿 명령어	파이썬에서 드론킷 명령어	PX4 C++ 메시지 ROS-kind 논리
디지털 읽기 및 쓰기 또는 GPIO	hal.gpio->read(pin) hal.gpio->write(pin,value)	EXTERNAL, for 예로, Raspberry Pi에 대한 GPIO 라이브러리	gpio_led start
유선 또는 무선 직렬 UART 읽기/쓰기	hal.uart#->write() hal.uart#->read() with #=A,B,C,D	EXTERNAL, for example, with Raspberry Pi	modules/mavlink
SD 카드에 쓰기	DataFlash.WriteBlock (package,size)	EXTERNAL by using Raspberry or another command computer with file.write or mavutil.mavlink_connection (filename)	https://dev.px4.io/en/log/ulog_file_format.html
시간 호출 또는 지연	hal.scheduler->millis() hal.scheduler->delay()	time.sleep(time)	hrt_absolute_time();
배터리 측정	battery.read( )	vehicle.battery	battery_status.msg
GPS 측정	inertial_nav.get_position() inertial_nav.get_velocity();	vehicle.gps_0	vehicle_gps_position.msg vehicle_odometry.msg

작업	C++에서 아두파일럿 명령어	파이썬에서 드론킷 명령어	PX4 C++ 메시지 ROS-kind 논리
방향 측정	Ahrs ins.get_gyro()	vehicle.attitude	vehicle_ odometry.msg sensor_ combined.msg
고도 측정	barometer.get_ altitude()	vehicle.location	vehicle_gps_ position.msg vehicle_ odometry.msg
LED 빛	toshiba_led.set_ rgb(R,G,B);	EXTERNAL	led_control. msg
신호 필터링	LowPassFilter2p float filtername (parameters) filtername.apply (signal);	EXTERNAL, additional Python apps	https://dev. px4.ii/en/ middleware/ modules_ estimesti.html
관측	오토파일럿을 완벽하게 사용하고 광범위하게 기록되어 있으며 사용하기 쉬운 매우 완벽한 라이브러리	제한적 사용, 구현하기 쉬운 양호한 문서화를 위한 라이브러리	사용하기 어렵고, ROS 스타일로 가장 완벽한 라이브러리, 잘 문서화되지 않음.
웹 페이지	http://ardupilot. org/dev/docs/ apmcopter- programmin- libraries.html	http://python. dronekit.io	https://dev. px4.io/en/

확장 코드 설정

각각 새 프로그램에 다음 라인을 배치해야 한다. 데이터 누락으로 인한 오류를 발생시키지 않도록 그 중 어느 것도 빠뜨리지 않는 것이 좋다. 최선의 경우에는 필요에 따라 코드 라인을 더 추가하거나 SD 메모리 쓰기의 경우 앞에서 설명한 것처럼 함수의 특정 라인을 캡슐화하는 것이 좋다.

```
void setup()
{
    ins.init(AP_InertialSensor::COLD_START,AP_InertialSensor::
    RATE_400HZ);
    serial_manager.init_console();
    serial_manager.init();
    compass.init();
    compass.read();
    ahrs.set_compass(&compass);
    gps.init(NULL,serial_manager);
    barometer.init();
    barometer.calibrate();
    DataFlash.Init(log_structure, sizeof(log_structure)/
    sizeof(log_structure[0]));
        if (DataFlash.NeedErase()) {
            DataFlash.EraseAll();
            }
    log_num = DataFlash.StartNewLog();
    hal.scheduler->delay(100);
}
```

보다시피, 기본 설정은 직렬 콘솔을 시작하고(최소한 메시지를 터미널에 보내기 위해) 나침반, 관성 센서, GPS, 기압계 및 결합 된 모듈 AHRS를 초기화한다(오토파일럿autopilot은 위치 및 공간 방향에 대한 개념을 가지고 있으므로) 마지막으로 SD 카드에 대한 저장 모듈이다.

이 초기화기는 기본 모드이며, 때로는 관련 섹션에서 설명한 바와 같이 라인(모터, LED, 배터리, UART 직렬 통신, 아날로그 및 디지털 포트 등 항목)을 추가해야 할 것이다.

확장 헤더

이 헤더 정보는 프로그램이 실행될 수 있도록 각 코드 파일에 배치되어야 한다.

다음 헤더 라인을 각각 새 코드 파일에 추가해야 한다.

여기에는 아두파일럿(ArduPilot) 라이브러리의 필요한 모든 기능의 호출이 포함되어 있다. 수정하지 말고 최상의 경우 필요한 라이브러리만 추가하는 것이 좋다. 제거할 라이브러리 또는 명령이 확실하지 않으면 코드 라인을 제거해서는 안된다. 그것들은 ardupilot.pde 파일에서 거의 완전히 가져갔다는 것에 유의하여야 한다. 다음과 같이 복사하여 붙여넣기만 하면 된다.

```
// place the header here //

// c libraries
#include <math.h>
#include <stdio.h>
#include <stdlib.h>
#include <stdarg.h>

// Common dependencies
#include <AP_Common.h>
#include <AP_Progmem.h>
#include <AP_Menu.h>
#include <AP_Param.h>
#include <StorageManager.h>
// AP_HAL
#include <AP_HAL.h>
#include <AP_HAL_AVR.h>
#include <AP_HAL_SITL.h>
#include <AP_HAL_PX4.h>
#include <AP_HAL_VRBRAIN.h>
#include <AP_HAL_FLYMAPLE.h>
```

```
#include <AP_HAL_Linux.h>
#include <AP_HAL_Empty.h>
#include <AP_Math.h>

// Application dependencies
#include <GCS.h>
#include <GCS_MAVLink.h>        // MAVLink GCS definitions
#include <AP_SerialManager.h>   // Serial manager library
#include <AP_GPS.h>             // ArduPilot GPS library
#include <DataFlash.h>          // ArduPilot Mega Flash Memory
                                // Library
#include <AP_ADC.h>             // ArduPilot Mega Analog to
                                // Digital Converter Library
#include <AP_ADC_AnalogSource.h>
#include <AP_Baro.h>
#include <AP_Compass.h>         // ArduPilot Mega Magnetometer
                                // Library
#include <AP_Math.h>            // ArduPilot Mega Vector/Matrix
                                // math Library
#include <AP_Curve.h>           // Curve used to linearlise
                                // throttle pwm to thrust
#include <AP_InertialSensor.h>  // ArduPilot Mega Inertial
                                // Sensor (accel & gyro) Library
#include <AP_AHRS.h>
#include <AP_NavEKF.h>
#include <AP_Mission.h>         // Mission command library
#include <AP_Rally.h>           // Rally point library
#include <AC_PID.h>             // PID library
#include <AC_PI_2D.h>           // PID library (2-axis)
#include <AC_HELI_PID.h>        // Heli specific Rate PID
                                // library
#include <AC_P.h>               // P library
#include <AC_AttitudeControl.h>// Attitude control library
#include <AC_AttitudeControl_Heli.h> // Attitude control
                                // library for traditional
```

```
                                        // helicopter
#include <AC_PosControl.h>      // Position control library
#include <RC_Channel.h>         // RC Channel Library
#include <AP_Motors.h>          // AP Motors library
#include <AP_RangeFinder.h>     // Range finder library
#include <AP_OpticalFlow.h>     // Optical Flow library
#include <Filter.h>             // Filter library
#include <AP_Buffer.h>          // APM FIFO Buffer
#include <AP_Relay.h>           // APM relay
#include <AP_ServoRelayEvents.h>
#include <AP_Camera.h>          // Photo or video camera
#include <AP_Mount.h>           // Camera/Antenna mount
#include <AP_Airspeed.h>        // needed for AHRS build
#include <AP_Vehicle.h>         // needed for AHRS build
#include <AP_InertialNav.h>     // ArduPilot Mega inertial
                                // navigation library
#include <AC_WPNav.h>           // ArduCopter waypoint
                                // navigation library
#include <AC_Circle.h>          // circle navigation library
#include <AP_Declination.h>     // ArduPilot Mega Declination
                                // Helper Library
#include <AC_Fence.h>           // Arducopter Fence library
#include <SITL.h>               // software in the loop support
#include <AP_Scheduler.h>       // main loop scheduler
#include <AP_RCMapper.h>        // RC input mapping library
#include <AP_Notify.h>          // Notify library
#include <AP_BattMonitor.h>     // Battery monitor library
#include <AP_BoardConfig.h>     // board configuration library
#include <AP_Frsky_Telem.h>
#if SPRAYER == ENABLED
#include <AC_Sprayer.h> // crop sprayer library
#endif
#if EPM_ENABLED == ENABLED
#include <AP_EPM.h> // EPM cargo gripper stuff
#endif
```

```
#if PARACHUTE == ENABLED
#include <AP_Parachute.h>        // Parachute release library
#endif
#include <AP_LandingGear.h>     // Landing Gear library
#include <AP_Terrain.h>
#include <LowPassFilter2p.h>
// AP_HAL to Arduino compatibility layer
#include "compat.h"
// Configuration
#include "defines.h"
#include "config.h"
#include "config_channels.h"

// lines referring to the times of the pixhawk autopilot, which
// works at 400mhz or 0.0025seconds or 2500 microseconds

# define MAIN_LOOP_RATE    400
# define MAIN_LOOP_SECONDS 0.0025f
# define MAIN_LOOP_MICROS  2500
// statements referring to the autopilot objects, for example,
// gps-type objects barometer, compass, DataFlash, etc., all of
// them will subsequently be invoked in the corresponding code

const AP_HAL::HAL& hal = AP_HAL_BOARD_DRIVER;
static AP_Scheduler scheduler;

static AP_GPS gps;
static AP_Baro barometer;
static AP_InertialSensor ins;
static RangeFinder sonar;
static Compass compass;
static AP_SerialManager serial_manager;
static ToshibaLED_PX4 toshiba_led;
static AP_BattMonitor battery;

//Data, BE CAREFUL, WHEN YOU READ THE SD SECTION DELETE THIS
//BLOCK THERE
```

```
// you will learn how to use and external module and deep
// details about these declarations
#define    LOG_MSG              0x01
#if CONFIG_HAL_BOARD == HAL_BOARD_PX4
static DataFlash_File DataFlash("/fs/microsd/APM/LOGS");
#endif

struct PACKED log_Datos{
    LOG_PACKET_HEADER;
    uint32_t time_ms;
    float  a_roll;
    float  a_pitch;
    float  a_yaw;
    float pos_x;
    float pos_y;
    float pos_z;
};
static const struct LogStructure log_structure[] PROGMEM = {
        LOG_COMMON_STRUCTURES,
        {LOG_MSG, sizeof(log_Datos),
        "1", "Iffffff", "T_MS,ROLL,PITCH,YAW,X_POS,Y_POS,Z_
        POS"},
};

static uint16_t log_num; //Dataflash

// Inertial Navigation EKF

#if AP_AHRS_NAVEKF_AVAILABLE
AP_AHRS_NavEKF ahrs(ins, barometer, gps, sonar);
#else
AP_AHRS_DCM ahrs(ins, barometer, gps);
#endif

static AP_InertialNav_NavEKF inertial_nav(ahrs);

// place your code here //
```

이전에는 이러한 라이브러리에 대한 간략한 설명이 작성되었다. 더 자세한 내용은 다음 설명서를 참조하시오.

알레한드로 로메로 갈란Alejandro Romero Galan,"공기 고래 프로젝트에 사용하기 위한 무료 액세스 아두콥터 펌웨어의 수정 및 수정", 2015년 세비야 대학 (스페인어).

☁ **자세한 내용은 다음 웹 사이트를 참조.**

- http://ardupilot.org/dev/docs/apmcopter-programming-libraries.html
- https://github.com/ArduPilot/ardupilot/tree/master/libraries

완전 기능 코드

APPENDIX 4

헤더 및 설정 정보를 포함한 전체 코드:

```
// paste the header here //

// c libraries
#include <math.h>
#include <stdio.h>
#include <stdlib.h>
#include <stdarg.h>

// Common dependencies
#include <AP_Common.h>
#include <AP_Progmem.h>
#include <AP_Menu.h>
#include <AP_Param.h>
#include <StorageManager.h>
// AP_HAL
#include <AP_HAL.h>
#include <AP_HAL_AVR.h>
#include <AP_HAL_SITL.h>
#include <AP_HAL_PX4.h>
#include <AP_HAL_VRBRAIN.h>
#include <AP_HAL_FLYMAPLE.h>
#include <AP_HAL_Linux.h>
#include <AP_HAL_Empty.h>
#include <AP_Math.h>
```

```
// Application dependencies
#include <GCS.h>
#include <GCS_MAVLink.h>        // MAVLink GCS definitions
#include <AP_SerialManager.h>   // Serial manager library
#include <AP_GPS.h>             // ArduPilot GPS library
#include <DataFlash.h>          // ArduPilot Mega Flash Memory
                                // Library
#include <AP_ADC.h>             // ArduPilot Mega Analog to
                                // Digital Converter Library
#include <AP_ADC_AnalogSource.h>
#include <AP_Baro.h>
#include <AP_Compass.h>         // ArduPilot Mega Magnetometer
                                // Library
#include <AP_Math.h>            // ArduPilot Mega Vector/Matrix
                                // math Library
#include <AP_Curve.h>           // Curve used to linearlise
                                // throttle pwm to thrust
#include <AP_InertialSensor.h>  // ArduPilot Mega Inertial
                                // Sensor (accel & gyro) Library
#include <AP_AHRS.h>
#include <AP_NavEKF.h>
#include <AP_Mission.h>         // Mission command library
#include <AP_Rally.h>           // Rally point library
#include <AC_PID.h>             // PID library
#include <AC_PI_2D.h>           // PID library (2-axis)
#include <AC_HELI_PID.h>        // Heli specific Rate PID
                                // library
#include <AC_P.h>                // P library
#include <AC_AttitudeControl.h>// Attitude control library
#include <AC_AttitudeControl_Heli.h> // Attitude control
                                     // library for traditional
                                     // helicopter
#include <AC_PosControl.h>      // Position control library
#include <RC_Channel.h>         // RC Channel Library
#include <AP_Motors.h>          // AP Motors library
```

```
#include <AP_RangeFinder.h>       // Range finder library
#include <AP_OpticalFlow.h>       // Optical Flow library
#include <Filter.h>               // Filter library
#include <AP_Buffer.h>            // APM FIFO Buffer
#include <AP_Relay.h>             // APM relay
#include <AP_ServoRelayEvents.h>
#include <AP_Camera.h>            // Photo or video camera
#include <AP_Mount.h>             // Camera/Antenna mount
#include <AP_Airspeed.h>          // needed for AHRS build
#include <AP_Vehicle.h>           // needed for AHRS build
#include <AP_InertialNav.h>       // ArduPilot Mega inertial
                                  // navigation library
#include <AC_WPNav.h>             // ArduCopter waypoint
                                  // navigation library
#include <AC_Circle.h>            // circle navigation library
#include <AP_Declination.h>       // ArduPilot Mega Declination
                                  // Helper Library
#include <AC_Fence.h>             // Arducopter Fence library
#include <SITL.h>                 // software in the loop support
#include <AP_Scheduler.h>         // main loop scheduler
#include <AP_RCMapper.h>          // RC input mapping library
#include <AP_Notify.h>            // Notify library
#include <AP_BattMonitor.h>       // Battery monitor library
#include <AP_BoardConfig.h>       // board configuration library
#include <AP_Frsky_Telem.h>
#if SPRAYER == ENABLED
#include <AC_Sprayer.h>           // crop sprayer library
#endif
#if EPM_ENABLED == ENABLED
#include <AP_EPM.h>               // EPM cargo gripper stuff
#endif
#if PARACHUTE == ENABLED
#include <AP_Parachute.h>         // Parachute release library
#endif
#include <AP_LandingGear.h>       // Landing Gear library
```

```
#include <AP_Terrain.h>
#include <LowPassFilter2p.h>
// AP_HAL to Arduino compatibility layer
#include "compat.h"
// Configuration
#include "defines.h"
#include "config.h"
#include "config_channels.h"

// lines referring to the times of the pixhawk autopilot, which
// works at 400mhz or 0.0025seconds or 2500 microseconds

# define MAIN_LOOP_RATE    400
# define MAIN_LOOP_SECONDS 0.0025f
# define MAIN_LOOP_MICROS  2500

// statements referring to the autopilot objects, for example,
// gps-type objects barometer, compass, DataFlash, etc., all of
// them will subsequently be invoked in the corresponding code
const AP_HAL::HAL& hal = AP_HAL_BOARD_DRIVER;
static AP_Scheduler scheduler;

static AP_GPS gps;
static AP_Baro barometer;
static AP_InertialSensor ins;
static RangeFinder sonar;
static Compass compass;
static AP_SerialManager serial_manager;
static ToshibaLED_PX4 toshiba_led;
static AP_BattMonitor battery;

//Data, BE CAREFUL, WHEN YOU READ THE SD SECTION DELETE THIS
//BLOCK THERE
// you will learn how to use and external module and deep
// details about these declarations

#define  LOG_MSG          0x01
#if CONFIG_HAL_BOARD == HAL_BOARD_PX4
```

```
static DataFlash_File DataFlash("/fs/microsd/APM/LOGS");
#endif

struct PACKED log_Datos{
    LOG_PACKET_HEADER;
    uint32_t time_ms;
    float a_roll;
    float a_pitch;
    float a_yaw;
    float pos_x;
    float pos_y;
    float pos_z;
};
static const struct LogStructure log_structure[] PROGMEM = {
        LOG_COMMON_STRUCTURES,
        {LOG_MSG, sizeof(log_Datos),
        "1", "Iffffff", "T_MS,ROLL,PITCH,YAW,X_POS,Y_POS,
        Z_POS"},
};

static uint16_t log_num; //Dataflash

// Inertial Navigation EKF

#if AP_AHRS_NAVEKF_AVAILABLE
AP_AHRS_NavEKF ahrs(ins, barometer, gps, sonar);
#else
AP_AHRS_DCM ahrs(ins, barometer, gps);
#endif

static AP_InertialNav_NavEKF inertial_nav(ahrs);

// place your code here //

// paste the setup here //
void setup()
{
    ins.init(AP_InertialSensor::COLD_START,AP_InertialSensor::
```

```
        RATE_400HZ);
        serial_manager.init_console();
        serial_manager.init();
        compass.init();
        compass.read();
        ahrs.set_compass(&compass);
        gps.init(NULL,serial_manager);
        barometer.init();
        barometer.calibrate();
        DataFlash.Init(log_structure, sizeof(log_structure)/
        sizeof(log_structure[0]));
            if (DataFlash.NeedErase()) {
                DataFlash.EraseAll();
            }
        log_num = DataFlash.StartNewLog();
        hal.scheduler->delay(100);

}

void loop(void)
{
        hal.console->printf("Hello %d\n",hal.scheduler->micros());
        hal.scheduler->delay(50);
}

AP_HAL_MAIN();
```

유용한 키워드

다음은 주제별 키워드 목록이다. 웹 브라우저에서 더 많은 정보를 검색하려면 이 정보를 자유롭게 사용하라.

❶ 쿼드 로터, 쿼드 콥터, 항공기

❷ 호버 고도, 자세 지향, 조향

❸ 실시간, OOP, 모듈식 프로그래밍, 스케줄러

❹ 오일러 각도, 롤, 피치, 요, 준 속도

❺ 선형 시스템, 선형화, 비선형 시스템

❻ 오토파일럿, 동반 컴퓨터 / 개발 보드

❼ SDK / 소프트웨어 개발 키트, GU I/ 그래픽 사용자 인터페이스

❽ 데이터 유형

❾ PWM / 펄스 폭 변조, PPM / 펄스 위치 변조, RC

❿ 듀티 사이클

⓫ BLDC / 브러시리스 DC, BDC / 브러시 DC, DC

⓬ ESC / 전자 속도 제어, BEC / 배터리 제거 회로, 전원 모듈

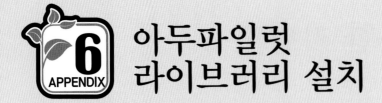

아두파일럿
라이브러리 설치

운영체제, 컴퓨터 플랫폼, 사용된 코드 편집기에 따라 라이브러리를 설치하는 방법은 다양하다. 그러나 이 부록은 사전 로드된 이클립스Eclipse 인터페이스를 사용하는 Windows 7, Vista 및 10 32/64비트 운영체제를 기반으로 한 간단한 설치 설명을 제시한다(이 인터페이스가 이미 컴퓨터에서 사용 가능한 경우 추가 변경이 필요할 수 있음).

오픈 소스 기술을 가지고 작업하고 있으므로 사전 예고 없이 변경 사항을 처리하는 것이 매우 일반적이어서 설치 모드에 영향을 미칠 수 있다. 필요한 모든 프로그램 세트가 이 책과 함께 제공되지만(모두 오픈 소스이며 무료임) 버전을 업데이트하려는 경우 중요한 변경 사항을 알고 있는 것이 좋다. 또한, 해당 포럼을 방문해야 한다.

이 책의 최대 범위는 이러한 기술과 관련된 지식을 전파하는 것이며 개인 프로젝트를 넘어서려는 것이 아니라는 점을 상기하시오. 이와 관련하여 의심이 가는 경우 웹 포럼 참조.

▌1 "일반" 절차

❶ 드라이버를 설치한다.

❷ 라이브러리를 다운로드한다.

❸ 컴파일러를 다운로드한다.

❹ 라이브러리를 컴파일하시오.

❺ 코드 편집 인터페이스를 사용자 정의하시오.

❻ 사용자 정의 코드를 프로그램하시오.

❼ 컴파일하고 테스트하시오.

＊설치 요건: Windows Vista 또는 32비트 또는 64비트의 우수한 운영체제, 개발 인터페이스 실행을 위한 4GB RAM 및 픽스호크^{Pixhawk}사용을 위한 USB 2.0 포트.

▌2 설치 절차

❶ 라이브러리, 드라이버, 컴파일러, 미션 플래너, 지침 등 모든 소프트웨어를 다운로드한다. [그림 A6-1] 참조.

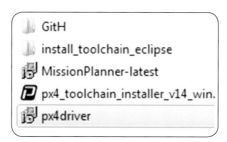

[그림 A6-1] 제공된 소프트웨어

❷ 아무것도 수정하지 않고 다음 주소 안에 GitH 폴더를 넣고 폴더 이름에 악센트, 공백 또는 특수 문자가 없는지 확인한다.

`C:\Users\UserName\Documents`

예를 들어 다음과 같이 작동한다.

`C:\Users\Fonseca\Documents`

그리고 이것은 악센트 때문에 작동하지 않는다.

`C:\Users\León\Documents`

❸ GitH 폴더를 복사한 후 디렉토리 이름이 "C:"에서 "adupilot" 폴더에 이르는 50자로 구성되어 있는지 확인하여야 한다.

예를 들어 41자이므로 다음과 같이 작동한다.

`C:\Users\Fonseca\Documents\GitH\ardupilot`

그리고 이것은 51자이므로 작동하지 않는다.

`C:\Users\FonsecaMendezMend\Documents\GitH\ ardupilot`

이를 작동시키기 위해 GitHub 폴더의 이름을 줄일 수 있다(이 폴더를 수정할 수만 있다. 다른 폴더를 변경하는 것은 사용자의 컴퓨터에 영향을 미칠 것이다).

`C:\Users\FonsecaMendezMend\Documents\Gi\ ardupilot`

지금은 49자를 가지고 있어서 유용하다.

공백이 50자 이상이거나 악센트 또는 기호가 있는 경우 위 요구 사항을 준수하는 새 관리자 사용자 계정을 만들어 이 라이브러리를 설치할 수 있다. 그 전에 실제 사용자 계정에서 모든 설치 폴더를 제거했는지 확인해야 한다.

❹ 픽스호크 드라이버를 설치한다. [그림 A6-2] 참조

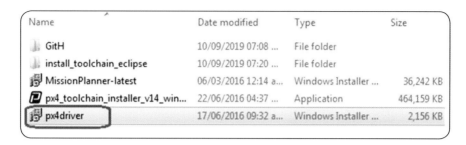

[그림 A6-2] 오토파일럿 드라이버

❺ 나타나는 보조 창에서 확인, 다음, 수락 또는 설치 버튼을 누른다.
[그림 A6-3] 참조.

[그림 A6-3] 드라이버 설치, 1 단계

❻ 이 창이 나타나면 드라이버가 올바르게 설치되었다는 표시다. 마침을 클릭하고
닫는다. [그림 A6-4] 참조.

[그림 A6-4] 드라이버 설치, 2 단계

❼ 라이브러리 컴파일러와 개발 인터페이스(이클립스Eclipse 버전)가 포함된 소프트
웨어인 툴체인을 설치한다.

❽ 설치하기 전에 1단계에서 생성한 아두파일럿ardupilot 폴더가 있는지 확인한다.
[그림 A6-5] 참조.

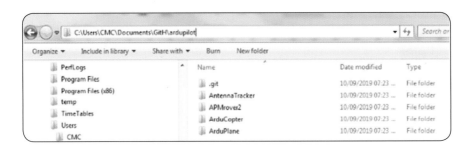

[그림 A6-5] 툴체인 설치, 1 단계

❾ 툴체인을 실행한다. [그림 A6-6] 참조.

[그림 A6-6] 툴체인 설치, 2 단계

❿ 나타나는 창에서 확인, 다음, 수락 및 설치 버튼을 누른다. **[그림 A6-7]** 참조.

[그림 A6-7] 툴체인 설치, 3 단계

3 라이브러리 컴파일

❶ Windows 시작 메뉴에서 **"px"**를 입력한다. PX4 Console이라는 프로그램이 자동
으로 표시된다. 그것을 실행한다. [**그림 A6-8**] 참조.

[그림 A6-8] 컴파일 과정, 1 단계

❷ 실행 시 [그림 A6-9]에 표시된 보조 화면이 나타나야 한다(본서의 표시 목적을 위
해 색상이 반전되었다는 점에 유의한다).

[그림 A6-9] 컴파일 과정, 2 단계

❸ linux-kind 명령 cd 및 ls를 사용하여 ArduCopter 폴더로 이동한다.
[그림 A6-10] 참조.

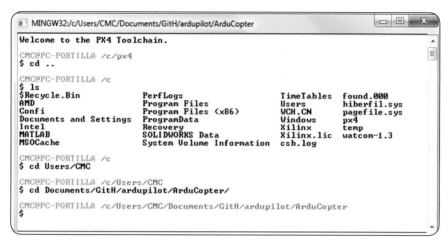

[그림 A6-10] 컴파일 과정, 3 단계

❹ 일단 make px4-v2 명령을 실행하면 복제된 버전을 포함하여 픽스호크의 fmuv2 제품군에 사용될 라이브러리가 컴파일된다. **[그림 A6-11]** 참조.

[그림 A6-11] 컴파일 과정, 4 단계

❺ 시간과 인내심으로 컴파일에 성공하면 다음 메시지가 자동으로 나타난다: "PX4
아두콥더^{ArduCopter} 펌웨어가 ArduCopter-v2.px4에 있습니다."종료 명령을
사용하거나 X 버튼을 눌러 창을 닫는다. [그림 A6-12] 참조.

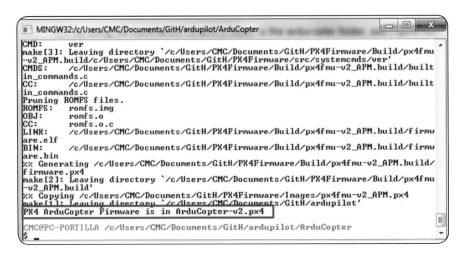

[그림 A6-12] 컴파일 과정, 5 단계

이 절차 중 자주 발생하는 오류는 Arducopter.pde 파일을 찾을 수 없다는 메
시지이다. 이를 해결하는 방법은 arducopter.pde와 같은 유사한 이름의 파
일을 컴파일하는 디렉토리에서 Windows 탐색기를 통해 검색하는 것이다. 오
류가 나타내는 이름으로 대문자와 소문자가 일치하도록 이름을 바꾸고 make
px4-v2 명령에서 프로세스를 반복한다.

4 이클립스Eclipse 편집기의 사전 로드된 버전에서 인터페이스 사용자 정의 및 재컴파일

❶ Windows 시작 메뉴에서 "px"를 입력한다. PX4 Eclipse라는 프로그램이 자동으로 나타난다. 그것을 실행한다. [그림 A6–13] 참조.

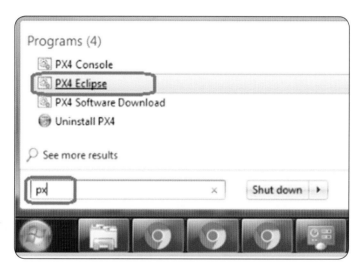

[그림 A6–13] 코드 편집기 사용자 정의, 1 단계

❷ 다음 창에서 확인 버튼을 클릭한다. 표시되는 데 시간이 걸릴 수 있다. [그림 A6–14] 참조.

[그림 A6–14] 코드 편집기 사용자 정의, 2 단계

이 절차 중에 발생하는 두 번째 빈번한 문제는 확인 버튼을 누르면 나타난다. 경고 메시지가 표시되거나 창이 자동으로 닫히면 JAVA 개발 패키지 업데이트가 필요하다는 의미이다. jdk-8u111-windows-i586.exe라고 한다. 이 경우 제 3자 종속성이므로 파일의 전체 이름만 참고 자료로 제공한다는 점에서 주의해야 한다.

업데이트가 설치되면 1단계부터 과정을 반복한다(이 업데이트의 다운로드 주소 및 라이센스 유형은 이 설명서의 시작 부분에 있는 **"라이센스"** 섹션에 있음).

❸ 오류가 없으면 [그림 A6–15]의 화면이 나타난다. 시작 탭에서 X를 클릭하여 닫는다.

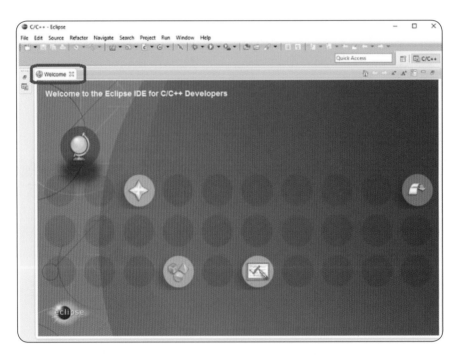

[그림 A6–15] 코드 편집기 사용자 정의, 3 단계

❹ 표 대신 공백이 있도록 환경 설정을 수정한다. 일부 프로그래밍 언어는 표를 사용하지만 아두파일럿 라이브러리는 공백을 사용하므로 **[그림 A6-16]** 참조. 경로는 다음과 같다. 창 ➤ 기본 설정 ➤ 일반 ➤ 편집기 ➤ 텍스트 편집기 ➤ 탭에 공백 삽입 ➤ 적용 ➤ 확인.

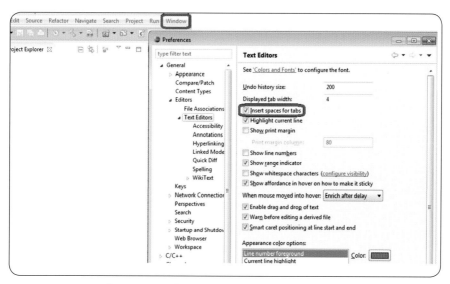

[그림 A6-16] 코드 편집기 사용자 정의, 4 단계

❺ 코드 스타일이 들여쓰기 대신 공백을 사용하도록 환경 설정을 수정한다. **[그림 A6-17]** 참조. 경로는 다음과 같다. 창 ➤ 기본 설정 ➤ C / C++ ➤ 코드 스타일 ➤ 포맷터 ➤ 새로 만들기 ➤ "K & R 탭 작성" ➤ "들여쓰기" 설정을 "공백만"으로 변경 ➤ 적용 ➤ 확인.

[그림 A6-17] 코드 편집기 사용자 정의, 5 단계

❻ .pde 확장이 있는 파일을 C⁺⁺ 소스 코드에 연결(ArduPilot 라이브러리의 소스
파일 중 많은 파일에는 .pde 확장자가 있음). [그림 A6–18] 참조.
경로는 다음과 같다. 창 ➤ 기본 설정 ➤ C / C⁺⁺ ➤ 파일 유형 ➤ 새로 만들기
➤ "＊ .pde"쓰기 ➤ 유형을 C⁺⁺ 소스 파일로 변경 ➤ 확인 ➤ 확인.

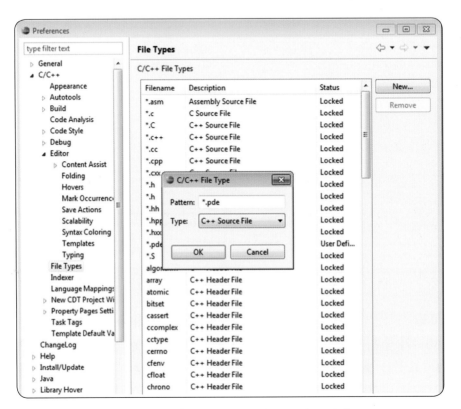

[그림 A6–18] 코드 편집기 사용자 정의, 6 단계

❼ 아두콥터ArduCopter 프로젝트를 로드한다. [그림 A6–19] 참조. 경로는 다음과 같다.
파일 ➤ 새로 만들기 ➤ 기존 코드가 있는 Makefile 프로젝트.

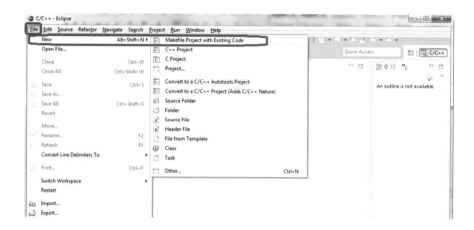

[그림 A6–19] 코드 편집기 사용자 정의, 7 단계

❽ 다음에 나타나는 보조 창에서 C 및 C⁺⁺ 언어 확인란을 선택한다.

아두콥터ArduCopter 폴더를 검색한다. 올바르게 선택하면 아두콥터 프로젝트가 자동으로 나타난다(메인 프로젝트는 폴더와 이름을 공유함). Cross GCC 옵션을 선택하고 Finish 버튼을 클릭한다. [그림 A6-20] 참조.

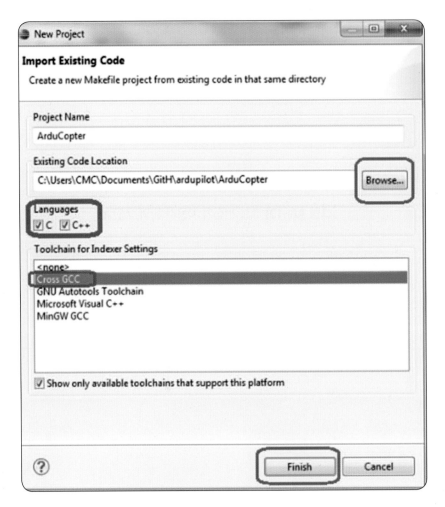

[그림 A6-20] 코드 편집기 사용자 정의, 8 단계

❾ 프로젝트 탐색기에서 아두콥터 프로젝트와 모든 보조 파일이 로드된다.
ArduCopter.pde라는 메인 파일을 검색한다. 파일을 열고 오른쪽의 Make (빠른
액세스라는 기호 아래) 녹색 버튼을 찾는다. [그림 A6-21] 참조.

[그림 A6-21] 코드 편집기 사용자 정의, 9 단계

❿ Make라는 녹색 버튼을 누르면 아두콥터 프로젝트 폴더가 표시된다. 해당 폴더를
마우스 오른쪽 버튼으로 클릭한다. New라는 또 다른 녹색 버튼이 표시된다.
클릭한다. [그림 A6-22] 참조.

[그림 A6-22] 코드 편집기 사용자 정의, 10 단계

⓫ 보조 창이 나타난다. "px4-v2"를 입력한 다음 확인 버튼을 클릭한다.
[그림 A6-23] 참조.

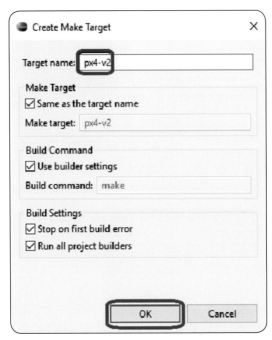

[그림 A6-23] 코드 편집기 사용자 정의, 11 단계

⓬ px4-v2라는 녹색 버튼이 폴더 아래에 나타난다. 컴파일을 시작하려면 왼쪽 버튼을 두 번 클릭한다. 절대로 컴파일을 중단해서는 안된다. 코드가 틀렸다는 것을 알 고 있지만 중지하려고 하면 컴퓨터 작동에 일반적인 오류가 발생한다.

[그림 A6-24] 참조.

[그림 A6-24] 코드 편집기 사용자 정의, 12 단계

⓭ 아래 메뉴에서 콘솔 섹션으로 변경하고 문제 섹션을 무시한다. 모든 작업이 올바르게 수행된 경우, 상당한 컴파일 시간이 지난 후 콘솔 메뉴에 "Firmware is in ArduCopter-v2. px4"라는 메시지가 나타나야 하며, 이어서 정확한 완료 날짜와 시간, "Build Finished"라는 메시지가 표시되어야 한다. [그림 A6-25] 참조.

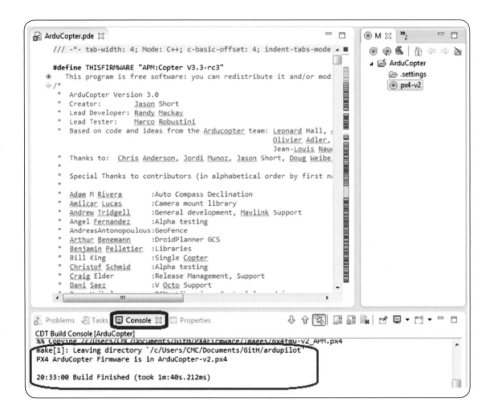

[그림 A6-25] 코드 편집기 사용자 정의, 13 단계

⑭ 아두콥터ArduCopter폴더에서 ArduCopter-v2.px4 파일이 존재하고 수정 날짜가 이전 시점에서 표시된 것과 정확히 일치하는지 확인하여야 한다. 확장자가 .px4 인 파일은 오토파일럿autopilot에 업로드된다. [그림 A6-26] 참조.

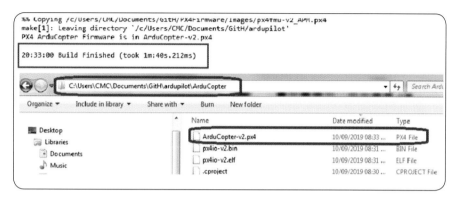

[그림 A6-26] 코드 편집기 사용자 정의, 14 단계

⑮ ardupilot 폴더에는 hellodrone이라는 디렉토리가 있다. 프로젝트를 로드하고 컴파일한다. 그런 다음 "Eclipse를 사용하여 새 프로젝트 만들기" 섹션에 명시된 대로 새 프로젝트를 만드는 프로세스를 반복한다. 앞에서 보여준 코드 예제 중 하나로 이를 사용해 본다(터미널 쓰기 또는 읽기에 대한 프로젝트는 좋은 시작점).

5 오토파일럿Autopilot에 ＊.px4 파일 업로드

❶ 미션 플래너를 설치한다. [그림 A6–27] 참조.

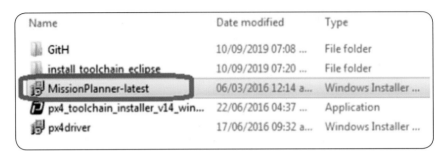

[그림 A6–27] 오토파일럿에 코드 업로드, 1 단계

❷ [그림 A6–28]에 표시된 대로 Install, Accept, Ok, Next 또는 Finish 버튼을 필요한 만큼 클릭한다.

[그림 A6–28] 오토파일럿에 코드 업로드, 2 단계

이 순간부터 단계 순서 도중 절대로 CONNECT 버튼을 누르지 않는다. [그림 A6-29] 참조.

[그림 A6-29] 오토파일럿 경고에 코드 업로드

❸ 미션 플래너를 열고 새 업데이트에 대한 모든 메시지를 삭제하고 초기 설정 탭으로 이동한다. 펌웨어 설치 탭을 검색한다. 예기치 않은 오류 메시지가 나타나면 무시한다. [그림 A6-30] 참조.

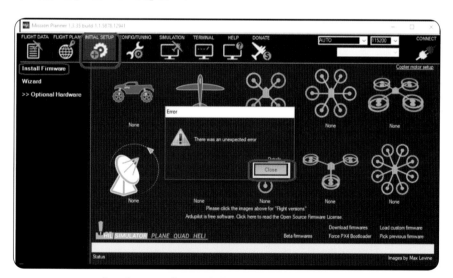

[그림 A6-30] 오토파일럿에 코드 업로드, 3 단계

❹ 오토파일럿을 컴퓨터에 연결하고 AUTO 태그가 표시된 드롭다운 목록에서 찾는다.
일반적으로 COM PX4 FMU로 표시된다. 찾았으면 장치를 선택한다.

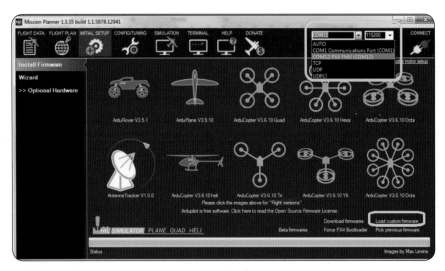

[그림 A6-31] 오토파일럿에 코드 업로드, 4 단계

> 🧠 **기억**
>
> CONNECT 버튼을 누르지 않는다. 이제 사용자 정의 펌웨어 로드 버튼을 찾는다. 표시되지 않으면 이 버튼이 활성화될 때까지 이전 또는 최신 미션 플래너 버전을 설치한다. 이 버튼은 사용자 정의 소프트웨어를 로드하는 데 필수적이다. [그림 A6-31] 참조.

❺ 사용자 정의 펌웨어 로드 버튼이 있으면 클릭한다. 보조 상자가 나타나며, 오토파일럿에 업로드할 *.px4 파일의 위치를 표시해야 한다. 이를 선택하고 열기 버튼을 클릭한 후 화면의 지시 사항을 따른다. [**그림 A6-32**] 참조.

[**그림 A6-32**] 오토파일럿에 코드 업로드, 5 단계

❻ 업로드에 성공하면 버저가 들릴 때까지 연결을 끊지 않는다는 메시지가 표시된다. 확인 버튼을 클릭한다. 이제 오토파일럿의 연결을 끊고 사용할 수 있다. 미션 플래너도 닫을 수 있다. [**그림 A6-33**] 참조.

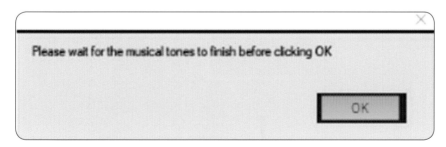

[**그림 A6-33**] 오토파일럿에 코드 업로드, 6 단계

6 이전에 로드된 프로그램의 터미널 테스트

❶ 위의 4단계에서 지정된 주소를 기억하면서 픽스호크를 다시 연결한다. 이 주소를 모르는 경우 장치 및 프린터 또는 Windows 장치 관리자에서 해당 주소를 찾는다.

❷ 원하는 터미널 프로그램을 열고 (Terminal.exe 사용) 픽스호크 오토파일럿에 할당된 COM 포트를 선택한다. [그림 A6- 34] 참조.

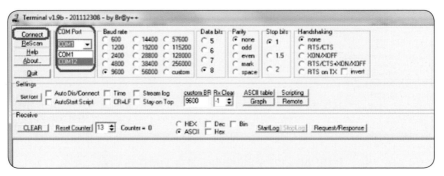

[그림 A6-34] 직렬 터미널로 코드 테스트, 일반 절차 2 단계

❸ 터미널에서 연결 버튼을 누른다. 보다시피, hal 명령을 사용하여 프로그램에 표시되는 모든 정보를 볼 수 있다. `console-> printf( )`가 표시된다. DISCONNECT 버튼을 누르지 않고 PIXHAWK를 절대로 분리해서는 안된다. [그림 A6-35] 참조.

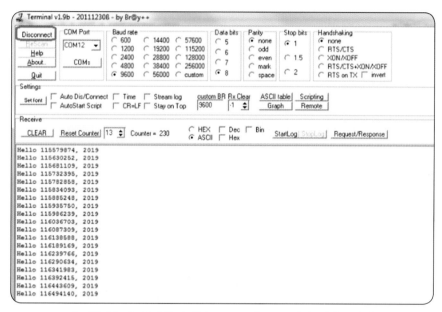

[그림 A6-35] 직렬 터미널로 코드 테스트, 일반 절차 3 단계

7 참조 및 추천 웹 사이트

❶ 아두파일럿ArduPilot 라이브러리의 다양한 설치 유형에 대한 웹 사이트
- http://ardupilot.org/dev/docs/building-the-code.html

❷ 이 부록에 구체적으로 표시된 설치 유형에 관한 웹 사이트
- http://ardupilot.org/dev/docs/building-setup-windows.html#building-setup-windows
- http://ardupilot.org/dev/docs/building-px4-with-make.html#building-px4-with-make
- http://ardupilot.org/dev/docs/editing-the-code-with-eclipse.html#editing-the-code-with-eclipse

 # 추력 편향

APPENDIX 7

보조 서보를 포함한 각각의 차량 엔진을 제어함으로써 아두파일럿 라이브러리와 픽스호크 오토파일럿은 훌륭한 기능을 가진 팀이 된다. 이러한 특징 중 하나는 비정상적이거나 존재하지 않는 시스템을 설계할 수 있는 가능성이다. 이를 위해 추력 편향과 전방향성의 두 가지 개념이 제시된다.

추력 편향은 모터의 주요 추력 방향을 조절하는 능력이다. 이는 몇 가지 방법을 통해 달성된다. [그림 A7-1] 참조.

(1) 날개 포함

이 방법은 비행기, 배, 자동차에 의해 수십 년 동안 사용되어 왔다. 대개 날개나 꼬리에 놓인 하나 이상의 고정된 주엔진을 사용하며, 플랩은 기류를 꺾는 데 사용된다 주요 흐름이 방향을 바꾸면 항공기는 비행 방향을 변경할 수 있다.

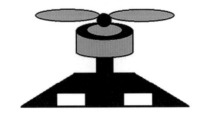

[그림 A7-1(1)]

(2) 모터가 직접 움직이는 경우

이 방법은 풀 모터를 직접 움직이는 것을 포함하기 때문에 완구 비행기에서 실현 가능하다. 이미 고속으로 회전하고 있으며, 고속으로 회전하는 물체를 이동하려면 이 엔진을 움직이는 서보 모터(자이로스코픽 효과)에 의해 많은 힘이 필요하다. 수십 년 동안 보트에서도 사용되어 왔으며, 여기서 조종사는 주 엔진이 보트를 밀어내는 방향을 변환하는 조타 장치나 방향타를 움직인다.

[그림 A7-1(2)]

(3) 프로펠러 블레이드가 직접 움직이는 경우

이것은 헬리콥터 같은 대형 항공기에서 매우 유용한 방법이다. 주 로터를 이동하지 않고, 주기적 또는 집합적 플레이트 또는 스와시 플레이트를 사용하여 블레이드의 방향을 이동하는 것만으로 항공기를 선회시킬 수 있다.

[그림 A7-1(3)]

(4) 공압 및 진공 방법 사용

이것은 플랩을 사용하는 것과 비슷한 발상이지만, 대신 공기나 액체를 불거나 진공 상태를 발생시키는 튜브를 사용하여 프로펠러에 의해 주 기류를 우회시킨다.

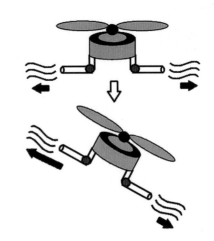

[그림 A7-1(4)]

(5) 다중 엔진에 의한 변화

쿼드콥터 드론은 이렇게 작동한다. 모든 엔진은 단단한 차체에 고정된 위치와 회전 방향을 가지고 있으며, 각 엔진의 속도를 선택적으로 변화시킴으로써 차체의 다른 방향의 이동을 달성한다.

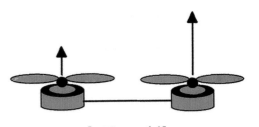

[그림 A7-1(5)]

(6) 내장된 무게 이동 시

이 경우 차량의 무게 중심에 배치된 **"질량"**이 있는 물체가 사용된다. 방향의 변경을 원하는 경우 그 질량은 이동되고 차량은 이 질량이 배치된 방향으로 움직인다. 이 예는 롤러스케이트, 카약, 오토바이에 수십 년 동안 채용되어 왔는데 운전자들이 차량의 방향을 바꾸기 위해서는 몸을 자신이 이동하고자 하는 쪽으로 기울여야 한다.

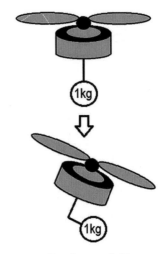

[그림 A7-1(6)]

390

전방향성

앞서 설명한 벡터화 방법 중 하나를 사용하여 전방위성의 개념을 도입할 수 있다. 기본적으로 차량에 전체 이동성 또는 방향과 상관없이 도달한 위치를 달성할 수 있는 능력을 제공한다.

예를 들어, 표준 쿼드콥터는 기울어졌을 때 기울어진 방향으로 움직이는 경향이 있기 때문에 기울어지지 않고 동시에 떠 있을 수 없다.

그러나 표준 쿼드콥터(또는 수중 차량)에 평면 구성과 다른 각 모터의 개별 벡터라이저와 마찬가지인 추가 모터가 장착된 경우 가변적이고 독립적인 방향(모든 방향은 아님)으로 공간의 어느 지점에서나 뜨는 시스템을 얻을 수 있다.

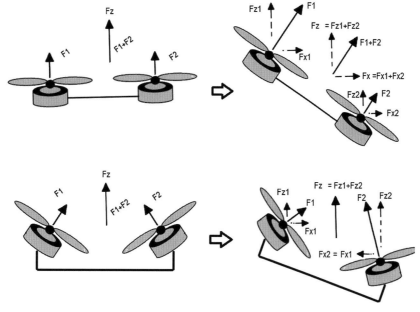

[그림 A8-1] 전방향성을 얻는 방법

1 참조 및 추천 웹 사이트

❶ 다양한 벡터화 유형에 대한 기사

- J. Pascoa, A. Dumas, M. Trancossi, P. Stewart, D. Vucinic. "v/stol 비이동식 기계 추진 시스템을 지원하는 추력 편향 검토" 개방형 엔지니어링, 3(3):374-388, 2013.

- C. Bermes, S. Leutenegger, S. Bouabdallah, D. Schafroth, R. Siegwart. "미니 동축 헬리콥터용 조향 메커니즘의 새로운 디자인" 인텔리전트 로봇 및 시스템, 2008. IROS 2008. IEEE/RSJ 국제 컨퍼런스 on, 페이지 1236-1241. IEEE, 2008.

- J. Paulos, M. Yim. "스와시플레이트 없는 소형 uav를 위한 사이클 블레이드 피치 컨트롤." AIA 대기 비행 역학 회의 2017페이지 1186.

- X. Yuan, J. Zhu. "동축 헬리콥터 세면판 메커니즘의 동적 모델링 및 분석." 메커니즘과 기계 이론, 113:208-230, 2017.

❷ 전방위 항공기에 관한 기사

- D. Brescianini, R. D'Andrea. "전방향 항공기의 설계, 모델링 및 제어" ICRA(International Conference on, 2016 IEEE International Conference on)에서 3261-3266. IEEE, 2016.

- M. Tognon, A. Franchi. "단방향 추진기를 장착한 옴니디얼 항공기: 이론, 최적 설계, 제어." IEEE 로보틱스 및 자동화 레터, 3(3):2277-2282, 2018.

- A. Nikou, G. C. Gavridis, K. J. Kyriakopoulos. "신기한 공중 조작기의 기계 설계, 모델링 및 제어" 로보틱스 및 자동화(ICRA), 2015 IEEE 국제 컨퍼런스 on, 4698-4703페이지. IEEE, 2015.

❸ 항공 로봇 조작기의 벡터화 및 전방향성 적용

- J. Mendoza- Mendoza, G. Sepulveda-Cervantes, C. Aguilar-Ibanez, M. Mendez, M. Reyes-Larios, P. Matabuena, J. Gonzalez-Avila. "공기-팔: 새로운 종류의 비행 조종사." RED-UAS(Research, Education and Development of Undermed Airrical Systems, RED-UAS)의 2015년 워크숍은 278-287페이지에 이른다. IEEE, 2015.

- www.inrol.snu.ac.kr/

  S. Park, J. Her, J. Kim, D. Lee. "전방향 항공로봇의 설계, 모델링, 제어" IROS(Intelligent Robots and Systems), 2016 IEEE/RSJ International Conference on, 페이지 1570-1575. IEEE, 2016.
- M. Zhao, T. Anzai, F. Shi, X. Chen, K. Okada, M. Inaba. "항공로봇 드래곤의 설계, 모델링, 제어: 다자유도 공중변환 능력을 갖춘 듀얼로터 임베디드 멀티링크 로봇" IEEE 로보틱스 및 자동화 레터, (2):1176-1183, 2018.
- www.jsk.t.u-tokyo.ac.jp/~chou/

  D. Mellinger, M. Shomin, N. Michael, V. Kumar. "다중 쿼드로터를 이용한 협력적 파악 및 운반" 분산형 자동 로봇 시스템의 경우 545-558페이지. 스프링거, 2013년.

❹ 전방위 차량에 사용되는 제어 방법

- T. Lee "테더링 쿼드로터 uav에 대한 지오메트릭 제어" CDC(의사결정 및 제어)에서 2015년 IEEE 54차 연례 총회는 2749-2754페이지. IEEE, 2015.
- D. Lee, C. Ha, Z. Zuo. "쿼드로터형 uav의 백스테이핑 제어 및 인터넷을 통한 원격 작동 적용" 지능형 자율 시스템 12페이지, 217-225페이지. 스프링거, 2013년.
- D. Mellinger, N. Michael, V. Kumar. "쿼드로터로 정밀하게 공격적인 기동을 할 수 있는 외향적 생성과 제어" 국제 로봇 연구 저널, 31(5:664-674, 2012).
- H. Abaunza, P. Castillo, A. Victorino, R. Lozano. "이중 쿼터니온 모델링 및 쿼드 로터 공중 조작기 제어" 인텔리전트 & 로보틱 시스템 저널, 2017년 1-17페이지.

8
APPENDIX

전원 연장 방법

호기심 많은 독자로서 여러분은 이미 이 차량들이 많은 양의 에너지를 소비한다는 것을 깨달았을 것이다. 하나의 기본 브러시리스 모터는 평균 12V와 10A를 소비한다. 이는 고전류 에너지원과 최소 500와트의 전력을 사용함을 의미한다. LIPO 배터리는 이러한 특성과 휴대성을 제공하지만 평균적으로 10분에서 30분 사이의 비행시간만 지속된다. 이 정도의 전력 소비량을 만족시키기 위해 시장에서 이용할 수 있는 확장 에너지 방법은 단 세 가지뿐이다.

(1) 내연

글로우 엔진이라고 불리는 모터가 모형항공기에 사용된다. 그러나, 멀티콥터에서의 글로우 엔진의 적용은 어렵고 그것은 단지 최근의 연구 문제일 뿐이다.

(2) 태양 에너지

태양전지가 차지해야 하는 지역은 고정-날개 항공기에서만 가능하다. 소형, 회전-날개 항공기 및 멀티콥터 차량에 대한 연구가 막 개발되고 있다.

(3) 직접 전기 연결

이것은 땅이나 자동차에 리더 코드를 고정시킨 채 작동하는 드론을 가지고 있는 한 실행 가능한 방법이다. 이 경우 지상 자원은 일련의 변압기를 통해 차량에 필요한 동력을 제공한다. 동전력으로 고전압과 저전류를 이용해 작동하는 매우 얇은 케이블을 저전압과 고전류로 변환해 최대 500m까지 이동 독립성을 가질 수 있어 효율적인 선택이다.

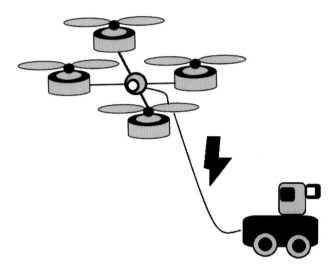

[그림 A9-1] 테더드 차량

1 참조 및 추천 웹 사이트

❶ NATO Morus 프로젝트
- www.fer.unizg.hr/morus

❷ 드론을 위한 알려진 에너지원에 대한 작은 토론
- www.techinasia.com/talk/6-known-ways-power-a-drone

❸ 무인 항공기에 적용되는 내연기관 제어에 관한 논문 및 기사
- Paul D. Fjare "무인기를 추진시키는 소형 2행정 내연기관의 피드백 속도 제어" 2014년 네바다 대학교 석사 논문.
- Tomislav Haus, Marko Car, Matko Orsag, Stjepan Bogdan. "내연기관에서 쿼드로터 추진체로서의 제어 및 자동화(MED) 식별 결과." 2017년 제25차 지중해 컨퍼런스 on, IEEE, 2017, 페이지 713-718.
- M. Hasan Shaheed, Aly Abidali, Jibran Ahmed, Shakir Ahmed, Irmantas Burba, Pourshid Jan Fani, George Kwofie, Kazimierz Wojewoda, Antonio Munjiza.의 태양열 드론 기사. "태양에 의해서만 날면: 태양 복사기 프로토타입." 항공우주 과학 기술 45(2015), 209-214.

❹ 전기적 확장이 특화된 "테더드론" 또는 드론에 관한 기사
- Beom W. Gu, Su Y. Choi, Young Soo Choi, Guowei Cai, Lakmal Seneviratne, Chun T. Rim. "노벨 로밍과 고정 테더링 항공 로봇으로 원자력 발전소에서의 지 속적인 이동임무를 할 수 있다." 원자력 공학 기술 48호(2016), 제4호 982-996.
- Christos Papachristos, Anthony Tzes. "파워 테더링 우아부그프 팀: 부분적으로 매핑된 환경에서 항해를 위한 협업 전략, 제어 및 자동화(MED)." 2014년 제22차 지중해 회의, IEEE, 2014, 페이지 1153-1158.

❺ 테더드 유닛 판매
- http://sph-engineering.com/airmast
- http://elistair.com

❻ 드론 및 기타 차량의 미래 무선 성능 및 현재 에너지 기술에 대한 기술 상태
- Chun T. Rim, Chris Mi.. 전기 자동차 및 모바일 장치를 위한 무선 동력 전달, John Wiley & Sons, 2017.

❼ 테더링된 차량 디자인에 유용한 작고 견고한 컨버터
- www.vicorpower.com/

쿼드콥터 설계 요약

멀티콥터의 설계 프로세스는 흐름도로서 설명된다. 이것은 차체나 차량, 브레인 또는 오토파일럿, 외부 제어 또는 무선 제어 선택 등 설계 과정에서 표준적이고 빈번한 것으로 간주되는 세 가지 측면을 고려한다. 최종 사용자들 사이에서 매우 가변적인 작업이기 때문에 센서 선택이 생략되었다는 점에 유의해야 한다. 예를 들어, 일부 사용자는 카메라를 원할 것이고, 일부는 LIDAR, 초음파 등을 선호할 것이다. 이와 관련하여 자세한 내용은 이 부록의 참고 문헌을 참조하기 바란다.

1 차량 디자인

차량 설계는 [그림 A10-1]에 나타나 있다.

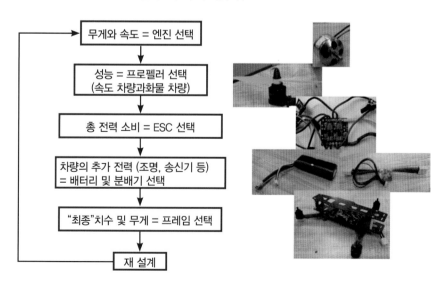

[그림 A10-1] 멀티콥터 디자인

1. **이동 중량 + 최대 비행 속도** 모터 선택과 관련이 있다.

2. **비행 성능(날렵한가, 화물 또는 혼합형 차량인가?):** 물음에 대한 답은 프로펠러 선정을 나타낸다.

3. **모터 및 프로펠러 전력 소비량** ESC와 BEC 의 선택을 나타낸다.

4. **총 전력 소비량 = ESC 소비량 + 나머지 드론(**라디오, 안정장치, 카메라 등**)** 이는 배터리 선택과 관련이 있다.

5. **이전 장비의 선택에 따른 총 치수** 이것은 프레임 선택과 관련이 있다.

6. 완전한 설계는 당신이 건축할 준비가 되었다는 것을 의미한다. 그렇지 않으면, 재설계는 1단계로 돌아가는 것을 의미한다.

2 자동항법(오토파일럿) 선택

차량 설계는 [그림 A10-1]에 나타나 있다.

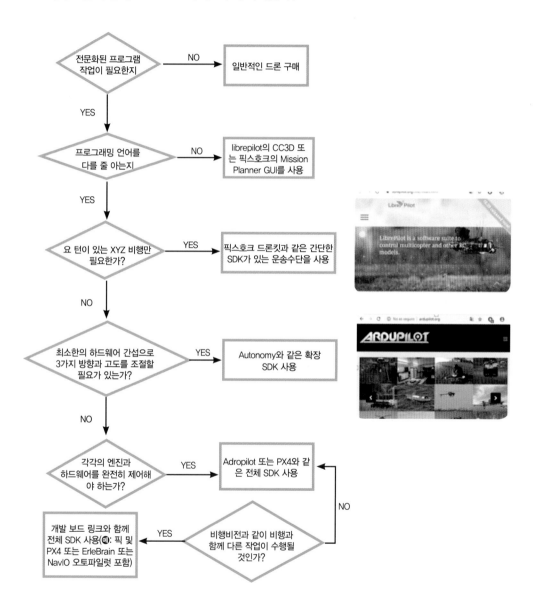

[그림 A10-2] 멀티콥터의 자동항법 선정

1. 필요한 용도는 수동 조작으로 할 수 있는가? GUI는 매우 강력한 제어 기능을 가지고 있는 반면 SDK는 판독기가 가능한 최소한의 세부 정보로 작동하도록 허용하지만 제어와 그 견고성은 사용자가 설계해야 한다. 대답이 "예"인 경우 GUI 유형 CC3D에 기반한 자동 조종 장치를 사용하고, 아니라고 대답할 경우 SDK 기반 자동 조종 장치를 사용한다.(프로그래밍 방법을 알고 있는 경우)

2. 애플리케이션이 특정 비행 모드 X Y Z와 회전 각도를 요구하는가? 예인 경우, 미션 플래너 스크립트 또는 단순화된 SDK를 사용할 수 있다.

3. 만약 그렇지 않다면, 애플리케이션은 총 각도 변동과 고도를 가진 비행 모드를 요구하는가? 예인 경우 확장 SDK를 사용한다.

4. 그렇지 않다면, 애플리케이션은 각 엔진에 대한 독립적인 제어(역: 존재하지 않는 새로운 프로토타입)를 요구하는가? 만약 그렇다면, 당신은 아두파일럿과 같은 SDK와 픽스호크와 같은 좋은 오토파일럿을 찾아야 한다.

5. 픽스호크가 내 작업을 수행하기에 충분한가? 대답이 아니오인 경우 ErleBrain과 같은 자동 비행기와 결합된 개발 보드를 사용한다.

3 원격 제어 장치 선택

[그림 A10-3]은 원격 제어 장치의 선택을 보여준다.

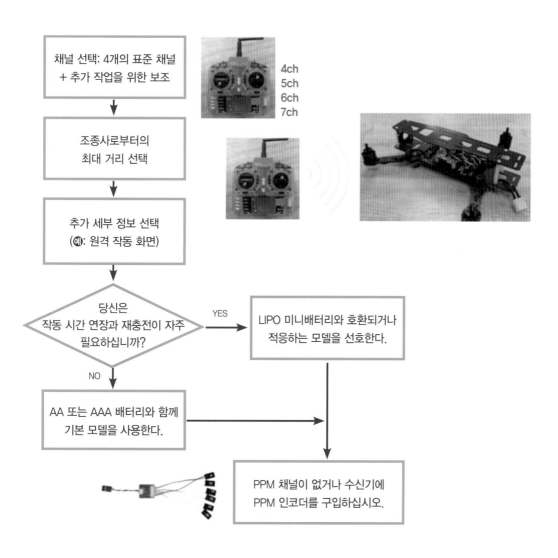

[그림 A10-3] 원격 제어 장치 선택

1. 네 가지 기본 동작 외에 몇 가지 과제가 필요한가? 예를 들어, 두 개의 추가 채널이 ON/OFF 형식의 레버인 6채널 라디오는 4개의 다른 작업에 대해 총 4개의 조합을 가질 것이다.

   Aux1 On Aux2 켜기
   Aux1 On Aux2 꺼짐
   Aux1 Off Aux2 켜기
   Aux1 Off Aux2 꺼짐
   결과 = 4채널 라디오 + 추가 채널 수

2. 최대 범위 거리를 결정한다.

3. 추가 특징을 결정한다.

4. 연장된 작동 시간을 원하는가? 예인 경우 옵션인 LIPO 배터리 전원이 있는 모델을 선택한다.

5. 본인의 컨트롤에 PPM 포트가 있는가? 그렇지 않다면 어댑터를 사야 한다.

4 참조 및 추천 웹 사이트

❶ 멀티콥터의 다양한 구성 요소를 이해하고 선택할 수 있는 메이커 스타일의 책
- II Davis, Robert James. 아두이노 비행 프로젝트: CreateSpace Independent Publishing Platform, 2017년, 100mm에서 550mm까지 멀티콥터를 구축하는 방법.
- Terry Kilby, Belinda Kilby. 드론 시작하기: 2015년 Maker Media, Inc., 자신만의 쿼드콥터를 구축하고 커스터마이즈해라.
- Vasilis Tzivaras. 2016년 팩트 출판사 아두이노와 쿼드콥터 구축.

❷ 과학적 관점에서 멀티포터를 설계, 모델링 및 제어하는 프로세스를 다루는 매우 완전한 기사
- 양현수, 이용석, 전상윤, 이동준. "멀티로터 드론 튜토리얼: 시스템, 기계, 제어 및 상태 평가" 인텔리전트 서비스 로보틱스 10, 2017, 2, 79-93.

❸ Mission Planner에서 Python 스크립트 사용 시
- http://ardupilot.org/planner/docs/using-python-scripts-inmission-planner.html
- https://github.com/ArduPilot/MissionPlanner/tree/master/Scripts

❹ Parrot Bebop의 SDK 자율성 정보
- https://bebopautonomy.readthedocs.io/en/latest/

❺ 아두파일럿 라이브러리에서 지원되는 다양한 플랫폼, 사전 제작된 드론 및 내비게이션 카드
- http://ardupilot.org/dev/docs/building-the-code.htm

❻ 대체 프로젝트 Crazyflie
- www.bitcraze.io/getting-startedwith-development/

헤더 파일 작업

확장 헤더(defines.h, configs.h 및 compatible.h)에 이미 포함되어 있는 것보다 더 많은 헤더 파일을 사용하여 작업하기를 원할 수 있다. 이것은 다음과 같은 제한된 상황에서 가능하다. 이 책에 포함된 아두파일럿 라이브러리의 배포는 내부 라이브러리(프로젝트에 관한 내부)와 함께 사용할 수 있도록 제한되어 있다.

이는 프로젝트 폴더에 정의된 내부 헤더 파일만 사용할 수 있다. 또한 이러한 헤더 파일은 확장자가 .h인 단일 파일에 선언문과 정의를 포함해야 한다. 선언문이 .h 파일에 표시되고 .c 또는 .cpp 파일에 정의가 표시되는 많은 소프트웨어 프로젝트에서 흔히 볼 수 있는 방식과는 다르다. 따라서 매우 간단한 정의, 상수 또는 함수(포트 레지스터, 제어 상수, 통신 속도 등)를 포함하는 헤더 파일을 생성할 것을 권장한다.

아두파일럿 이외의 외부 라이브러리의 명령을 사용하는 것과 같은 헤더 파일을 사용하는 다른 방법은 사용자의 책임이다. 이 방법으로 포럼에서 검색하거나 포럼을 통해 아두파일럿 라이브러리의 최신 버전 또는 대체 버전에서 개선이 가능한지 확인할 수 있다.

> **⚠ 주의**
>
> 헤더 파일 내에서 확장 헤더를 호출하지 않는다. 이 책에 포함된 배포와 함께 컴파일하는 이유로 Eclipse는 헤더 파일 내에 인코딩된 확장 헤더를 감지하지 못한다. 확장 헤더를 각 프로젝트의 메인 파일에 복사해라.

이러한 헤더 파일의 특징과 제약이 있는 경우, 이를 생성하는 절차는 다음과 같다.

(1) Eclipse에서 프로젝트 폴더를 마우스 오른쪽 버튼으로 누르고 New 탭을 찾은 다음 Header File을 검색하여 클릭한다. [그림 A11–1]을 참고.

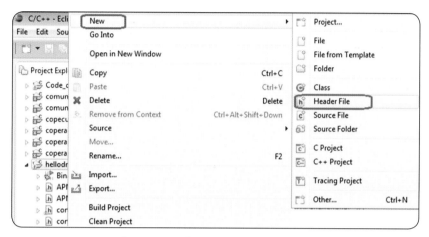

[그림 A11–1] step1 헤더 파일 만들기

(2) 다음에는 확장자 .h를 가진 이름으로 작성해야 한다. 이 예에서는 aloh.h이다. 그런 다음 Finish(마침) 버튼을 클릭한다. [그림 A11–2] 참조.

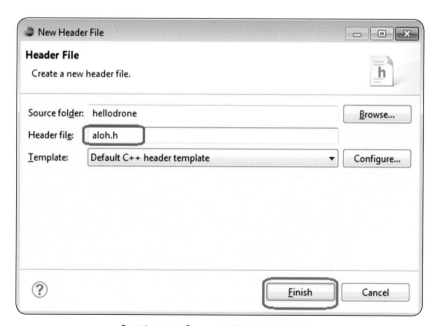

[그림 A11–2] step2 헤더 파일 만들기

(3) 한번 만들어지면 자동으로 나타난다. 이제 파일을 열고 편집하면 된다.
[그림 A11-3] 참조.

[그림 A11-3] step3 헤더 파일 만들기

(4) 만약 자동으로 나타나지 않으면 프로젝트 폴더를 마우스 오른쪽 버튼으로 누르고
새로 고침 탭을 찾는다. [그림 A11-4] 참조.

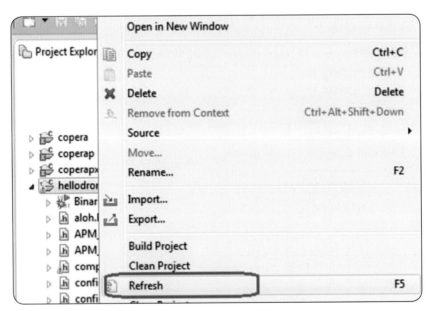

[그림 A11-4] step4 헤더 파일 만들기

(5) 간단한 정의나 함수로 헤더 파일을 수정한다. **[그림 A11-5]** 참조.

```
testcomp.pde    hellodrone.pde    aloh.h

 * aloh.h

#ifndef ALOH_H_
#define ALOH_H_

int addd(int a, int b)
{
    return a+b;
}


#endif /* ALOH_H_ */
```

[그림 A11-5] step5 헤더 파일 만들기

(6) 헤더 파일에 코드화된 정의나 함수를 사용하려면 먼저 확장 헤더의 포함 부분에 따옴표 사이에 헤더 이름을 작성해야 한다. 그 후, 이러한 정의나 함수의 내용을 주 코드 내 또는 보조 모듈에서 사용할 수 있다. **[그림 A11-6]** 참조.

```
#include "config.h"
#include "config_channels.h"
#include "aloh.h"


void loop(void)
{
    int xx=addd(2,5);
    hal.console->printf("Hello %d, %d\n",xx,hal.scheduler->micros());
    hal.scheduler->delay(50);
}
```

[그림 A11-6] step6 헤더 파일 만들기

Index

Epilogue

Advanced Robotic Vehicles Programming

■ **Julio Alberto Mendoza-Mendoza**는 2016년 CIC IPN에서 컴퓨터 박사학위를 받았으며, 그는 저능동형 로봇공학, UAS, 지능형 및 비선형 제어를 전공했다. 그는 2011년과 2008년 각각 UPIITA IPN에서 첨단기술 석사학위와 메카트로닉스 공학 학사학위를 받았다. 학위 취득 후 2017년 DGAPA 보조금을 통해 FI UNAM에서 자신의 연구 분야와 관련된 5개의 특허를 연구하고 있으며 비행 시리얼-로봇 조작 이론을 개발하고 있다.

■ **Victor Gonzalez-Villela**는 DGAPA 박사 후학연수권인 UNAM의 재정지원을 첫 번째 저자 글에 언급된 "연구기술혁신사업지원프로그램"(PAPIIT), UNAM 및 CONACYT의 "국가연구자 시스템"(SNI 파일 57520)을 통해 부분적인 재정지원을 받았다. 그는 이 책을 현실로 만드는데 이바지한 모든 사람과 UNAM의 메카트로닉스 연구 그룹 회원들에게 그들의 조건 없는 지지와 우정에 감사함을 전하고자 한다. (https:// mechatronicsrg.wixsite.com/home)

■ **Gabriel Sepulveda-Cervantes**는 신과 그의 가족들에게 그의 모든 프로젝트에서 받은 지원과 삶에 감사함을 전한다. 그는 또한 그의 취미와 직업, 애니메이션, 가상현실, 해트픽, 비디오게임 프로그래밍에 고마움을 표했다. 만약 당신이 비디오게임 토너먼트를 하거나 그와 함께 일하고 싶다면, 아마도 TA Wero로 발견되거나 https://edissa.com.mx/과 CIDETEC IPN의 작업그룹 속에서 찾을 수 있는 UMVC3에서 그에게 도전할 수 있을 것이다. 그는 또한 허가번호 SIP 20190245에 따른 IPN 프로젝트에 감사한다.

■ **Mauricio Mendez-Martinez**는 UPIITA IPN에서 그의 가족과 그의 학생들, 스승님들 그리고 동료들에게 감사를 표한다.

■ **Humberto Sossa-Azuela**는 그의 아내 Rocio의 친절, 인내심, 그리고 조건 없는 지원에 대해 무엇보다도 먼저 감사함을 전한다. 둘째로, 그는 이 책을 완성하기 위한 그들의 전문적인 작업에 대해 동료들에게 감사를 표한다. 결과적으로, 이 프로젝트를 SIP 20190007과 65(과학의 프런티어)의 부여 번호로 끝낼 수 있도록 항상 적시에 경제 지원을 해 준 것에 대해 국립 폴리테크닉 연구소(IPN)와 CONCYT에 심심한 사의를 표한다.

 **라이선스**

아두파일럿ArduPilot 라이브러리 및 Mission Planner 소프트웨어는 라이선스가 없는 GPLv3 소프트웨어이다. 자유소프트웨어재단(www.fsf.org/)에 설명된 대로 GNU GPLv3 조건과 제한에 따라 재배포 또는 수정될 수 있다.

코드와 프로그램은 유용성을 보장하면서도 특정 목적에 대한 상업성이나 용량에 대한 묵시적 보증이 없는 경우에도 보증 없이 배포된다. 자세한 내용은 GNU 프로젝트의 일반 공중 사용 허가서 섹션을 참조.

- 아두파일럿 라이브러리는 http://ardupilot.org/dev/docs/apmcopter-programming- libraries.html.에서 다운로드할 수 있다.

- Mission Planner 소프트웨어는 http://ardupilot.org/planner/.에서 다운로드할 수 있다.

- 픽스호크 오토파일럿Pixhawk AutoPilot은 Lorenz Meier의 CC–BY–SA 3.0 라이선스 (https://creativecommons.org/licenses/by-sa/3.0/deed.es)를 갖는다.

- 공식 문서는 https://dev.px4.io/en/contribute/licenses.htm에 있다.

- PX4 라이브러리에는 BSD 3–절 라이선스가 있다.(https://opensource.org/licenses/BSD-3-Clause)

거의 모든 터미널은 공공의 도메인 소프트웨어이다. terminal.exe, putty 또는 기타 동등한 것들을 권장한다.

jdk-8u111-windows-i586.exe 실행 파일이 포함된 Java SE Development Kit 8u111 업데이트는 Oracle에 속하며, 라이브러리에 포함된 Eclipse 버전을 올바르게 실행하는데 필요한 경우에만 www.oracle.com/technetwork/java/javase/ downloads/ java-archive-javase8-2177648.html.에서 다운로드할 수 있다.

픽스호크 4 / 아두파일럿 매뉴얼

알기 쉬운 운행제어 프로그래밍

픽스호크 4 / 아두파일럿 매뉴얼
Advanced Robotic Vehicles Programming

초 판 인 쇄 | 2020년　5월　15일
초 판 발 행 | 2020년　5월　22일

저　　　자 | Julio Alberto Mendoza-Mendoza • Victor Gonzalez-Villela • Gabriel Sepulveda-Cervantes
　　　　　　 Mauricio Mendez-Martinez • Humberto Sossa-Azuela
감수 및 교열 | 박장환
초 벌　번 역 | 백혜인 (한국외국어대학교 전자컴퓨터시스템공학부 졸업 예정)
　　　　　　　고명진 (한국외국어대학교 전자컴퓨터시스템공학부 졸업 예정)
　　　　　　　이수진 (한국외국어대학교 전자컴퓨터시스템공학부 졸업 예정)
발 행 인 | 김길현
발 행 처 | (주) 골든벨
등　　 록 | 제 1987-000018호　ⓒ 2020 GoldenBell Corp.
I S B N | 979-11-5806-456-3
가　　 격 | 35,000원

국어 교정 | 이상호
표지 및 본문 디자인 | 조경미 · 김한일 · 김주휘
웹매니지먼트 | 안재명 · 김경희
공급관리 | 오민석 · 정복순 · 김봉식

기술 위원 | 현윤칠
제작 진행 | 최병석
오프 마케팅 | 우병춘 · 강승구 · 이강연
회계관리 | 이승희 · 김경아

(우)04316 서울특별시 용산구 원효로 245(원효로 1가 53-1) 골든벨 빌딩 5~6F
• TEL : 도서 주문 및 발송 02-713-4135 / 회계 경리 02-713-4137
　　　　내용 관련 문의 02-713-7452 / 해외 오퍼 및 광고 02-713-7453
• FAX : 02-718-5510　　• http : //www.gbbook.co.kr　　• E-mail : 7134135@naver.com

Advanced
Robotic
Vehicles
Programming

픽스호크 4 / 아두파일럿 매뉴얼